好妈妈圣经
Haomama Shengjing

孕妈妈最想要的
胎教育儿全书

曲东◎主编

首都儿科研究所 主任医师

新时代出版社
New Times Press

图书在版编目（CIP）数据

孕妈妈最想要的胎教育儿全书 ／ 刘晶晶编著． —— 北

京：新时代出版社，2013.11

（好妈妈圣经 ／ 曲东主编）

ISBN 978-7-5042-2106-3

Ⅰ．①孕… Ⅱ．①刘… Ⅲ．①胎教－基本知识 ②婴

幼儿－哺育－基本知识 Ⅳ．①G61②TS976.31

中国版本图书馆CIP数据核字(2013)第294752号

新时代出版社 出版发行

（北京市海淀区紫竹院南路23号　邮政编码100048）

北京市雅迪彩色印刷有限公司印刷

新华书店经售

*

开本 710×1000　1／16　印张 21　字数 350千字

2013年11月第1版第1次印刷　印数 1-6000册　定价 68.00元

(本书如有印装错误，我社负责调换)

国防书店：(010) 88540777	发行邮购：(010) 88540776
发行传真：(010) 88540755	发行业务：(010) 88540717

本系列旨在帮助准妈妈、新妈妈孕育、养育聪明健康的好宝宝，指导家人更好地照顾新生儿，给宝宝最健康的护理、最科学的营养保障。

胎教育儿：胎教的目的，不是教胎儿唱歌、识字、算算术，而是通过各种适当的、合理的信息刺激，促进胎儿各种感觉功能的发育成熟，为出生后的早期教育打下一个良好的基础。适宜的开发，大脑越发育大脑皮质的沟回相应地也就会越多，孩子也就越聪明。

读懂婴语：婴语就是婴儿的"特有语言"，是婴儿与外界交流和表达情绪的重要途径，同时也是婴儿表达需求和生理情况的一种能力。在养育宝宝的过程中，父母与婴儿之间的互动非常重要，对于宝宝的"婴语"表达，得到父母的及时回应与处理，对婴儿健康成长有着重要的意义。

婴幼儿护理：初为人母，你的身边一定充满了各种建议，但你要相信，没有人比你更了解你的宝宝！在掌握正确的婴幼儿护理知识的同时，相信自己的直觉，并且记住无尽关爱，安睡畅玩才是重要的！

宝宝营养：对于刚刚来到这个世界的小宝宝，让他们健康快乐地成长，哺乳期强调母乳喂养；4～6个月后要注意合理添加辅食；会吃东西后又要注意营养均衡。宝宝的营养健康始终是父母最关心的话题，宝宝身体发育所必须的各类维生素，合理地摄取不但在宝宝身体免疫力差时尤为重要，且在日常生活中也不可忽略。

这是一套实实在在的孕期胎教、新生儿护理、宝宝营养和读懂宝宝婴语的实用宝典。本套图书就像是经验丰富而充满热情的私人儿科医生，无微不至地解答准妈妈、新妈妈在育儿过程中可能遇到的所有问题，帮助新手爸妈打消顾虑、摆脱压力，轻松享受育儿生活。

目录 contents

PART1
孕早期（1~12周）胎教进行时——胎教从现在开始·15

孕前胎教课堂·16

加强锻炼有利于养胎优孕·16

成功胎教还要立足于胎养·17

孕前养胎从饮食营养开始·18

孕前，准爸妈要改掉的习惯·19

准父母生活要有规律·20

孕前6个月的养胎计划·21

什么是情绪胎教·23

什么是营养胎教·24

什么是环境胎教·25

什么是音乐胎教·27

什么是语言胎教·28

什么是运动胎教·30

什么是抚摸胎教·31

什么是光照胎教·32

什么是美育胎教·33

胎宝宝的第1周·34

第1周胎宝宝成长状态监测·34

探寻胎教的秘密·35

母爱是胎教的开端·36

准妈妈对胎宝宝个性的影响·37

胎教的分类与作用·38

胎教与宝宝大脑的发育·38

智能发育与胎教·39

做一个全面的胎教计划·40

胎宝宝的第2周·41

第2周胎宝宝成长状态监测·41

胎教对准妈妈的益处·42

运动胎教的五大益处·43

怀孕初期的运动胎教·44

胎教前进行呼吸法:调整心境,提高胎教效果·44

胎教前情绪调节:消除早孕的担忧心理·45

胎宝宝的第 3 周 · 46

第 3 周胎宝宝成长状态监测 · 46

腹式呼吸与情绪舒缓 · 47

警惕环境对胎宝宝的危害 · 48

步行是最好的运动胎教方式 · 48

针对本月的运动胎教 · 49

饮食胎教：孕早期，准妈妈膳食要平衡 · 50

胎宝宝的第 4 周 · 51

第 4 周胎宝宝成长状态监测 · 51

幻想胎宝宝可爱的模样 · 52

动出健康胎宝宝 · 53

准妈妈在音乐胎教中找到最美妙的触动 · 54

胎宝宝的第 5 周 · 55

第 5 周胎宝宝成长状态监测 · 55

早孕反应处置不当影响胎宝宝智力 · 56

准妈妈要积极摆脱负面情绪 · 57

准妈妈开始呕吐了，感到有些不安 · 58

第 5～8 周的营养胎教重点 · 58

胎宝宝的第 6 周 · 60

第 6 周胎宝宝成长状态监测 · 60

准妈妈情感的重要性 · 61

准妈妈的睡姿与胎儿的生长发育 · 62

准妈妈心理与胎教 · 63

保持良好的心理状态 · 64

胎宝宝的第 7 周 · 65

第 7 周胎宝宝成长状态监测 · 65

准爸爸对胎教要有正确的认识 · 66

做新时代的好爸爸 · 67

准爸爸参与胎教的具体做法 · 67

准爸爸制造氛围积极参与 · 68

胎宝宝的第 8 周 · 69

第 8 周胎宝宝成长状态监测 · 69

讲故事 vs. 看画册 · 70

胎教实施的 16 条准则 · 70

孕早期不适有办法 · 72

胎宝宝的第 9 周 · 73

第 9 周胎宝宝成长状态监测 · 73

规律的生活也是胎教 · 74

准妈妈，动起来! 开始做准妈妈操 · 75

准妈妈的肚子还没有动静，有点烦躁 · 76

均衡的营养确保胎宝宝早期脑发育 · 76

胎宝宝的第 10 周 · 77

第 10 周胎宝宝成长状态监测 · 77

胎宝宝，动起来! 开始做操喽 · 78

饮食胎教：有利于胎宝宝发育 · 79

抚摸胎教：训练 3 个月胎宝宝初始的触觉发育 · 80

胎宝宝的第 11 周 · 81

第 11 周胎宝宝成长状态监测 · 81

特殊的胎宝宝美学培养 · 82

对话胎教:促进宝宝早期身心发育 · 82

胎教日记重点:不要忘记第一次孕期健康检查 · 83

怎样开展营养胎教和抚摸(按摩、触压)胎教 · 84

胎宝宝的第 12 周 · 85

第 12 周胎宝宝成长状态监测 · 85

对胎宝宝进行宫内运动训练 · 86

胎宝宝能喝水了 · 87

继续音乐胎教:培养准妈妈平和的情绪 · 87

准爸爸要激发准妈妈对宝宝的爱 · 88

专题:胎宝宝最爱听的胎教故事范例 · 89

青蛙与兔子 · 89   被同伴驱逐的蝙蝠 · 90   蜜蜂与宙斯 · 91

PART2
孕中期(13~28 周)胎教进行时——抓住胎教加强期 · 93

胎宝宝的第 13 周 · 94

第13 周胎宝宝成长状态监测 · 94

怀孕中期的运动胎教 · 95

胎儿对声音的反应 · 96

给胎宝宝良好的声音刺激 · 97

胎宝宝的心音能测到了 · 97

准妈妈的肚子微微凸起,有时还是会担心 · 98

胎宝宝的第 14 周 · 99

第14 周胎宝宝成长状态监测 · 99

给胎宝宝良好的声音刺激 · 100

让胎宝宝在大自然中感受美 · 100

准爸爸要稳定妻子的情绪 · 101

胎教效果取决于音乐的种类 · 102

语言胎教:建立胎宝宝对语言的最初记忆 · 103

胎宝宝的第 15 周 · 104

第15周胎宝宝成长状态监测 · 104

语言胎教的具体方法 · 105

给胎宝宝良好的触觉刺激 · 106

按摩胎教:刺激胎宝宝的早期身体反应 · 106

胎宝宝的第 16 周 · 107

第16 周胎宝宝成长状态监测 · 107

了解音乐胎教的作用 · 108

帮助胎宝宝做体操·109

和胎宝宝一起做游戏·110

孕中期，准妈妈膳食要补钙·111

光照胎教：适度刺激胎宝宝视觉的早期发育·111

胎宝宝的第 17 周·112

第 17 周胎宝宝成长状态监测·112

每天定时用语言刺激胎宝宝·113

准妈妈、胎宝宝一起做运动·114

胎宝宝具备了理解力·115

继续对话和抚摸胎教：准爸爸积极参与
更有成效·116

胎宝宝的第 18 周·117

第 18 周胎宝宝成长状态监测·117

快速进入深度放松状态·118

怎样开展语言胎教·119

家庭养胎监测——听胎心·120

准爸爸，动起来·121

胎宝宝的第 19 周·122

第 19 周胎宝宝成长状态监测·122

在音乐中长大的胎宝宝·123

加强音乐胎教：美好的情绪环境·123

准妈妈的腹部逐渐隆起·124

运动胎教：准妈妈徒手操帮助胎宝宝肢
体活动·125

胎宝宝的第 20 周·126

第 20 周胎宝宝成长状态监测·126

和胎宝宝一起做游戏·127

随处捕捉语言胎教素材·128

准妈妈与胎宝宝的亲密对话·129

触压胎教：注意胎宝宝孕中期的反应·130

胎宝宝的第 21 周·131

第 21 周胎宝宝成长状态监测·131

给准妈妈一个良好的居室环境·132

胎宝宝能自由地活动了·132

胎儿踢肚皮小游戏·133

饮食胎教：抓紧饮食补充铁、蛋白质
和钙质·134

胎宝宝的第 22 周·136

第 22 周胎宝宝成长状态监测·136

用卡片训练胎宝宝的记忆力·137

运动胎教：促进胎宝宝血液循环·137

给胎宝宝良好的触觉刺激·138

准爸爸选好胎教音乐·139

胎宝宝的第 23 周 · 140

第 23 周胎宝宝成长状态监测 · 140
怎样开展运动胎教 · 141
胎宝宝"听"音乐，促进早期神经

细胞生长 · 142
帮胎宝宝建立最初的条件反射 · 142
关于胎教的 Q&A · 143

胎宝宝的第 24 周 · 144

第 24 周胎宝宝成长状态监测 · 144
与胎宝宝的第一次旅行 · 145

抚摸胎教：与宝宝的第一次亲密接触 · 146
怎样开展音乐胎教和对话胎教 · 147

胎宝宝的第 25 周 · 148

第 25 周胎宝宝成长状态监测 · 148
胎宝宝对光的感受 · 149
良好的睡眠及勤做腹式呼吸 · 150

胎宝宝身体完成了基本构造 · 150
准妈妈出现浮肿 · 151

胎宝宝的第 26 周 · 152

第 26 周胎宝宝成长状态监测 · 152
开始做一段亲密的按摩对话 · 153
运动胎教：孕妇操促进胎宝宝大脑
及肌肉发育 · 153

今天，我们来做语言胎教 · 154
加强对话胎教：刺激胎宝宝的记忆形成 · 155
加强游戏胎教：训练胎宝宝触觉进一步发展 · 155

胎宝宝的第 27 周 · 156

第 27 周胎宝宝成长状态监测 · 156
性格胎教应当怎样进行 · 157

烟气是胎宝宝的大敌 · 158

胎宝宝的第 28 周 · 159

第 28 周胎宝宝成长状态监测 · 159
强化胎宝宝的记忆训练 · 160
强化胎宝宝的语言训练 · 161

准妈妈继续补充各种营养素 · 162
怎样开展游戏胎教 · 163

PART3
孕晚期（29~40 周）胎教进行时——巩固胎教关键期 · 165

胎宝宝的第 29 周 · 166

第 29 周胎宝宝成长状态监测 · 166
怀孕后期的运动胎教 · 167

随时随地的刺激性胎教 · 168
语言胎教进阶训练 · 169

开展联想胎教：促进胎宝宝形成
意识的萌动·170

充满感情地给胎宝宝讲故事·171

胎宝宝的第 30 周·172

第 30 周胎宝宝成长状态监测·172
小天才就是这样培养的·173

运动胎教：促进胎宝宝肢体的活动
发展·174

胎宝宝的第 31 周·175

第 31 周胎宝宝成长状态监测·175
胎宝宝需要温暖的阳光·176
强化光照胎教：刺激胎宝宝视觉产
生反应·177

综合进行对话、语言及触压胎教·177
加强饮食胎教：继续补充维生素、蛋
白质和矿物质·178
加强语言胎教：胎宝宝思维深入发育·179

胎宝宝的第 32 周·180

第 32 周胎宝宝成长状态监测·180
系统性地对胎宝宝进行语言胎教·181
胎宝宝需要适当的运动刺激·182

对胎宝宝进行抽象立体的胎教·183
怎样开展联想胎教·184
准爸爸要帮准妈妈坚定信念·184

胎宝宝的第 33 周·185

第 33 周胎宝宝成长状态监测·185
告诉你，胎宝宝真的会做梦·186

继续音乐胎教：促进胎宝宝情绪的进
一步发展·186

胎宝宝的第 34 周·187

第 34 周胎宝宝成长状态监测·187
感官刺激胎教·188

准妈妈的营养胎教·189
展开美育胎教：最初的心智训练·190

胎宝宝的第 35 周·191

第 35 周胎宝宝成长状态监测·191
孕晚期的胎教注意事项·192

促使胎宝宝身心全面发育·193
为后期胎教创造良好的宫外环境·194

胎宝宝的第 36 周·195

第 36 周胎宝宝成长状态监测·195
让胎宝宝感受光线·196
准妈妈身体负担越来越重·197

怎样开展美育胎教·198
正视分娩前的负面情绪·199

胎宝宝的第 37 周 · 200

第 37 周胎宝宝成长状态监测 · 200

准妈妈大腹便便、身体笨重，情绪有些反复 · 201

胎宝宝的第 38 周 · 202

第 38 周胎宝宝成长状态监测 · 202

孕晚期抚摩胎教要谨慎 · 203

准妈妈侧重情绪胎教 · 204

开展情绪胎教：给胎宝宝带来美好情绪 · 205

让胎宝宝进入良好的临产状态 · 206

胎宝宝的第 39 周 · 207

第 39 周胎宝宝成长状态监测 · 207

孕晚期适宜加强视觉胎教 · 208

调整好分娩心理 · 209

胎宝宝需要新鲜的空气 · 210

胎宝宝的第 40 周 · 211

第 40 周胎宝宝成长状态监测 · 211

准妈妈临产前的心理调适 · 212

在分娩过程中如何进行胎教 · 213

准爸爸进行情绪胎教很重要 · 214

10 月胎教日记要点：全面总结胎养胎教 · 214

XiaPian 下篇 出生～1岁 育儿篇·215

宝宝的第 1 个月 · 216

认识新生宝宝 · 216

新生宝宝需要做的检查 · 217

了解新生宝宝的需求 · 218

宝宝吃、睡、味觉、嗅觉 · 219

宝宝排便状况及行为发育 · 220

新生宝宝的皮肤护理 · 221

让宝宝趴着及学会自我安慰 · 222

新生儿的皮肤 · 223

母乳是新生宝宝最好的营养品 · 223

鲜牛奶和奶粉的调配方法 · 224

人工喂养和混合喂养 · 224

新生宝宝的特别护理 · 226

为宝宝选尿布 · 228

尿布的使用和清洁 · 228

为新生宝宝洗澡的技巧 · 229

宝宝的第 2 个月 · 230

2 个月宝宝的基本发育状况 · 230

本月喂养方法 · 232

第 2 个月宝宝的重点能力训练 · 233

本月宝宝健康特别护理项目 · 234

和宝宝的交流 · 238

宝宝的各种小进步 · 239

应该给宝宝剪指甲吗 · 240

宝宝的第 3 个月 · 241

3 个月宝宝的基本发育状况 · 241

本月喂养方法 · 243

第 3 个月宝宝的重点能力训练 · 244

帮你了解以及解决宝宝的睡眠问题 · 246

给宝宝做翻身训练 · 248

围嘴、睡眠和"摇滚" · 249

宝宝的第 4 个月 · 250

4 个月宝宝的基本发育状况 · 250

本月喂养方法 · 253

第 4 个月宝宝的重点能力训练 · 254

预防接种中常遇到的问题 · 256

给宝宝做独坐训练 · 257

早期的语言及动作发展 · 258

锻炼宝宝的触觉 · 258

怎样给宝宝拍嗝 · 259

宝宝的第 5 个月 · 260

5 个月宝宝的基本发育状况 · 260

本月喂养方法 · 263

给宝宝添加辅食 · 264

宝宝便秘了，怎么办 · 265

应对宝宝的突然哭闹 · 266

宝宝玩玩具的注意事项 · 267

开始了解语言的功能 · 267

宝宝吃奶与辅食的添加 · 268

宝宝的行为发展 · 268

宝宝的第 6 个月 · 270

6 个月宝宝的基本发育状况 · 270

第 6 个月宝宝的重点能力训练 · 273

宝宝开始面临长牙的问题了 · 275

培养良好的饮食习惯 · 276

宝宝异常情况的护理 · 277

0 ～ 3 岁脑力锻炼法 · 279

宝宝的第 7 个月 · 281

7 个月宝宝的基本发育状况 · 281

第 7 个月宝宝的重点能力训练 · 283

本月宝宝健康特别护理项目 · 285

帮助宝宝顺利度过断奶期 · 287

宝宝已经可以翻身啦 · 289

宝宝的第 8 个月 · 290

8 个月宝宝的基本发育状况 · 290
8 个月宝宝的重点能力训练 · 293
给宝宝做站立和起立训练 · 295
不宜给宝宝添加的食品 · 296
宝宝还不会爬 · 296

认生与不认生 · 297
分离焦虑的开始 · 298
宝宝开始长牙啦 · 298
观察宝宝的便便 · 299

宝宝的第 9 个月 · 300

9 个月宝宝的基本发育状况 · 300
9 个月宝宝的重点能力训练 · 302
警惕婴儿肺炎 · 304
宝宝从高处掉下来了 · 305
宝宝的小腿有些弯 · 305

宝宝的头发稀黄 · 306
宝宝特别爱出汗 · 306
宝宝的爬行 & 站立 · 307
永远记住：安全第一 · 308
宝宝快会走啦 · 308

宝宝的第 10 个月 · 309

10 个月宝宝的基本发育状况 · 309
第 10 个月宝宝的重点能力训练 · 311
行走训练 · 313
仍然不出牙 · 315

同家人一起进餐 · 315
训练排便困难 · 316
误吞了异物 · 316

宝宝的第 11 个月 · 317

11 个月宝宝的基本发育状况 · 317
本月的喂养方法 · 319
第 11 个月宝宝的重点能力训练 · 320
喂饭困难 · 322

偏食 · 322
睡眠困难 · 323
婴儿肥胖 · 323
便秘 · 324

左撇子 · 324
和宝宝聊天 · 325

宝宝的第 12 个月 · 326

12 个月宝宝的基本发育状况 · 326
第 12 个月宝宝的重点能力训练 · 329
宝宝腹泻 · 331
疝气不愈 · 331
宝宝总是睡得很晚 · 332

厌食 · 332
还不开口说话 · 333
踮着脚尖走 · 333
成为“小书虫” & 告别安抚奶嘴 · 334
给宝宝断奶的方法 · 335

上篇

0~40周
胎教篇

PART 1

孕早期（1～12周）胎教进行时

——胎教从现在开始

孕前胎教课堂

加强锻炼有利于养胎优孕

锻炼增强准父母身体功能

准爸爸在准备要孩子前进行适宜的体育锻炼，可以让自己精力充沛、代谢旺盛，使得雄性激素的分泌大量增加，生精过程亦明显加快，加之性腺的代谢功能得到提高，可以促使精子细胞成熟和活力增强，为受精卵的形成提供了大量健康合格的精子。

一旦受精卵形成，整个胎宝宝的生长发育过程都与准妈妈的健康息息相关，准妈妈身体功能的健康状态对优生就更为重要了。准妈妈在受孕前必须使自身机体及功能都得到改善，以适应十月怀胎对机体所产生的各种影响。孕前体育锻炼还可调节准父母的心理状态，以治疗某些精神性不孕症，如功能性性功能障碍等。尤其对于长期从事脑力劳动的准父母，孕前体育锻炼可使他们的神经系统从高度紧张的状态中得到调节放松，缓解焦虑紧张，从而增加受孕机会。

锻炼有利于准妈妈优孕

锻炼能提高准妈妈孕前各种性激素如促卵泡激素、黄体生成素、雌激素、孕激素及泌乳素等分泌增加，使得卵巢、子宫、乳房等性器官的功能发生一系列的变化，为胚胎组织的生长和发育提供良好的基础；锻炼能改善准妈妈的心肺功能，有助于胎宝宝发育所需的各种营养素的输送，为胎宝宝的生长发育提供保障；锻炼还能增强准妈妈的肌肉系统功能，可以防止诸如胎位不正、难产等并发症，减少产伤对新生儿的危害。总之，锻炼是优孕的必要保证。

成功胎教还要立足于胎养

⬭ 养护好胎前环境，保证精子、卵细胞质量

胎前环境对胎宝宝发育的影响，可以追溯到精子和卵细胞结合之时乃至结合之前的品质，是夫妇准备孕育宝宝之前的精子和卵细胞的生成环境，它决定了精子和卵细胞的质量。

精子和卵细胞的质量决定了孩子是否健康、聪明。对于精子而言，足够的数量是保证受孕成功的前提，其质量或活力更是良好受孕的条件；对于卵细胞而言，其质量首先取决于能否在卵巢内健全发育，又能否顺利通过输卵管。

为了确保有高质量的精子并且能受精成功，必须把减少精子数量、降低精子质量的不利因素降到最低。这就要求丈夫必须远离污染的环境，避免与有害物质接触，戒除烟酒等不良嗜好，及时治疗生殖器官疾病等。为了确保卵细胞能健全发育并顺利排出，以迎接精子的到来并成功受孕，妻子必须尽早对已有的妇科疾病进行治疗，同时，也要避免环境污染、职业因素及不良嗜好的影响。

⬭ 养护好胎内环境，孕育一个健康的宝宝

高质量的精子、卵细胞为生育聪明健康的孩子提供了可能，但要把这种可能变为现实，还需要良好的胎内环境，这是胎养的最终目的。

所谓胎内环境，是指怀孕后受精卵进入子宫继续生长发育成胎宝宝的全部条件，包括胎宝宝本身的发育情况和母体身心变化情况等。它是胎宝宝赖以生存的母体身体状况、营养状态等构成的生活环境；准妈妈精神和意识活动所构成的胎宝宝的心理环境；准妈妈伴随着情绪的波动而产生的体内激素的改变所构成的胎宝宝的生物、化学环境；准妈妈的心跳声、肠胃的蠕动声所构成的胎宝宝在母体内的物理环境。

由于胎宝宝在母体子宫内不能主动获取营养、选择环境，它只能被动地生活，需要母体的帮助而生长，因此，准妈妈本身的健康状况、情绪变化、生活习惯、行为方式等都将对胎宝宝产生直接或间接的影响。这就不仅要求准妈妈要有合理营养的膳食，还要有良好的心境，以及健康的生活方式，并注重避免有害物质的侵入，给胎宝宝创造一个安全、营养、温馨的生长空间。

孕前养胎从饮食营养开始

养成良好的饮食习惯

每一个准备做父母的人都要养成良好的饮食习惯。女性在孕前所食用的食物种类要杂、要多，宜粗少细，要多吃原汁原味的无污染食物，要经常变化食物种类，不要偏食；同时要注意少吃或不吃刺激性食物；要避免食用污染过的食物，重视饮食卫生，尽量选用新鲜天然食品，不要食用含食品添加剂、色素、防腐剂的食物，蔬菜应浸泡数十分钟，瓜果尽量去皮；还要注意不可暴饮暴食，以免影响健康；另外，要特别多吃鱼虾、山药等食物，以增加受孕机会。

多吃能增加精子和卵细胞活力的食品

夫妻双方因精子或卵细胞活力不强而导致怀孕失败的例子较为多见，多吃瘦肉、蛋类、鱼虾、肝脏、豆类及豆制品、海产品、新鲜蔬菜和时令水果等，可以改善精子和卵细胞的某些缺陷，提高受孕概率。选用新鲜、无污染的蔬菜、瓜果，尤其是可以在餐桌上多增加一些野菜和野生食用菌，以避免食用含食品添加剂、色素、防腐剂的食物，让体内产生高质量的精子和卵细胞，以形成优良的胚胎。

提前在体内储存钙和铁等矿物质，并且注意补水

准妈妈在孕前就应该多食用鱼类、牛奶、奶酪、海藻、牛肉、猪肉、鸡蛋、豆类及绿黄色蔬菜等食物，在体内储存丰富的铁和钙，以免怀孕后发生铁和钙的缺乏。准妈妈身体有了充足的水分，可以帮助清除体内的各种代谢毒物如重金属等，增强免疫功能和抗病力，这样便可为胎宝宝提供一个良好的生长发育的内环境。但要注意多喝烧开后自然冷却的水，这样的水具有独特的生物活性，少喝含咖啡因、色素、香精等人工制作的饮料或果汁。

营养补充切勿矫枉过正

如果怀孕后胎儿生长过快，就会增加行动负担，给分娩带来困难。同样地，如果孕前就因饮食失调而造成肥胖，妊娠和产后仍不能恢复，也会给身体健康带来隐患。糖尿病、慢性高血压、血栓性疾病的发病都与营养过剩有密切的关系。所以，准妈妈孕前必须合理地安排好孕前养胎的营养补充。

孕前，准爸妈要改掉的习惯

准父母改变吸烟的习惯

如果准妈妈不改变吸烟的坏习惯，怀孕后易发生宫外孕、前置胎盘和胎盘早剥等；同时，烟里的某些有害物质能引起人体内染色体畸变和基因突变，从而造成遗传物质的变化，引起流产、早产、死胎及先天畸形等；而且，准妈妈吸烟还会殃及后代，使新生儿体重偏低、身长短小、头偏小、肺部发育不成熟、体质差，儿童期易患多动症、易受感染，婴儿的病死率较高。吸烟的准妈妈所生的婴儿患先天性心脏病的危险比不吸烟的准妈妈所生婴儿高两倍。而准爸爸如果不改变吸烟的坏习惯，会导致精子畸形，而且对早期胚胎的危害最严重。

准父母改变嗜酒的习惯

父母饮酒也像吸烟一样，对胎儿的健康产生严重影响。酒精是男人性能力和生育能力最常见的杀手。因为酗酒不仅会让男人的性能力降低，还可能使精子受到损害，导致精子形态、活力的改变，甚至杀死精子，使精液中精子数目减少，直接影响受孕率以及胚胎的发育。由于饮酒引起的胎宝宝先天畸形称为"胎儿酒精综合征"，生出的宝宝也会智力低下。

准父母改变泡澡的习惯

我们知道，男性的精子生成需要较体温低的温度，如果睾丸的温度上升，异常精子的数量就会增加。而男子阴囊位于躯干下方，皮肤有许多皱褶，汗腺也十分发达，并呈悬垂状，这些都有利于睾丸的散热，使阴囊温度永远比体腔内温度低 4℃左右，比体温低 1℃～2℃，这恰恰是最适合精子生成的温度。因此，准爸爸常洗热水澡会造成精子异常，从而造成妻子受孕后胎儿畸形以及不孕症发生率增高的现象。医学界早已证明，准妈妈在怀孕的前 3 个月泡热水澡，可能造成胎儿无脑或脑神经缺陷。即使准妈妈在怀孕中后期，泡热水澡也要视个人体质而定。因为准妈妈的血液循环已和常人不同，在经历冷、热水的过度刺激后，其心脑负荷可能无法像一般人调适得那么好，很可能发生休克、晕眩或虚脱的现象。所以，建议夫妻在准备受孕前采用其他方法替代泡热水澡，比如冲澡、泡脚等。

准父母生活要有规律

受孕前要做各种各样的准备，其中很重要的一项就是准父母要调整作息时间，使之更加符合健康自然的生活规律，让双方的身体状况达到良好的状态。

注意充分的休息

人在疲劳或患病的情况下，身体的抵抗能力会下降，体内的各种功能都有所降低，这时精子和卵细胞的质量就会受到影响。一旦身体出现这种状况，就会干扰子宫的内环境，因而不利于受精卵的着床和生长，从而影响胎儿脑神经的发育，甚至导致死胎、流产。所以，准父母孕前应该调整作息，注意充分休息，每天睡眠时间不能少于 7 小时，让双方在精神饱满的情况下受孕。

培养良好的作息习惯

胎儿会通过母体来区分白昼和黑夜。胎儿在妈妈的腹中是完全按照母亲的作息时间"生活"的。所以，准妈妈的作息习惯自然会影响胎宝宝。有事实证明，如果准妈妈生活规律且早睡早起，宝宝出生后就会比其他的小朋友更加活泼健康，可见准妈妈本身正常的作息习惯是多么重要。所以，准妈妈从计划怀孕开始，培养良好的作息习惯，坚持晚间 10 时左右上床，早睡早起，起居有规律。

按时健康进食

每日要按时进食，最好保持定量，不要暴饮暴食，注意饮食健康；膳食结构要合理，不要吃多盐、多糖或加工类食品，以防吸收过多的热量、饱和脂肪酸和胆固醇，从而导致肥胖、高脂血症等疾病的发生；戒除不良嗜好，停止吸烟和过量饮酒，多吃无污染的绿色食品。

进行适宜而有规律的锻炼

准父母在计划怀孕前的一段时间内，要进行适宜而有规律的体育锻炼与运动，这样可以确保精子的质量，也可以确保受孕时女性体内激素的平衡与精子的顺利着床，避免怀孕早期发生流产，而且可以促进孕妇体内胎儿的发育和日后宝宝身体的灵活程度，更可以减轻孕妇分娩时的难度和痛苦。

孕前6个月的养胎计划

做全面的健康体检

　　孕前6个月，夫妻要去医院进行一次全面的身体健康状况检查。同时，要进行必要的生育咨询，尤其是遗传病的咨询；根据医生的要求和建议，或做进一步的检查，或发现疾病积极进行治疗。最后，根据医生的意见，决定是否要孩子，以及何时可以要孩子。调整生活方式准父母首先要戒烟禁酒；喜欢喝咖啡的准妈妈也要限制在一天一杯之内；不要再喝碳酸饮料及刺激性饮品。改变避孕方式，有些避孕药对胎儿究竟有没有不良影响还没有定论，如果有生育的意向，建议提前6个月左右停止使用避孕药，改用避孕套等物理避孕方式或自然避孕法。

孕前5个月，选择受孕季节

　　测体温、验精液。这时，可以开始进行女性基础体温的监测，以掌握受孕时机。基础体温是女性清晨起床尚未活动时的体温，从月经到排卵前的这段时间，体温比较低。当开始排卵的时候，体温急剧升高，黏液分泌旺盛，表明此时为受孕的好时机。通过连续几个月的记录，可以检测出排卵的稳定程度；同时，也可进行丈夫精液的检验。丈夫可在医生的指导下，进行精液样本的采集，医生给予精子的数量、移动性和活力的分析报告，以判断是否具有足够的、高质量的精子。

　　经济准备：可以进行适当的生活安排，做好一定的经济准备，免除思想负担，为受孕创造一个安心、轻松的心情。改善居室：可以改善居室环境，以方便准妈妈怀孕后的行动。比如，可以在卫生间及其他易滑倒的地方加放防滑垫；在马桶附近安装扶手；把晒衣架或晒衣绳适当调低；如果居室通风条件不好，要设法安装换气扇或做其他改动。

孕前4个月，进行优生筛查

　　优生筛查主要是检测准妈妈体内风疹病毒、巨细胞病毒、弓形虫、单纯疱疹病毒等的抗体水平，根据检测结果来估算胎儿可能发生宫内感染乃至畸形、发育异常的风险，最大限度地保障生育一个健康的宝宝。远离宠物：一些家养宠物如猫、狗等体内会有弓形虫病毒。要带宠物去医院做个体检，以确保它们没有感染源，

或者将宠物寄养到宠物中心，总之，最好远离一切可致感染弓形虫病毒的因素。身体排毒清除夫妻身体内的烟尘与有毒物质，可食用春韭、黑木耳、海鱼、豆芽等。

孕前3个月，加强营养补充

补充营养在日常的饮食中，开始注意选择一些含有优质蛋白质的食物，如豆类、蛋类、瘦肉以及鱼等；选择一些含碘的食物，如紫菜、海蜇等；选择一些含锌、铜的食物，如鸡肉、牛肉、羊肉等；选择一些有助于补铁的食物，如芝麻、猪肝、芹菜等。此外，还要多吃含大量维生素的食物。

进行锻炼。为确保准妈妈受孕时体内激素的平衡与受精卵的顺利着床，也为了配合体重超标的准妈妈进行体重调节，此时可以有计划、有目的地进行孕前身体锻炼。晨跑、瑜伽、快走等运动形式都是不错的选择，即便是每天慢跑和散步也有利于改善体质。运动可以不要求强度，但要注重坚持。孕前接种孕前进行接种可以保证胎宝宝正常发育，减少病残儿的出生。

孕前2个月，调整性生活频率

调整性生活频率。在准备怀孕的阶段，要适当减少性生活的频率。准爸爸应通过增加健身的次数，来保证精子的数量和质量。算出排卵日为了提高受孕率，要算好排卵日，一般是月经来潮当日加上15天，如果平时月经周期不够准确，也可以按照预计下次月经来潮之日向前推14天的方法计算。

孕前1个月，展开一次激情的生活

展开一次激情的生活。在身体状况良好的情况下，选好一个美妙的夜晚，进行一些浪漫的准备，以最期盼、最激情的时刻迎来一次生命的融合。

充满激情的方式：尽可以在爱的柔情蜜意中，期待一次爱的降临，只要是在家里，可以不分时间、地点，让随心所欲的做爱把你们带入身心的激荡中……最佳的受孕体位：有些体位有利于精子通过阴道，使精子可以比较容易地通过宫颈，这就是有助于受孕的体位。

一般来说，建议想要孩子的夫妻可以采取男上女下的体位，也就是妻子躺在床上，屈曲双腿，大腿分开，丈夫趴在妻子两大腿间，将勃起的阴茎慢慢插入阴道。

男上位的好处是：男方和女方可以面对面，这样女方的阴道口朝上，形成一个杯形，可以盛住精液，这对受孕十分有利。

什么是情绪胎教

情绪胎教的作用

· 准妈妈在孕早期如果长时间处在不良情绪中，比如紧张、恐惧等，会触发流产，特别是习惯性流产。

· 准妈妈如果有沮丧忧郁的情况而不加以治疗，可以观察到胎宝宝出生后对外界的刺激反应会减少。

· 在孕早期，准妈妈若精神极度不安，胎宝宝发生唇裂或腭裂的概率就会增加。

· 如果准妈妈过度焦虑，会增加胎宝宝神经发育异常的风险，使胎宝宝在未来的成长中更容易出现情绪和行为方面的问题。有关专家还认为，儿童的情绪、行为和动作方面的问题与怀孕时期准妈妈是否过度焦虑有很大关系，焦虑程度越高的准妈妈所生下的孩子，日后出现情绪和行为问题的概率越高。

情绪胎教的要点

· 调整心态。妊娠反应是孕期正常的生理反应，会给准妈妈平添许多烦恼。准妈妈在面对这些反应的时候，必须及时调整心态，否则很容易影响心情，并产生烦躁、易怒等不良情绪，情绪大幅度波动还会在一定程度上加重妊娠反应，这些不良情绪对胎宝宝的健康和先天性格的形成都有很大的影响。

· 克服忧虑。对许多准妈妈来说，忧虑是比较常见的一种心理状态，她们常常担心自己和胎宝宝的健康，特别是对身患疾病的准妈妈，她们常担心胎宝宝受到自己身体的影响或服药的影响而发育不良。其实，这种忧虑是大可不必的，准妈妈只要积极地进行产检，并听从医嘱服药，胎宝宝就能健康发育。

· 消除疑虑。有些准妈妈认为，胎教只是"隔着肚皮说话"，不会起到任何作用，因而对胎教的作用产生了怀疑心理，从而打断了胎教的连续性。这种想法是错误的，不仅容易引发疑虑、烦躁、焦急等不良情绪，还会影响到胎宝宝。还有的准妈妈有分娩前避免恐惧，恐惧是临产前最容易出现的一种心态。许多人认为分娩是一道生死大关。但事实上，随着医疗技术的提高，因难产致死的概率越来越低，准妈妈完全可以相信医生，相信科学，即使发生意外，也能够采取及时的医疗措施来保证母子安全。因此，应以坦然、平静的心态面对生产。

什么是营养胎教

营养胎教是根据孕早、孕中、孕晚三个时期胎宝宝的发育特点，合理指导准妈妈摄取食物中的各种营养素，以食补、食疗的方法来缓解孕期不适并保证胎宝宝的营养。

营养胎教的作用

· 为母婴补充营养。从一个重为 1.505 微克的受精卵，到出生时约 3000 克的婴儿，这个成长发育的过程全依赖于母体供给营养，准妈妈如果不及时摄取营养，胎宝宝为了完成自身的发育会吸收准妈妈体内储存的营养，久而久之，就会造成孕妈妈营养不良及多种不良症状。所以准妈妈要注意均衡补充营养，以供自身及胎宝宝的营养所需，避免出现营养不良等问题。

· 为分娩储备能量。准妈妈及时补充营养，能为分娩储存力量，等到分娩时，准妈妈能更有力量将胎宝宝娩出。

· 为产后哺乳打好基础。产后母乳的多少，与孕期营养补充的量有直接关系，为了能让胎宝宝吃到营养丰富且充足的母乳，准妈妈一定要注意补充营养!

营养胎教的要点

· 孕早期的营养胎教。孕早期即怀孕初始至怀孕 12 周，在此期间胎宝宝的各器官正处于分化形成阶段，胎宝宝成长速度不显著，生长所需的热量和营养物质较少，因此不用急于补充太多的特殊营养成分。但由于这一阶段的准妈妈受孕吐影响，食欲往往不好，容易恶心、呕吐等，影响正常进食。所以本阶段的准妈妈要少食多餐、重质，以吃高蛋白、少油腻、易消化吸收的食物为原则。

· 孕中晚期的营养胎教。从怀孕中期开始，胎宝宝迅速成长，准妈妈身体代谢速度增加，对营养成分的需求量较孕早期要多很多。所以孕中期和孕晚期需要补充丰富的营养，如蛋白质、维生素、碳水化合物、矿物质等。因此，必须适量增加这些物质的摄入，多吃一些蛋类、奶类、肉类、杂粮、蔬菜及水果，以保证胎宝宝的正常发育。

营养胎教的注意事项

准妈妈应合理、科学地补充营养，多吃营养含量高的食物，但需注意体重的增长量，适当地调整饮食。

· 准妈妈忌盲目服用保健品。首先要考虑准妈妈自身是否需要进补，千万不要盲目听从销售商的花言巧语，更不要被那些诱人的广告所蒙蔽。许多保健品的功效并不会比食物好，有些保健品甚至根本不适合准妈妈食用。所以，准妈妈在决定购买营养品前最好先咨询一下医生。

· 准妈妈不要只吃菜不吃主食。米面等主食是能量的主要来源到均衡补充营养的目的。

准妈妈要适当饮食。有些准妈妈在得知怀孕以后便开始加大饭量，希望借此来满足胎宝宝的营养需要。几乎所有的准妈妈都相信只要自己吃得多，胎宝宝就能摄取到足够的营养成分，就会健康发育。其实，准妈妈即使进食量加倍，也不等于胎宝宝可以将准妈妈多吃的那部分营养全部吸收。所以，准妈妈要适量进食，这样才能保证自身及胎宝宝的健康。

准妈妈在孕期加强营养是必需的，但营养摄入绝非多多益善。太多的营养摄入会加重身体的负担，并且会囤积在体内形成脂肪，导致孕期肥胖和冠心病。另外，体重过重还限制了准妈妈的体育锻炼，导致抵抗力下降，还可能造成难产。

什么是环境胎教

环境胎教的作用

随着社会经济的高速发展和商业化进程的加快，环境污染逐渐成为严重危害人类健康、降低人类生活质量的一个重要因素。而环境污染作为影响胎宝宝的胎外环境因素的一部分，对于正在母体中生长、发育的胎宝宝所造成的伤害更是难以弥补的，所以准妈妈应给予高度重视，以免造成无法弥补的遗憾。

在受孕后最初的数周时间内，胎宝宝正处于器官分化阶段，是最容易受到侵害的高敏时期。此时胎宝宝发育较快，但也最为脆弱。由于胎宝宝各方面均未发育成熟，且不具备抵抗外界侵害的能力，若遭受不良环境因素的刺激，很容易发生畸形或死胎的情况。

因此，准妈妈重视环境胎教对胎宝宝的健康是十分重要的，特别是在妊娠早期，准妈妈应对自己的宝宝加倍呵护。处于安静、洁净的优质环境中，是保证胎宝宝健康发育的前提条件，也是做好环境胎教的一个重要坏节。

环境胎教的要点

· 孕前保证精卵质量。精子质量与精子是否发育成熟、精子是否健全和精子是否具有较强的活力有关。精子是否健全与准爸爸的生活习惯以及是否受过有害物质损害等因素有关。因此，要保证精子的质量，首先应避免与有害物质接触、远离环境污染、尽量戒除烟酒，更应积极、有效地治疗生殖器疾病。而良好的卵子质量主要取决于卵巢和输卵管的健康情况。如果卵巢发生病变，就会妨碍卵子的发育和传输。同时，某些环境因素对卵子也会产生一定的不良影响，甚至还可能导致卵子发育异常或出现突变等。由此看来，孕前保证良好的精卵质量，也是做好环境胎教的一个重要方面。

· 让胎宝宝远离生活污染。巨大的环境污染和生活污染时刻威胁着人类的健康和胎宝宝的正常生长发育。生活污染包括的内容非常广泛，它不仅存在于电视、空调、电脑、音响、微波炉、手机等人们常用的工具和电器中，更包括噪声污染、病菌污染等多方面因素。在妊娠期，准妈妈应远离这些生活污染。

· 创造和谐的家庭氛围。在良好的家庭氛围中，准妈妈感受的是温馨，而腹中的胎宝宝也能够在温馨的家庭中获得身心上的良好发育。良好的家庭氛围需要夫妻双方共同维护，在互爱、互敬、互助、互谅、互勉的基础上共同抚育宝宝。

· 优化家居环境。优美的家庭环境是保证准妈妈身心健康、促进胎宝宝健康发育的重要条件。良好的家庭环境不仅依赖于温馨、优美的家居装饰，更需要夫妻之间相互理解、相互关爱，这对准妈妈和胎宝宝的身心健康都是非常有益的。

环境胎教的注意事项

· 远离高氟污染。准妈妈应尽量远离氟污染，以最大程度减少胎宝宝对氟元素的摄取。

· 避免接触 X 射线。X 射线对母体中的胎宝宝伤害很大，尤其是宝宝在母体中最初的 3 个月。此时正是胚胎器官形成的重要时期，若受到 X 射线的放射作用，很容易导致器官畸形，同时还会增加流产和死胎的发生率。准妈妈在妊娠期间应尽量避免接受 X 射线检查。

什么是音乐胎教

音乐胎教就是指通过对胎宝宝传输优良的音乐声波，促使其脑神经元轴突、树突及突触的发育，为优化后天的智力及发展音乐天赋奠定基础。

音乐胎教的作用

·有益母子健康。音乐胎教的主要作用是要让准妈妈感受到平静与愉悦，并通过神经系统将此情绪传递给腹中的胎宝宝，使其深受感染，潜意识能记录到和谐、美好的讯息。科学研究发现，音乐由于速度、节拍、旋律的变化，能起到调节人体节律的作用。给胎宝宝"听"音乐，并给予适当的良性刺激，会使胎宝宝的心率随着音乐的节律而变化。经过音乐胎教训练的婴儿反应快、语言能力强、动作协调敏捷。

心理学家认为，音乐能渗入人们的心灵，会激起人们无意识的超境界幻觉，能唤起平时常被抑制了的记忆。常听音乐的胎宝宝长大后情感丰富，更富有想象力和创造力。生理学家则认为，优美、健康的音乐能促进准妈妈分泌出一些有益于健康的激素、酶和乙酰胆碱等物质，起到调节血液流量和神经细胞兴奋的作用，从而可以改善胎盘的供血状况，使胎宝宝更健康地成长。

·开发胎宝宝的智力。音乐胎教的理论是假设胎宝宝能感知声音，主要是强调通过对胎宝宝施以适当的音乐刺激，可以促使其脑部神经的发育，甚至反复用相同的声音刺激，可以在胎宝宝大脑中形成粗浅的记忆。由于人的大脑半球有明确的分工，左半球的功能是语言、计算、理解等，主管逻辑思维；而右半球是"情感半球"，主要功能是空间位置关系、艺术活动等，主管形象思维。人的大脑在出生后左脑会比右脑发达，因此在出生前加强右脑开发就显得格外重要。音乐的感受是由大脑右半球主管的，若能越早实施音乐胎教来强化胎宝宝的右脑，就越能增强其形象思维能力，让胎宝宝左右脑的发育达到平衡，使孩子更聪明。

音乐胎教的几种方法

·准妈妈自己欣赏音乐。如果我们把音乐胎教的对象设定为准妈妈，那音乐胎教的目的就在于愉悦、平静准妈妈的情绪，因此在选择音乐时，准妈妈可选择适合自己的、轻松舒缓的音乐，以缓解不良情绪。

· 让胎宝宝自己听音乐。等胎宝宝 20 周后，可适当给胎宝宝听一些音乐。据英国科学家最新研究证明，胎宝宝在 20 周时就具备了听力，而不是人们常认为的妊娠 26 周，这项研究发现，新生儿能记住在胎宝宝期所听到的乐曲。

· 准妈妈给胎宝宝唱歌。准妈妈也可以通过自唱的方法，对胎宝宝进行音乐胎教。准妈妈千万不要不敢开口，这是一种互动方式，胎宝宝会喜欢的。

音乐胎教的注意事项

· 选择专业的胎教音乐。给胎宝宝听的音乐必须是经过特殊选择的，声调不要太过尖锐刺耳，最好高、中、低音均衡，除了要选择经过特殊处理的音乐外（音频范围应为 500～1500 赫兹），准妈妈应距离扩音器至少 1.5 米，尽量避免将声音很大的耳机直接放在腹部。胎教音乐的节奏要求平缓、流畅，最好选择不带歌词的音乐。自然界中诸如大海的波涛、潺潺的溪流、微风轻吹的声音等配合一些音乐，如经典名曲等，听到这类声音能使人心情舒畅。

· 控制好音量。胎教的音乐音量宜在 60 分贝，如果把耳机直接放在腹部上，音量大小要特别注意。你可以把手掌放在耳朵与耳机中间，然后调到你觉得适中的音量，这时你听到的音量大小一般约为 60 分贝，相当于胎宝宝在腹内听到的声音。

· 最好一首单曲重复播放。怀孕 8 个月后，可考虑重复播放 1～2 首固定的乐曲，除了可以加深胎宝宝对这几首音乐的潜在记忆外，更容易培养孩子的音乐天赋，开发孩子将来的想象能力。

· 不要让胎宝宝长时间听音乐。音乐胎教益处很多，但是也需要把握一个度，准妈妈为胎宝宝听音乐的时间以每次不超过 30 分钟，一天 1～2 次为宜。

什么是语言胎教

语言胎教的作用

· 加强母子沟通。语言是人类的沟通工具，更是父母与孩子沟通的桥梁。正是因为语言的存在，孩子才能深刻体会到父母对自己的关心和爱护，父母也可以通过语言了解孩子丰富的情感和内心世界。很多父母认为与孩子进行交流沟通必须等到孩子的语言发育达到一定程度以后才能进行。事实上，即使是未出生的胎宝宝，与父母情感的沟通仍然需要语言作为媒介。

·增进母子感情。每一次与胎宝宝亲密的语言沟通都是一次增进感情的过程，胎宝宝更能通过对父母声音的习惯而形成一种对父母的依赖感和亲近感。实验表明，经常与腹中胎宝宝沟通的准妈妈能够明显感觉到胎宝宝出生后对自己的依赖，而且智力、语言能力的发育和性格的发展也比没受过语言胎教的宝宝强。

·促进胎宝宝的大脑。发育研究显示，人类大脑皮质特别发达，有别于其他动物。大脑皮质是用来学习知识和进行精神活动的，人的一生大脑可储存 1000 万亿个信息单位。准爸妈以及其他家人给胎宝宝进行语言胎教，是一种积极有益的教育手段，可以刺激胎宝宝大脑皮质充分发挥作用，为后天的学习打下基础，使宝宝变得更聪明。

语言胎教的注意事项

·随时关注胎宝宝的反应。进行语言胎教时，准妈妈及准爸爸必须随时观察胎宝宝的特殊反应，如果在讲述某件趣闻时，胎宝宝有柔和的胎动，说明胎宝宝对所谈话题比较感兴趣，准妈妈或准爸爸可以继续讲下去，也可适当地延长胎教时间。如果胎宝宝产生了剧烈的胎动，说明胎宝宝对这个话题不感兴趣，必须立即停止。所以，准妈妈及准爸爸需每天选择不同的事情、不同的故事讲给胎宝宝听，这样就能够慢慢了解胎宝宝到底对哪类故事感兴趣，是否喜欢爸爸或妈妈的声音等一系列信息，为以后胎教的顺利进行打好基础。

·将形象、声音、情感结合进行。虽然胎宝宝不可能理解准妈妈或准爸爸的讲话内容，但能在听到声音后做出反应。对温婉、柔和、充满爱的语言会做出良性反应，对嘈杂、争吵的语言会做出强烈的抵抗动作。所以，准妈妈及准爸爸可以根据这一特点，将形象、声音、情感结合起来，给胎宝宝做胎教。

·忌对胎宝宝肆意而谈。良好的语言胎教对胎宝宝确实具有良好的影响，而恶劣的语言环境则会对胎宝宝造成负面影响。准妈妈及准爸爸千万不要认为胎宝宝是个无知的小生命，并在胎宝宝尚未出生时肆意而谈，不顾及胎宝宝的感受。

·忌三心二意。准妈妈及准爸爸对胎宝宝讲话时千万不能三心二意，必须集中精力，否则对胎宝宝的理解力、听力和想象力的培养都是没有好处的。

·语言胎教要持之以恒。语言胎教是一项长期工作，需要在日常生活中日积月累、一点一滴地使胎宝宝增加对父母的依赖和对语言的感受能力。因此，在胎教的过程中，准妈妈和准爸爸要做好心理准备，一定要有耐心，坚持每天进行。

什么是运动胎教

运动胎教的作用

· 有益胎宝宝的成长。运动胎教对胎宝宝也有着非常重要的作用。要知道，当胎宝宝成长到第 7 周的时候就已经开始自发地运动了。

· 胎宝宝早期的运动主要表现为眨眼睛、吞咽、抿嘴、搓手、握拳等。随着宝宝继续长大，运动方式会逐渐增多，会出现上抬手臂、蹬腿、转身、翻跟头、游泳等自发性运动。一般当宝宝成长到第 18 周的时候，准妈妈就能够非常明显地感觉到宝宝在腹中的运动了。

· 我们可以通过对胎动的观察来了解胎儿的健康状况，现代医学已经证明，胎动的强弱和胎动的频率可以预示胎儿在母体内的健康状况。胎儿的运动训练确实不失为一种积极有效的胎教手段。

· 促进准妈妈身心健康。运动胎教能令准妈妈健康地孕育宝宝，因为运动能够调节人体内分泌系统和血液循环系统的功能、增强心脏和肺部功能，改善消化功能和代谢功能。同时，运动还能够促进准妈妈腰部和下肢的血液循环，有效改善腰腿酸痛、下肢水肿等妊娠不良反应。

运动胎教的注意事项

· 控制运动幅度。准妈妈的运动量以小为原则，不要进行剧烈的活动，也不要从事繁重的家务劳动，如搬运重物、登上爬下地打扫卫生，这些活动对于准妈妈来说都是相当危险的。

· 身体不舒服时宜立即停止。运动过程中如果感到身体不适，则应立即停止。特别是在孕早期，如果妊娠反应比较严重，则应适当减少工作量和运动量，保证充分的休息。到了孕晚期，准妈妈在运动过程中如出现不适症状必须及时到医院检查。另外，有习惯性流产的准妈妈则更应注意运动量，要注意休息，并在医生的指导和帮助下进行运动和工作，以保证孕期安全。

· 忌碰撞腹部。准妈妈身体上最重要的部位就是腹部，那里是孕育胎宝宝的关键部位，要特别保护。因此，准妈妈无论是进行体育锻炼，还是做家务劳动，或是在生活中的任何时候，都应该时刻注意保护自己的腹部。

什么是抚摸胎教

抚摸胎教的作用

据科学研究发现，人类皮肤上有丰富的神经末梢。这些神经末梢及其敏感，非常有利于人体对外界迅速做出反应。经常进行抚摸胎教，能促进胎宝宝接受外界感应的敏感性，避免受到损害。从胚胎发育来看，皮肤与神经系统同起源于外胚层，胎宝宝的皮肤在发育的同时神经系统也在发育。如给胎宝宝以良好的抚摸刺激，那么胎宝宝的神经系统也会受到良好的刺激，能促使胎宝宝的心理健康发育。

抚摸胎教的要点

· 叩击腹部即叩击式胎教。是指准妈妈用双手稍握拳，轻轻叩击腹部，时间以 3～5 分钟为宜。

· 抚摸腹部。指准妈妈用双手轻轻抚摸腹部，并集中注意力将母爱传给胎宝宝，等待胎宝宝做出回应。这种单纯性的抚摸胎教，准妈妈可以根据胎宝宝的反应决定胎教时间的长短。

· 触压腹部即触压式抚摸胎教。是指当感受到胎动时，准妈妈用手指轻轻触压胎动部位，以达到刺激胎动的目的。

抚摸胎教的注意事项

· 动作轻柔准。妈妈无论用哪种抚摸胎教的方式，动作一定要轻柔，以免用力过度引发意外。

· 掌握抚摸的时间及频率。其实，抚摸的时间及频率并不是越多越好，过多的抚摸会使胎宝宝感觉很累，甚至会损伤胎宝宝。

· 腹壁变硬时忌进行抚摸胎教。有的准妈妈在怀孕中后期有一阵阵的腹壁变硬的情况发生，这可能是不规则的子宫收缩，此时不能进行抚摸胎教，以免引起早产。

· 注意胎宝宝的反应。抚摸胎教可以安排在妊娠 20 周后，每晚临睡前进行，并注意胎宝宝的反应类型和反应速度。如果胎宝宝对抚摸的刺激不高兴，就会以用力挣脱或者蹬腿作为回应。这时，父母应该停止抚摸。如果胎宝宝受到抚摸后，过了一会儿，胎宝宝才以轻轻的蠕动做出反应，这种情况可以继续抚摸。

什么是光照胎教

所谓的光照胎教就是指给尚在腹中的胎宝宝以适当的光亮刺激，以促进胎宝宝视网膜光感细胞的功能尽早完善。

光照胎教的作用

专家研究发现，从妊娠 6 个月起，胎宝宝对光亮就有所觉察，有的会躲闪，有的会做眨眼动作，这表明胎宝宝对光照有反应。用 B 超监测，当用手电光一闪一灭地照射孕妈妈腹部时，胎宝宝心率会出现剧烈变化。这些事实都说明，光线照射孕妈妈腹部会引起胎宝宝的各种反应。光照胎教能促进宝宝视觉功能的建立和发育，光能够通过视神经刺激大脑视觉中枢。光照胎教成功的宝宝出生后视觉敏锐、协调，注意力、记忆力也比较好。所以在胎教中不可忽视光照胎教这种方式。

光照胎教的要点

· 准妈妈进行日光浴。准妈妈到室外活动也是光照胎教的一种方式。夏季，可穿薄上衣，让腹部直接接受阳光，胎宝宝也会受到光的刺激，达到光照胎教的目的。

· 用手电筒照射腹壁。准妈妈可以每天定时用手电筒微光紧贴腹壁，每次持续 5 分钟，这样有利于胎宝宝的视觉功能的健康发育。

光照胎教的注意事项

· 光照胎教开始的时间：在宝宝的感觉功能中，视觉功能比听觉和触觉功能发育晚，在准妈妈怀孕 7 个月时，宝宝的视网膜才具有感光功能，对光才有反应。光照胎教可以在准妈妈怀孕 6 个月以后开始。

· 光照胎教的具体时间：要配合宝宝的作息时间进行光照胎教。不要在宝宝睡觉时进行，以免打乱宝宝的生物钟。要在胎动明显时，即宝宝醒着的时候做光照胎教。准妈妈经过这么长时间和宝宝的相处，也应基本掌握宝宝的作息规律。当然也有作息不太规律的宝宝，这就需要准妈妈细心体察宝宝的情况了。

· 光照胎教的具体步骤：准妈妈每天定时用手电筒微光紧贴腹壁反复关闭、开启手电筒，一闪一灭照射宝宝的头部位置，每次持续 5 分钟，不要用强光照射，且时间也不宜过长。

什么是美育胎教

美育胎教是指根据胎宝宝意识的存在，通过准妈妈对美的事物的感受而将美的意识传递给胎宝宝的胎教方法。人类通过看、听、体会，感受着世界上各种各样的美，而胎宝宝无法看到、听到、体会到这一切，所以准妈妈要通过自己的感受，将美的事物经神经传导输送给胎宝宝。美育胎教也是胎教学的一个组成部分，它包括自然美育、感受美育等方面。

美育胎教的作用

美育胎教运用审美心理学的知识，强调胎教中准妈妈的审美感知、审美情感、审美想象、审美理解，从而达到优化和加强胎宝宝心理素质的目的，为提高胎宝宝出生后对美的感知能力奠定基础。

美育胎教的要点

· 带胎宝宝感受大自然。准妈妈经常欣赏大自然中美丽的景色，然后将对大自然的热爱之情经过"提炼"传递给胎宝宝，就能促进胎宝宝神经系统的发育，使胎宝宝也能得到大自然美丽景色的陶冶。同时，准妈妈经常走入大自然，呼吸新鲜空气，也有利于胎宝宝的大脑发育。

· 培养准妈妈自身气质。准妈妈如果有优雅的气质、饱满的情绪和文明的举止，就能感受到来源于自身的一种美，胎宝宝在母体内也得到美的熏陶。专家建议，怀孕期的女性必须注意提高自身修养，注意个人言行举止。不仅要精神焕发，穿着整洁，举止得体，还要适当丰富自己的精神生活，例如，多听音乐、看书、旅游、欣赏美术作品等，以丰富个人内涵、陶冶情操。胎宝宝在准妈妈得体的举止中也会受到熏陶，对其今后的成长都有着正面影响。

美育胎教的注意事项

· 欣赏美的事物。进行美育胎教时，准妈妈应尽可能欣赏一些美的东西，例如，美丽的大自然、动听的音乐等，这样能使胎教发挥积极的作用。

· 忌随意而行。准妈妈无论做什么、说什么都要随时想到腹中的胎宝宝，言行举止必须有一定的约束，以免将不良的行为作风传递给胎宝宝。

第1周胎宝宝成长状态监测

第一周为受孕前期，准妈妈尚未受孕，因此宝宝还不存在。

现阶段胎宝宝以精子和卵子的状态分别存在于爸爸和妈妈的体内。精子每批数量约为 2～4 亿个以上，而卵子每月只排出一个。精子的体积很小，卵子的直径约 0.01 厘米，为精子的无数倍大。精子是渺小的游泳高手，活动力强盛灵敏快速；卵子稳重且移动缓慢。精子成熟需要约 64 天的时间，卵子的年龄则与妈妈本身的实际年龄一样，卵子在妈妈本身还是在胎宝宝时期就已存放在体内。

过去我们用"怀胎 10 月"来形容准妈妈经历的怀孕过程，其实，按照月历上的计算方式来说，胎宝宝在妈妈子宫内生活的时间并未达到 10 个月那么久。几乎所有准妈妈都是在月经停止 37 天以后才确定自己已经怀孕了，就连医生也不能确定胚胎诞生的精准日期。为了方便计算，所以计算怀孕期一般都以准妈妈最后一次月经的第一天为怀孕开始的日期。换句话说，怀孕第 1 周，也就是准妈妈还处于月经期。

开始准备要一个可爱的宝宝，应该准备好身体的内环境与生活的外环境。内环境是指保持健康的身体和心态，这时应戒掉烟酒，因为过度抽烟喝酒会造成精子和卵子畸形，未准妈妈一定不愿意让宝宝的生命在异常状态下开始吧！在有计划的受孕过程中，不要接触有毒物质，如麻醉剂、农药、灭害灵、铅、汞、镉等，不要照射 X 光等放射性物质。这时要保持身体的轻松闲适，不要在大强度运动和过度疲劳的状态下受孕。外环境是指生活居室要保持清新爽洁，尽量把小家庭布置得浪漫温馨，营造一个和谐轻快的氛围。

现在可以自己测算排卵周期，即月经周期。主要方法是基础体温法，即每天早晨醒来后身体不作任何运动，用体温表测出体温。坚持做一个月后，就可以制成一个曲线的基础体温表。一般排卵期的体温会升高 0.3℃～ 0.5℃，根据基础体温表，在排卵期未准妈妈就可以做好迎接新生命的准备了。

探寻胎教的秘密

胎教并没有那么高深莫测。怀孕了！这个消息给盼望中的准爸爸、准妈妈带来无限的喜悦和希望，这些希望就是最原始的胎教。沉浸在美好期待中的准妈妈在盼望和等待中将要度过 280 天的孕期生活。每一位准妈妈都格外珍惜这次做母亲的机会，以博大的母爱关注着胎儿的变化，守护着胎儿成长，这就是一种极好的自然胎教。我们需要的就是这样一种胎教，在自然胎教的基础上加以升华，充实一些科学的胎教内容，使之成为父母能够送给孩子的第一份最珍贵的礼物。

古时候曾有这样一些说法，"喜欢经常打扫、清理房间的母亲会生下一个漂亮的女孩"，"看到失火会生下一个长红斑的男孩"等。这些说法显然是带有迷信色彩的，但是也有它们的意义。比如："喜欢经常打扫、清理房间的母亲会生下一个漂亮的女婴"是在告诉我们怀孕期间要适当活动，并保持好的心情。"看到失火会生下一个长红斑的男婴"这种说法是在提醒大家，准妈妈受到过分惊吓，或者过度兴奋会给胎儿带来不良影响。

我们不得不感叹古人的智慧。这些说法实在比直言不讳地说"怀孕时要适当活动，保持好心情"、"不可受到惊吓或者过度兴奋"等更容易让人记住和接受。

由此可见，作为胎教的实践，任何人都能够做到，而且所有的准妈妈也都在有意和无意中自然地做着。胎教并不神秘，问题的关键在于每一个准妈妈是否具有高度的责任感和美好的愿望；是否能注意身心修养，保持良好的情绪；是否以极大的爱心对待生活，从中寻找美的感受，静静地等待着孩子的出生。老实说这些要求并不过分，每一个准妈妈都能够而且也应该做到。

母爱是胎教的开端

　　母爱对于胎儿来说是至关重要的。妈妈用自己的身体和血液孕育了胎儿。在280天的等待过程中，准妈妈感受着胎宝宝每一次的蠕动，祈求着宝宝能够平安降生，精心周到地疼爱、照料着腹中的胎宝宝，增加营养、锻炼身体、避免有害因素的刺激，创造良好的孕育环境，施行胎教。

　　在整个孕育过程中，准妈妈逐渐产生出一种对胎儿健康成长极为重要的母子亲情。正是这种感情，使腹中的胎宝宝捕捉到爱的信息，并转入胎教机制，为形成良好的性格打下基础。

　　每一个准妈妈都应充分认识自己的使命，在妊娠期每一天的活动中，仔细捕捉来自胎宝宝的每一个信息，母子之间进行亲切友好的交流，以一颗充满母爱的心，浇灌萌芽中的小生命。这就是我们所希望的胎教基础。

　　人的性格是在社会实践过程中逐步形成的。然而，"人之初"的心理体验为日后的性格形成打下了基础。准妈妈的子宫是胎儿的第一个生存环境，小生命在这个环境里的感受将直接影响到性格的形成和发展，如果这里充满和谐、温暖、慈爱的气氛，那么胎宝宝幼小的心灵将受到同化，意识到等待自己的那个世界是美好的，进而逐步形成了热爱生活、自信、活泼等良好性格的基础。反之，倘若夫妻生活不和谐、不美满，甚至充满了敌意和怨恨，或者是准妈妈不欢迎这个孩子，从心理上排斥、厌烦，那么胎宝宝就会体验到周围这种冷漠、仇视的氛围，随之形成自卑、怯弱、内向等性格的基础。显然，这会对胎宝宝的未来会产生不利影响。

　　因此，准爸爸、准妈妈应把握这一特点，为孩子一生的幸福着想，从一开始就尽力为腹内的小生命创造一个温暖、有爱的生活环境。

准妈妈对胎宝宝个性的影响

胎儿和新生儿的区别仅在于是否经过分娩这一过程，在母体内有爱动的胎宝宝，也有不爱动的胎宝宝；一旦出生之后立即就会发现他们在个性上的差别，有只顾着睡觉的新生宝宝，有睁着眼睛四处张望的新生宝宝，也有手足乱动的新生宝宝。在哭泣方法上，既有嚎啕大哭的婴儿，也有闷头低声哭泣的婴儿。随母体内环境和母子组合的不同，理应有不同的个性。

曾有研究证明，如果对准妈妈投以雌激素和黄体酮（或是其中之一），那么，所生的孩子具有明显的女性特点，如是女孩子，其特点更为明显；如是男孩子，则比普通的孩子懦弱，具有女性特点，且对父亲极少有攻击心理。

黄体酮和雌激素均为准妈妈血液中的激素，其分泌量的多少取决于准妈妈自主神经与中枢神经互换信号的平衡状态。而控制信号是准妈妈的日常精神状态，即准妈妈的思维、感觉、行为、言语。这样看来，婴儿出生之后就应有个性。而个性与妈妈妊娠期间的环境、生活方式、身体状况等因素有密切关系。怀孕后，许多准妈妈往往容易犯懒，什么也不想干，什么也不愿想。于是有人认为，这是准妈妈的特性，随她去好了。殊不知，这正是胎教学说的一大忌。

准妈妈与胎宝宝之间是有信息传递的，胎宝宝能够感知妈妈的想法。如果准妈妈既不思考也不学习，胎宝宝也会深受感染，变得懒惰起来。显然，这对于胎宝宝的大脑发育是极为不利的。如果准妈妈始终保持着旺盛的求知欲，则可使胎儿不断接受刺激，促进大脑神经细胞的发育。

因此，准妈妈要从自己做起，勤于动脑，勇于探索，在工作上积极进取。在生活中注意观察，把自己看到、听到的事物通过视觉和听觉传递给胎宝宝。总之，准妈妈要始终保持强烈的求知欲和好学心，充分调动自己的思维活动，使胎宝宝受到良好的教育。

胎教的分类与作用

直接胎教

直接胎教是指对准妈妈和胎宝宝的保健教育，是为了促进胎宝宝生理和心理健康成长，确保准妈妈能够平安度过孕产期所采取的精神、饮食、环境等方面的保健措施。直接胎教有利于准妈妈和胎宝宝身体健康和精神健康，有利于保胎、养胎和护胎等保健措施的实行。

间接胎教

间接胎教是指在怀孕期间加强准妈妈的精神、品德修养，同时，利用一定的方法和手段，通过母体刺激胎宝宝的感觉器官，以激发胎宝宝大脑和神经系统的有意活动，从而促进胎宝宝身心的健康发育。间接胎教实际上是在直接胎教的基础上，对准妈妈和胎宝宝精神世界的优化和美化措施，在胎宝宝个性的形成、智力的发育和人格的完善方面，具有举足轻重的作用。

胎教与宝宝大脑的发育

了解胎教环境

胎教环境：母亲的营养、文化修养、孕期保障等因素构成了胎儿的生理环境；母亲的疾病、服用的药物、接触的化工产品以及情绪变化等因素所引起的身体内分泌的改变则构成了胎儿生活的生物化学环境；母亲的运动、子宫内的条件以及母体接受的阳光、空气、声响、辐射等因素又构成了胎儿生长的物理环境。

大脑发育与胎教

宝宝的大脑细胞增殖旺盛期是在宝宝出生前 3 个月到出生后半年之间，这期间大脑体积增大与脑细胞增殖是同步进行的，而且增殖数量也一次完成。胎宝宝从怀孕 6 个月起就已具有约 140 亿个脑细胞，也就是说已经基本具备了一生中所有的脑细胞数量。其后的任务只是在于如何提高脑细胞的质量，若想再增加一些脑细胞，恐怕是回天无力了。因此，这阶段准妈妈要多注意食用优质蛋白质，科学地进行胎教，才能使宝宝更加聪明、健康。

智能发育与胎教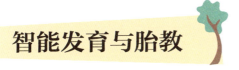

视觉发育与胎教

在怀孕第 2 个月时，胎宝宝的眼睛开始发育，到了第 4 个月时，对光线已经非常敏感。为了证实这一点，有人曾用手电筒的光线有节奏地照射孕妈妈的腹部，发现胎宝宝会睁开双眼，把脸转向亮光的地方，胎宝宝的心率也随之发生有规律的变化。这就说明，胎宝宝在准妈妈的子宫里是有视觉能力的，对其实施胎教能促进其视觉发育。

听觉发育与胎教

早在受孕后第 4 周，胎宝宝的听觉器官便开始发育，第 8 周时耳廓已经形成，这时胎宝宝的听觉神经中枢的发育尚不完善，所以还不能听到来自外界的声音。到了第 25 周，也就是怀孕第 6 个月的后期，胎宝宝的传音系统基本发育完全。到第 28 周时，即第 7 个月的中旬，胎宝宝的传音系统已充分发育完全并可以发生听觉反应。至此，胎宝宝已经具备了能够听到声音的所有条件。孕妈妈和准爸爸们应及时抓住怀孕 26 周以后的有利时机，每天有计划地对胎宝宝进行听觉训练，以培养胎宝宝灵敏的听力和对外界事物的反应能力。

记忆力与胎教

胎宝宝具有记忆能力，而且这种能力还将随着胎龄的增加而逐渐增强。有人做过这样的实验：在医院产科的宝宝室播放妈妈子宫血流及心脏搏动声音的录音，发现正在哭泣的新生宝宝很快就安静下来，情绪稳定，饮食、睡眠情况好，而且体重增加迅速。这是因为胎宝宝在妈妈的子宫中早已熟悉妈妈的心音，一听到这种声音就感到安全亲切。胎宝宝既然有记忆能力，那么准妈妈就应设法开发胎宝宝的记忆力，把良好的、积极的、真善美的信息及时传递给胎宝宝。

触觉发育与胎教

胎宝宝的触觉发育较早，当胎动出现时，隔着母体触摸胎宝宝的身体，胎宝宝就会做出反应。也就是说，触觉发育早在胎宝宝时期就已经开始，而这一点也是对抚摸胎教有益胎宝宝触觉潜能开发的有利证据。

做一个全面的胎教计划

设计好胎教日记

要坚持记胎教日记，内容可自行决定。胎教日记的内容一般可包括准妈妈孕期的生理、心理变化，饮食起居及保健情况，胎教的实施及胎宝宝的发育状况等。比如，可记录准妈妈怀孕的时间、孕期身体的变化、产前检查情况、心理状态、饮食起居、患病及用药情况、胎宝宝状况，以及胎教的感想等。

胎教日记要点

记胎教日记，可以每天进行，也可每隔两天记 1 次。可简洁，可繁复，任你发挥。但以下几点，绝不可遗漏。

·准妈妈末次月经日期、早孕反应的起始及消失日期，以及有哪些明显的反应。

·准妈妈孕期出血情况。不论孕早期、孕中期、孕晚期都须记录，并记下出血量及持续时间。

·第 1 次胎动日期。如做胎动监护，则要记录每日胎动次数。

·准妈妈孕期患病及用药情况。孕期患病须记录疾病起止日期，主要症状及用药品种、剂量、天数、不良反应等。

·重要化验及检查结果。如血常规、血型、肝功能检查、B 超检查、胎儿监护、胎盘功能检测等，都是非常有价值的资料，应妥善保存好各种化验单、检查报告单。

·接触有害物质及放射线情况。关于有害有毒物质的接触包括有害有毒物质品种、接触时间、不良反应等；如果接触 X 射线、CT 检查及其他放射线，要记录照射部位及时间。

胎教日记主要内容

胎教日记的重点可以记录下当月胎养胎教过程中准父母遇到的问题和解决的方法、检查化验结果数据，认为比较重要的和有效的胎教方法。更主要的是需要记录下胎教的具体实施情况、胎宝宝的反应、准妈妈的感受、实施的效果、令准妈妈感觉最愉快的事情，以及胎教内容的自我体会。这些都是准父母孕育生命、体验生命的最细微感受，也是准父母对生命过程最深切的记录。

胎宝宝的第2周

第2周胎宝宝成长状态监测

　　进入第 2 周后期，根据基础体温未准妈妈已经进入排卵期，现在就应该做好准备了。基础体温法是根据月经周期确定的，月经是指有规律的、周期性的子宫出血。与卵巢内周期性卵泡成熟、排卵和黄体形成有关。大约在月经周期的第 5 ～ 13 天卵泡成熟，这时子宫内膜增生，排卵后大约在月经周期的第 14 ～ 23 天时是黄体成熟阶段，这时子宫内膜继续增厚，如果没有受精，子宫内膜即脱落，成为月经。正常的月经持续 2 ～ 7 天，第 2 ～ 3 天时出血量最多，大约为 20 ～ 60 毫升。因此第 13 ～ 20 天时是最佳怀孕期，未准妈妈可以与丈夫共同调整身体健康状态，在最佳时间完成使命。

　　健康宝宝来源于健康的爸爸妈妈，在怀孕 3 个月前，妈妈应尽量进补叶酸，因为叶酸是人体三大造血原料之一，能促进红细胞的生成，孕早期如果缺乏叶酸，会影响胎宝宝神经系统的正常发育，导致脊柱裂或无脑儿等神经管畸形。因此建议：育龄的女性每天都应补充 0.4 毫克的叶酸，怀孕后的女性每天的摄取量应达到 1 毫克左右。

胎教对准妈妈的益处

🔵 提高个人修养

　　胎教强调胎宝宝会受到准妈妈言行的影响，甚至在胎宝宝时期，他们就会依据你的生活习惯而开始养成一些习惯。人们都知道，每一个人都有不同的生活习惯，养成好习惯会使人终身受益。一旦养成坏习惯，想改正是很困难的。因此，胎教要求准妈妈对生活习惯、学识、修养、爱好等都要给予关注及调整，以便给胎宝宝一个良好的身教。在这层意义下，胎教会将准妈妈潜移默化成一位知识丰富、品格高尚的女性。

🔵 充实孕期生活

　　在孕期，准妈妈常常有孤独的感觉。加上怀孕期间身体上的诸多不适，导致生活范围局限、内容无聊，除了在家里看电视、玩电脑、看漫画、种花就不知道可以从事哪些活动了，使生活变得异常无趣，久而久之，人也会变得呆板僵化。倘若准妈妈将胎教加入到日常生活中，不仅能使生活变得丰富多彩，还可以使脑部时刻保持灵活运作，心情保持舒畅，就连令人难以忍受的妊娠反应也会减轻不少。如此良性循环，胎宝宝也会感觉到外面的世界是多彩美丽的。

🔵 搭建亲子互动桥梁

　　在未与孩子见面之前，通过胎教实践，可培养准妈妈对胎宝宝的爱与关怀，进而期待胎宝宝出生后，能延续这份爱与关怀，给予宝宝最好的教育与照顾，为以后的亲子互动搭建桥梁。

胎宝宝也会感觉到外面的世界精彩美丽

与胎宝宝搭建亲子互动桥梁

延续这份爱与关怀，给予宝宝最好的教育与照顾

运动胎教的五大益处

1. 防止准妈妈和胎宝宝过胖

适量、适当的运动可以帮助准妈妈消耗过多的热量，一则使准妈妈体重增长不致过快，二则减少生出巨大儿的几率，有利于自然分娩，还能避免胎儿肥胖症、高血压及心血管疾病的发生。

2. 促进胎宝宝正常发育

适量、适当的运动不仅能增加准妈妈自身健康，也可增加胎宝宝的血液供氧，加快新陈代谢，从而促进生长发育；运动也有助于减少准妈妈身体不适感，让准妈妈心情舒畅，有利于胎儿形成良好的性格。

3. 让胎宝宝更聪明

适量、适当的运动能为准妈妈的大脑提供充足的氧气和营养，通过胎盘进入胎儿体内；运动会使羊水摇动，刺激胎宝宝全身皮肤，好比给胎宝宝做按摩，十分利于胎宝宝的大脑发育，出生后会更聪明。

4. 减轻准妈妈身体不适感

适量、适当的运动促进准妈妈新陈代谢和心肺功能，加快血液循环，防止便秘和静脉曲张的发生，并可减轻日益增大的子宫引起的腰痛、腰酸及腰部沉重感；准妈妈去户外或公园里运动既可以呼吸大量新鲜空气，又能接受阳光中紫外线的照射，增加维生素D，促进体内钙、磷的吸收利用，这既有利于胎宝宝骨骼发育，又可防止准妈妈发生骨质软化症。

5. 增强准妈妈自然分娩的自信心

适量、适当的运动可使准妈妈大脑运动中枢兴奋，有效地抑制思维中枢，从而减轻大脑的疲劳感。可缓解准妈妈对怀孕、分娩产生的紧张情绪，增加自然分娩的自信心；适量、适当的运动还可以增强准妈妈腹肌、腰背肌和盆底肌的力量和弹性，使关节、韧带变得柔软、松弛，有利于分娩时放松肌肉，减少产道阻力，增加胎宝宝娩出的动力，为顺利分娩创造良好的条件。

怀孕初期的运动胎教

到处走走

散步是怀孕运动锻炼形式中最好的一种。它不受条件限制，可以自由进行。

益处分析：可以边呼吸新鲜空气，边欣赏大自然美景；散步过后，会产生轻微适度疲倦，对睡眠有帮助，还可以变换心情，消除烦躁和郁闷。

踝关节运动

坐在椅子上，一条腿放在另一条腿上面，下面一条腿的足踏平地面，上面一腿缓缓活动踝关节数次，然后将足背向下伸直，使膝关节、踝关节和足背连成一条直线。两条腿交替练习上述动作。

益处分析：可促进血液循环，并增强脚部肌肉。

足尖运动

准妈妈坐在椅子上，两足踏平地面，足尖尽力上翘，翘起后再放下，反复多次，注意足尖上翘时，脚掌不要离地。

益处分析：通过足尖运动。可促进血液循环，并增强脚部肌肉。

胎教前进行呼吸法：调整心境，提高胎教效果

准妈妈实施呼吸法时，场所可以任意选择：可以在床上，可以在沙发上，也可坐在地板上。这时，准妈妈要尽量使腰背舒展，全身放松，微闭双目；手可以放在身体两侧，也可以放在腹部；衣服尽可能穿得宽松点。

准备好以后，用鼻子慢慢地吸气，以5秒为准，在心里一边数"1、2、3、4、5"一边吸气。肺活量大的人可以持续6秒，感到呼吸困难时可以减至4秒。吸气时，要让自己感到气体被储存在胸中，然后慢慢地将气呼出来，用嘴或鼻子都可以。总之，要缓慢、平静地呼出来。

呼气的时间是吸气时间的2倍。也就是说，如果吸气时间是5秒的话，呼气时间就是10秒。就这样，反复呼吸1～3分钟，就会感到心情平静，头脑清醒。

胎教前情绪调节：消除早孕的担忧心理

调节准备

由于准妈妈对怀孕后将发生的一切情况都是陌生的，所以她们常常会有一种担心和恐惧的心理。有的准妈妈担心孩子生下来会有缺陷，担心自己过去接触过有毒物质会对胎宝宝产生不良影响；患过病的准妈妈担心自己服过的药会影响到胎宝宝的发育，尤其是患高血压、心脏病的准妈妈，还会担心怀孕将加重自身的病情，同时影响到胎宝宝的健康成长；高龄准妈妈则担心会生个畸形儿，同时又担心分娩时会难产等。此类的担心，常使准妈妈处于不良的心理状态中，导致准妈妈精神持续处于高度紧张状态。长期的担惊受怕会使肾上腺素的分泌增加，而体内肾上腺素积累过多，将会直接影响到胎宝宝的生长发育。

调节实施

准妈妈有了以上不良心理状态，应及时调整消除。准妈妈要加强对妊娠知识的学习，通过咨询医生弄清有关问题，消除不必要的担心。准妈妈有了病症应及时去医院就诊、咨询医生，按时做产前检查，查看胎宝宝的发育情况，随时听取医生的建议，发现问题尽快处理，保证自己和胎宝宝的健康。

准妈妈的情绪调节还需要准爸爸的协助。准爸爸在妻子情绪不好时，要主动调节生活情趣，早晨陪妻子一起到环境清新的公园、树林或田野中散步，做做早操，嘱咐妻子白天晒晒太阳。准爸爸还要保持乐观和幽默的生活态度。由于妊娠后体内激素分泌变化大，准妈妈会出现种种令人不适的妊娠反应，因而情绪不太稳定，特别需要向丈夫倾诉。此时丈夫要用风趣的语言以及幽默的笑话来宽慰和开导妻子，这是稳定妻子情绪的良方。妻子感受到丈夫的温馨和体贴，就会心情舒畅惬意，这对胎宝宝的发育也有好处。

在即将开始的 10 个月的胎教过程中，准爸爸应备加关爱妻子，让妻子多体会到家庭的温暖，避免愤怒、惊吓、恐惧、忧伤、焦虑等不良情绪，始终保持愉快心情。准爸爸还要主动参与胎教过程，陪同妻子一起和胎宝宝"游戏"，给胎宝宝讲故事，描述每天的生活和收获，让胎宝宝熟悉父亲低沉而有力的声音，从而建立良好的亲子关系。

胎宝宝的第3周

第3周胎宝宝成长状态监测

这个时期准妈妈自身可能还没有什么感觉，但在准妈妈的身体内却在进行着一场变革，从现在开始，准妈妈的生命中就会增加一份责任，准妈妈和丈夫的二人世界也会告一段落，宝宝将与你同欢乐，妈妈的母爱天性将会发挥得淋漓尽致。

在本周，胚泡这时候称做胚牙，它在子宫中就像苹果的种子一样。胚胎细胞的发育特快。这时，它们有三层，称三胚层。三胚层是胎体发育的始基。三胚层每一层都将形成身体的不同器官。在头两侧有两片折叠的组织，它们将来会发育成耳朵。

三胚层最里层形成一条原始管道，它以后发育成肺、肝脏、甲状腺、胰腺、泌尿系统和膀胱。中层将变成骨骼、肌肉、心脏、睾丸或卵巢、肾、脾、血管、血细胞和皮肤的真皮。最外层将形成皮肤、汗腺、乳头、乳房、毛发、指甲、牙釉质和眼的晶状体，这三个细胞层分化成一个完整的人体。

在第4周的时候，外胚层出现神经管道，将来脊髓、大脑、神经、骨干会由此而来。在中层心脏和循环系统已经出现。内层中，泌尿系统、肠肺等器官脏腑开始形成。同时早期供给胎儿营养的胎盘，绒毛和脐带也在这时候开始工作了。如果准妈妈还没有做怀孕检测，在这时候做一定会是阳性。一旦准妈妈正视自己怀孕了，要立即联系保健医生或到医院建立怀孕健康档案，并且定期到医院进行孕期检查。

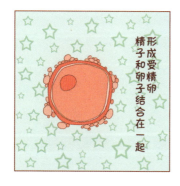

形成受精卵
精子和卵子结合在一起

两个细胞核逐渐融为一体后第一次的细胞分裂完成，宝宝也安全的发育了

在进行着一场变革
在准妈妈的身体内

腹式呼吸与情绪舒缓

重视情绪对胎教的影响

准妈妈的情绪与胎儿发育有密切关系。人的情绪变化与内分泌有关，在情绪紧张或应激状态下，体内一种叫乙酰胆碱的化学物质释放增加，促使肾上腺皮质激素的分泌增多。在准妈妈体内这种激素随着母体血液经胎盘进入胎儿体内，而肾上腺皮质激素对胚胎有明显破坏作用，影响某些组织的联合。特别是前3个月，正是胎儿各器官形成的重要时期，如准妈妈长期情绪波动，就可能造成胎儿畸形。另外，准妈妈的精神情绪不仅会影响本人的食欲、睡眠、精力、体力等，而且可以影响胎儿的血液供给、胎儿的心率、呼吸和胎儿的运动等许多方面的变化。

准妈妈多愁善感影响胎宝宝

在怀孕期间遇到不顺心的事也是常有的，但不少多愁善感的准妈妈经常会将一些小挫折扩大为自己人生的失败，因此整天自怨自艾，愁眉不展。如果准妈妈经常哭泣、伤感，容易使宝宝形成胆小、懦弱、缺乏自信心的性格。准妈妈如果一旦发现自己有这方面的情绪，就应该做点别的事情来分散自己的注意力，比如看一些轻松愉快的电影或者找人倾诉，把自己的不良情绪宣泄出去。

腹式呼吸帮你稳定情绪

既然准妈妈的情绪对胎宝宝有着不可估量的重要作用，准妈妈应避免自己的心情杂乱不安，尽量保持平静、愉悦。腹式呼吸法对稳定情绪和集中注意力非常有效。进行腹式呼吸法练习时，准妈妈尽可能穿得宽松点，场地可自由选择，可以坐在床上，也可以是在沙发上，甚至平静地站着。关键是腰背舒展，全身放松，微闭双眼，手可以放在身体两侧，也可以放在腹部，总之你觉得舒服就好。

准备好以后，用鼻子慢慢地吸气，在心里默默地慢数5下："1、2、3、4、5。"吸气时，要让自己感到气体被储存在腹中，然后慢慢地将气呼出来，用嘴或鼻子都可以。总之，要缓缓地、平静地呼出来，呼气的时间是吸气时间的2倍。

实施呼吸法时，尽量不要想其他事，把注意力集中在吸气和呼气上。准妈妈可以在每天早起或临睡前有意识地这样呼吸一次，可使整个孕期焦躁的精神状态归于平静，对稳定情绪帮助很大。

警惕环境对胎宝宝的危害

　　胎宝宝对各种危险因子极其敏感。他不仅对水质污染物质极为敏感，而且对食品添加剂、汽车排放的废气、放射线等危险因子也都非常敏感。如果准妈妈平时吸入废气中的铅，或是摄入铅元素，都可能会使腹中的胎宝宝受到伤害。放射线或电磁波等也会使精子与卵子受损，导致胎宝宝畸形。另外，荧光灯、电视、微波炉、冰箱、计算机等电器都会释放出大量对人体有害的电磁波。因此，准妈妈最好要远离上述电器。另外，城市中交通繁忙的十字路口，有害气体更多，准妈妈也要避免长时间停留。如今，随着现代化进程的发展，噪音污染也越来越引起人们的关注。汽车、拖拉机、飞机和各种机器的轰鸣声已对优生优育构成了严重的威胁。

　　加拿大蒙特利尔大学的一个研究组对131名4～10岁的男女儿童（他们的妈妈在身怀他们时曾在声音嘈杂的工厂里工作）进行检查，结果发现，那些出生前在母体内每天接受最大噪音的儿童对400赫兹的听力感觉比那些没有接受过噪音的儿童差3倍。美国相关研究也证实，胎宝宝和婴幼儿的内耳受到噪音的刺激还能使大脑的部分区域受损，阻碍蛋白质合成，某些酶的代谢水平减慢，严重影响大脑的发育，并使孩子的智力受到严重影响。

　　因此，准妈妈要警惕噪音，不宜在有高分贝噪音的环境中工作、居住，也不应听震耳欲聋的刺激性音乐，更不应乘坐拖拉机等噪音大的车辆。

步行是最好的运动胎教方式

　　运动可以增强肺活量、疏通经络、促进血液循环、提高免疫力、改善人的精神状态，对于准妈妈来说，适当的运动对身体大有好处。如果准妈妈气血正，又有活力，胎宝宝就会得到充足的营养，健康地生长；准妈妈适当活动，可以减少患感冒和其他疾病的概率，有利于更快、更好地调理身体，从而减少怀孕带来的不适；户外活动还可以使准妈妈获得必要的新鲜空气。另外，多活动可以增加准妈妈子宫、腰部、腿部等处肌肉的弹性和耐受能力，减少难产，有利于顺利分娩，也有利于产妇产后身体的保健和迅速恢复。步行是最好的胎教运动方式，准妈妈每天可走半小时，这样可促进血液循环，增加呼吸量，促进胃肠蠕动，增强腹部血液循环。因此，如果准妈妈上班路程不远，最好不乘公共汽车，而改步行。

孕早期应坚持每天散步。散步有利于准妈妈呼吸新鲜空气，提高神经系统和心肺功能，促进全身血液循环，增强新陈代谢，加强肌肉活动。所以散步是增强准妈妈和胎儿健康的有效运动方式，准妈妈应坚持每天散步。但要注意，准妈妈最好不要在马路上散步。因为马路上的车辆川流不息，所排放的尾气中不乏致癌致畸物质，严重影响着人体的健康。对准妈妈及胎宝宝的影响更甚。此外，马路、大街上空气污浊，马达的轰鸣声、刺耳的高音喇叭声等噪音都会对准妈妈及胎宝宝的健康造成极为不利的影响。

因此，准妈妈散步的地点要有所选择，如到空气清新的公园、郊外、林荫绿地、干净的水塘湖泊边等，尽可能不要在污染较大的马路、大街上、人群嘈杂的商场和闹市中散步，以确保准妈妈及胎宝宝的健康。

针对本月的运动胎教

•••••提前进行运动胎教

宝宝在子宫中的活动方式有握拳、吸吮手指、吞咽羊水、踢腿和翻身等动作。尽管在怀孕3个月时，准妈妈还感觉不到胎动，但实际上宝宝已经开始了以上的动作，所以从此时起就可以提前进行运动胎教了。运动胎教就是准妈妈在宝宝自发运动的基础上，适当地帮助宝宝进行运动刺激和训练，以促进宝宝的身心发育。

运动胎教的具体做法是：准妈妈仰卧在床上，头不要垫得太高，也可将上身垫高，采取半仰姿势，不论采取什么姿势，一定要以感到舒适为宜。准妈妈要全身放松，呼吸匀称，心平气和，面部呈微笑状，双手轻放在宝宝的位置上。双手从上至下，从左至右，轻柔缓慢地抚摸宝宝，心里可想象真的在爱抚可爱的小宝宝，怀着一种喜悦和幸福感，深情地默想或轻轻地说"小宝宝，妈妈真爱你"、"小宝宝真可爱"、"小宝宝快快长，长成一个聪明可爱的小宝贝"。开始时动作宜轻，时间宜短，每次5分钟左右即可。

饮食胎教：孕早期，准妈妈膳食要平衡

胎教准备

孕早期，准妈妈膳食要满足一定的特殊要求，才能保证胎宝宝的生长发育。具体来说，就是膳食组成要多样化，即食物感官性状良好，色、香、味俱全，食品选择应根据孕妇营养需要并兼顾饮食习惯。菜的良好搭配，可使准妈妈胃口大增，所以应该注意菜的量、色、味等。膳食制度合理化，即量的搭配上要注意菜肴中各种原料的一定比例，突出主料。如肉丝炒洋葱、青椒炒黄鳝等应时菜肴，如果主要是吃洋葱和青椒的鲜味，配菜时就应加大洋葱和青椒的量；如果要以肉丝、黄鳝的营养摄取为主，配菜时就应多加些肉丝、黄鳝。

色彩的搭配。要注意原料色彩鲜明，相互映衬。若准妈妈喜欢清淡口味的，菜的主料、辅料色彩可以基本一致。味的配合要注意浓淡相宜。如多脂肪的肉类，味浓腻，则应加配一些应时的蔬菜，如菜心烧肘子等；再如动物性原料的蛋白质，经过加温或经酸、碱、酶的作用之后，会散发出各种鲜香的味道。

胎教实施

孕早期，准妈妈的饮食有一些特殊需要。首先，准妈妈的热量需求较高，当然，也不宜摄入过多的脂肪；其次，营养素要相应增加：准妈妈每日每千克体重需蛋白质 1～2 克、矿物质 1 克，而且必须增加维生素 A、B 族维生素、维生素 C、维生素 D、维生素 E 的摄入量，少食多餐，多吃水果、蔬菜；再次，准妈妈要忌烟、酒、茶、咖啡、辣椒等，为增加食欲，可适当增加酸、甜食物的摄入量。此外，还要注意保证充足的休息与营养，摄取低盐饮食等。确定怀孕后，每日需补充叶酸 0.4 毫克，直到孕 12 周。

胎教效果

营养不良的准妈妈不仅容易在妊娠期间发生合并症，而且患其他孕期疾病的概率要远高于营养良好的准妈妈。所以，怀孕后准妈妈要保证营养摄入的全面和均衡，所食用的食物种类要杂而多，宜粗少细，同时避免食用污染过的食物，不挑食不偏食，这样做就能基本从日常饮食中摄取足够的营养，也就能基本满足胎宝宝最初的营养需要。

胎宝宝的第4周

第4周胎宝宝成长状态监测

已经进入第4周了，准妈妈也许还没有发觉自己身体的变化，但胚芽已经悄悄地在准妈妈的子宫里成长了。

这个时期胚胎已经在子宫内"着床"，或称"植入"。完成着床大概需要4～5天，而且必须具备3个条件，即透明带在受精后7天左右必须消失，使胚泡解脱并与子宫内膜直接接触；子宫内膜增殖分泌旺盛，间质水肿，血管扩张充血；囊泡周围的细胞分化为滋养细胞和合体细胞两层，其中合体细胞能分泌溶解子宫内膜的蛋白分解霉，使胚泡着床。

着床后的胚胎慢慢长大，这时大脑的发育已经开始，受精卵不断地分裂，一部分形成大脑，另一部分则形成神经组织。这时要特别注意加强营养，丰富的营养会给脑细胞和神经系统一个良好的成长环境。

这个时期准妈妈可能会有轻微的不舒服，有时会感到疲劳。不要着急，准妈妈马上会进入一个丰富多彩的孕期生活。

Tips
专家小课堂

孕期少看电视

电视有放射线可影响胎宝宝，因此，准妈妈最好少看电视。即使看也应距电视屏幕2米以外，不要看得太久，避免看刺激性的电视节目。当然，适当地看一些音乐、风光、喜剧、歌舞娱乐性电视节目,对准妈妈还是比较有益的。

幻想胎宝宝可爱的模样

在这个阶段，准妈妈由于生理功能的变化，很容易心情烦躁，不能很好地休息。而此时期的胎宝宝，是胚胎发育和各器官形成的重要时期，胚胎迅速成长，人体的主要系统和器官逐渐分化出来。具体的操作方法如下：

静坐练习

准妈妈可在安静状态下采用盘坐的姿势。其做法是以左右两脚的脚背置于左右两腿上，足心朝天。双手掌心向上，置于两脚上。如姿势不熟练，也可采取盘腿坐的姿势。到怀孕中后期，由于腹部已经隆起，很难再采用这种坐姿，此时可以伸直双腿，挺直腰板儿坐下，也可以在床上练习，只要自己觉得舒服就可以了。

冥想

准妈妈闭上双眼，也可以闭合片刻待感觉到舒服后张开眼睛，凝视 1 米远的前方，盘腿而坐，双手放在膝盖处，手心向上，拇指与食指相接成圆形，其余手指自然放松，调整自己的呼吸，每次吸气和呼气时默默数数。

幻想宝宝

准妈妈将手放在腹部，借助手向胎宝宝传递健康的气息。在脑海中想象胎宝宝的模样，仿佛对胎宝宝耳语一样传递积极的讯息。将注意力逐一集中到胎宝宝、包裹胎宝宝的羊膜、羊水、脐带、胎盘等，并将这些与胎宝宝紧密联系在一起，心无旁骛地呼气和吸气，继而便会感觉吸气时吸入的是清净的自然之气，呼气时排出的是混浊之气和代谢废物。想象结束后要适当地休息。

动出健康胎宝宝

练习简单的呼吸法

准妈妈躺着和坐着时可以做做简单的呼吸法。先暗示自己全身放松，要一个部位一个部位地放松，然后柔和地开始深吸气，再慢慢地、细细地、自然地呼气。呼吸时，尽可能让内心处于愉悦状态，这对调节体内血液循环、放松肌体、解除疲劳很有作用。准妈妈由于体内的负担越来越大，容易出现腰酸背痛等不适，可将注意力放在腰部，暗示自己放松腰部，再进行上述的吸气呼气，这样可以减轻不适症状。

进行有氧运动

取坐姿，双膝弯曲，两脚心相对，双手分别握住同侧的脚踝部位。侧卧，抬起上身，抬高一条腿，并反复做屈膝练习。准妈妈在练习过程中动作要柔和，切忌做出过激动作。另外，准妈妈还要注意保持身体平衡，腿部切忌突然从空中落下。

球上摇摆运动

准妈妈坐在健身球上，双腿尽量叉开，以维持身体的稳定性，上身保持坐直。呼气，左手扶住腰部，身体尽量向左弯曲，头部也随之向左倾斜，右手自然下垂。吸气，身体回到原位。然后根据自己的身体状况重复6～8次。换另一侧做同样练习。

对于平时不喜欢运动的准妈妈来说，买个健身球回家是再好不过的选择了。因为健身球有个好处，即使你坐在上面不运动也会消耗热量，帮助你消除脂肪，所以它适合不同运动水平的准妈妈。

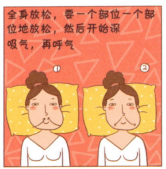

准妈妈在音乐胎教中找到最美妙的触动

胎教音乐要旋律优美、轻柔舒缓

音乐是一种表现人类情感的独特语言，它凭着旋律、节奏和音响度，触及不同种族、不同语系的人们的心灵，让人产生共鸣。对于孕妇来说，它最大的特点便是擅长抒情，能滋养情绪、安抚心理、提升境界；对于胎宝宝来说，音乐（这里是指一些特定的音乐作品）具有刺激大脑的作用。当音乐声传入胎宝宝大脑后，可诱发其大脑突触电位升高，促进大脑的特殊化学合成作用，以达到促进胎宝宝智力发育的目的。

对于整个孕期都需要良好情绪和心境的准妈妈，以及大脑正在发育并且需要良好刺激信号的胎宝宝来说，听胎教音乐有重要的作用。

选择胎教音乐的要求是：能维持准妈妈愉快的心情，可良性刺激胎宝宝的生长。即胎教音乐应选择那些旋律优美、富有节奏、轻柔舒缓以及抒情性强的作品，切忌选择那些节奏过于强烈、声音力度过于刺激、情绪变化过于快速、抒发的情感过于悲伤的作品，比如爵士乐、摇滚乐等。

胎教乐曲的选择以西方音乐为例，最好以巴洛克音乐为主，因为巴洛克音乐的音律与胎宝宝的心律非常接近，而它宗教般的和谐旋律可使胎宝宝心灵沉静、全身放松，它的乐声波长正好与胎宝宝脑部的 α 波相符，可刺激 α 波产生，有助于胎宝宝精神的集中与安定。

准妈妈要有美妙的触动

准妈妈欣赏音乐的心境和目的是不同于一般音乐人或音乐爱好者的，她主要是欣赏音乐的旋律，借着悦耳的旋律来安抚自己的情绪、触动自己的心灵，从而将美好的情绪传递给胎宝宝，把美好的体验"输送"到胎宝宝的感觉中。

因此，准妈妈以音乐来影响自己的情绪和丰富自己的想象是欣赏胎教音乐最主要的目的。为了能诱导出自己的愉快心情、安定精神和丰富想象，准妈妈在欣赏胎教音乐时就要发挥想象力，沉浸到音乐营造出的氛围和意境中，从而将美好的感觉传递给胎宝宝，以促进胎教。

胎宝宝的第5周

第5周胎宝宝成长状态监测

第5周，从外表来看，别人还很难看出准妈妈已经怀孕了，但是实际上，在准妈妈的子宫里胚胎却在迅速的生长。

孕5周，胚泡在子宫内着床后，就会向四周扩展，一端的细胞团内开始有一层从靠近囊胚腔的扁平细胞分化出来，成为胚胎原始内胚层。其余较大的细胞就变成柱状细胞，形成胚胎的原始外胚层。原始内、外两胚层是呈现出圆盘状，称为胚盘，胚盘长约2毫米。经过一段时间的发育，到4周末时在胚盘内、外两胚层之间，由外胚层分化出一层细胞，形成胚内中胚层。到现在为止，三胚层就形成了，三胚层是胎体发育的始基。

在三胚层中，每一个胚层都分化为不同的组织。外胚层分化成神经系统、眼睛的晶体、内耳的膜迷路、皮肤表层、毛发和指甲等；中胚层分化成肌肉骨骼、结缔组织、循环、泌尿系统。内胚层则分化成消化系统、呼吸系统的上皮组织及有关的腺体，膀胱及前庭等。这个时期，神经系统和循环系统的基础组织最先开始分化，此时，小胚胎大约长0.6厘米，大小像苹果籽一样，外观很像个"小海马"。

胎宝宝的背部有一块较深的部分，这个部分将发展为脊髓。细胞迅速分裂，主要的器官如肾脏和肝脏开始生长。大概在第26天，宝宝的手臂开始长芽，看起来像是身上长出了一个疙瘩似的。本周面部器官开始形成，鼻孔可清楚地看到，眼睛的视网膜也开始形成了。心脏开始有规律的跳动及开始供血。

在前两个孕月，体内的孩子还不能叫胎宝宝，只能叫胚胎或胎芽。胚胎期是人体各器官分化发育的时期，许多导致畸形的因素都非常活跃，多数人的先天畸形都发生在胚胎期，在第4～5周，心脏、血管系统最敏感，最容易受到损伤。这个阶段禁止接触X光及其他射线。如果准妈妈还没有做过早孕检查，现在可以去医院做相关的体检，以便有一个确实的信息。良好和持续的孕期保健可以帮助妈妈和孩子健康安全地度过整个孕期。

早孕反应处置不当影响胎宝宝智力

　　女性怀孕初期 3 个月是决定新生儿智力高低的关键时期，而宝宝的心、脑、口、牙、耳、腭等器官分化，均在孕初 3 个月内形成。同时，准妈妈的妊娠反应往往在这个关键时刻最厉害。在此期间，准妈妈的胎盘会分泌出一种叫绒毛膜促性腺激素的物质，该物质能抑制胃液的分泌，使胃液显著减少，影响准妈妈的正常消化吸收功能，使人产生恶心、呕吐、不思饮食等现象，致使准妈妈出现消瘦、体重下降等，直接影响宝宝的健康，严重时会影响宝宝的营养需求量及脑细胞的发育。

　　早孕反应其实是一种正常、暂时的生理现象，为了将来宝宝的健康，准妈妈应积极乐观地予以克服。一方面，调整心理状态，避免紧张、焦虑、烦躁等消极情绪。另一方面，宜采用少吃多餐制，吐了再吃的方法，并多吃一些对宝宝脑部发育有益的食品。众所周知，蛋白质、矿物质、维生素和糖等均是宝宝大脑发育不可缺少的必需成分，故准妈妈的食物应多样、清淡、易消化，以利于胎宝宝成长。

准妈妈应积极乐观地克服早孕现象

多吃一些对宝宝脑部发育有益的食品

食物应多样、清淡且易消化

Tips
专家小课堂

准妈妈压力大，胎宝宝心脏有危险

　　医学专家曾做过一项研究，结果显示精神压力大的准妈妈，胎宝宝的心跳频率高，持续的时间长。这种由于妈妈长期心理压力而增加宝宝心跳频率的反应，与宝宝将来罹患心脏病的高危险性有关联。准妈妈应努力进行自我心理调整，采取静坐和一些放松运动，以协助降低精神压力。

准妈妈要积极摆脱负面情绪

早孕反应造成的身体不适，对分娩的恐惧以及工作、生活中的矛盾和不顺心等方面的因素，常常使准妈妈变得消极不安，甚至变得爱发脾气，容易冲动。这对胎教来说是十分不利的。那么，心情不好的准妈妈们怎样才能摆脱消极情绪呢？

让自己平静下来

在孕期生活中，准妈妈要经常有意识地告诉自己不要生气，不要着急，宝宝正在看着呢！当准妈妈感到烦躁或消极时，要有意识地花一些时间让自己平静下来，并把宁静的情绪传递给腹中的胎宝宝。尽管无法避免所有令人紧张的情况，却可以用更为积极的态度来平衡这些不良情绪。

学会倾诉

这是相当有效的情绪调剂方法。可以通过写日记或向可靠的朋友述说自己的处境和感情，使消极情绪烟消云散，得到令人满意的"释放"。

转移注意力

可以通过一项自己喜欢的活动，如听音乐、看画册、散步、郊游等，转移注意力，让情绪由焦虑转向欢乐。

广交朋友

将自己置身于乐观向上的人群当中，充分享受友情和欢乐，自己也会在不知不觉中被感染，从中得到满足和快慰。同其他的准妈妈及其配偶交流怀孕心得，可以有效地缓解紧张情绪。

准妈妈开始呕吐了，感到有些不安

准妈妈开始呕吐了

妊娠4～5周内，准妈妈胎盘的绒毛组织所产生的绒毛膜促性腺激素经由尿道排出，若能确定这种激素的存在，即表示已怀孕。大致上来说，大部分人都是因为呕吐而开始留意到自己可能怀孕了。

妊娠初期准妈妈除了恶心之外，还会由于骨盆充血压迫到膀胱引起便秘、腹泻、多尿等现象，同时，常常会感到下腹发胀。这些若非便秘、腹泻、膀胱炎等病症引起的，即是由于内部生殖器官引起的，是由于妊娠引起子宫不规则的收缩，从而导致的一种正常的生理现象，并无大碍，准妈妈不必担心。

准妈妈喜悦中会不安

大部分准妈妈都会因真切地感到妊娠的具体存在而满怀期望，希望孩子早日诞生。但是也有些准妈妈则因深受呕吐之苦而不能忍受，或因为第一次怀孕对即将到来的孕期和生产感到紧张和担心，产生强烈的不安，出现情绪低落等现象。其实，这种心态很不好。因为紧张不安的精神状态不仅扰乱了准妈妈的孕期生活，也会影响到胎宝宝早期的生成和胎宝宝的生长发育。

对于这种不稳定的情绪表现，准妈妈应正确认识和调整。积极主动地去多想一些愉快的事情，多看一些轻松、幽默的书籍，多听一些动听优雅的音乐，进一步了解妊娠的呕吐多是由神经紊乱、精神过度紧张造成的，尽量让自己从紧张中放松下来，保持心情舒畅，保持心理平衡；和亲友聊聊天，从而减轻准妈妈妊娠的不良反应和烦躁情绪。

第5～8周的营养胎教重点

胎教准备

怀孕第2个月，胎宝宝大体上初具人形，主要脏器开始形成，但此时胎宝宝接收外部刺激的能力还不够；同时，胎宝宝正处于器官发育的起步阶段，大脑的发育更是十分迅速，需要全面必需的营养素。所以，这个月准妈妈的胎教主要以营养胎教为主，丈夫及家人要给准妈妈以精神上的抚慰，努力调节好准妈妈的日常生活，为胎宝宝最初的健康发育创造良好的胎内环境。

胎教实施

多摄入脂肪：在日常生活中，脂肪的主要来源有豆油、菜油、花生油、芝麻油等植物油，以及猪油、牛油、羊油等动物油，还有核桃仁、鱼、虾、动物内脏等。尤其是鱼类，不但含有比动物油更多的不饱和脂肪酸，还含有一种更能健脑益智的营养物质——DHA。因此，准妈妈每周至少要吃 3～5 次鱼。

多摄入蛋白质：我们日常生活中食用的瘦猪肉、鱼、牛奶、鸡蛋、奶酪等食品中富含动物蛋白，而黄豆、花生、各种豆制品中富含植物蛋白。准妈妈整个孕期应多吃这些食物，每日摄入的蛋白质不少于 80 克，而且还要提倡准妈妈将动物蛋白和植物蛋白混合食用，这样可以提高其摄入蛋白质的营养价值。

多摄入钙：钙能保证大脑持续长久地工作，对脑所产生的异常兴奋起到抑制作用，并能使脑细胞避免有害刺激，因此准妈妈怀孕期间对钙的摄取也是很重要的。非妊娠期，女性每天平均需要钙 0.4 克，而妊娠期，准妈妈每天需钙量必须大于 1 克。含钙丰富的食物有鱼、海带、虾皮、芝麻酱、豆制品、乳类、蛋类及水果等。

多摄入 B 族维生素、维生素 C 和维生素 E：B 族维生素包括维生素 B_1、维生素 B_2、维生素 B_6、维生素 B_{12} 等。许多营养学家认为，B 族维生素对大脑的功能有着间接的作用，它对脑的作用是通过帮助蛋白质代谢而促进脑活动的。所以，准妈妈一定要注意 B 族维生素的摄取。另外，维生素 B_6 还有减轻早孕反应的作用。一项研究证实，准妈妈摄取充足量的维生素 C，可提高胎宝宝智力。美国营养学家库巴拉和卡兹曾经对人群抽样调查后得出结论，血液中维生素 C 的含量与智能有着密切关系。由此可见，准妈妈摄入充足的维生素 C 对胎宝宝的大脑发育很重要。维生素 C 大量存在于新鲜的绿叶蔬菜、辣椒、豆芽、酸味水果中，特别是枣、橘子、柿子等水果，准妈妈怀孕早期应多吃各种蔬菜和水果。维生素 E 具有保护细胞膜的作用，还能防止不饱和脂肪酸的过氧化，即维生素 E 可以防止脑细胞活力衰退，若体内有充足的维生素 E，可保持脑的活力。维生素 E 广泛分布在木本植物的果实、种子及谷物的胚芽中。含维生素 E 丰富的食物有五谷、大豆、花生、芝麻、莴苣、油菜、菜花等，准妈妈在孕早期可多食用。

胎宝宝的第6周

第6周胎宝宝成长状态监测

进入怀孕第6周后，在准妈妈的子宫里，胚胎正在迅速地成长，他（她）的心脏已经开始划分心室，并进行有规律的跳动及开始供血。

胚胎的长度有0.6厘米，像一个"小蝌蚪"，这周的细胞还在迅速地分裂。这个"小蝌蚪"的主要器官如肾脏和肝脏在这一周开始生长，连接脑和脊髓的神经管也开始工作，原肠开始发育。胚胎的上面和下面开始形成肢体的幼芽，将来形成宝宝的手和腿。在胸的前部，可以看到一个很大的膨出，这就是宝宝的心脏，他的心脏已经开始划分心室，并进行有规律的跳动及开始供血。在本周面部的基本器官已经开始成形，已经能清晰地看到鼻孔，眼睛的雏形也已经具备。

应当知道的是，每个胚胎在母体子宫内的发育情况并不是一模一样的，这份数据只是给准妈妈提供一个普遍的胚胎发育概念，许多准妈妈的怀孕情况与上述发育介绍在时间上会有一些小的差别。

现在准妈妈可能已经觉察到怀孕的迹象，这个星期胚胎在准妈妈的子宫里迅速地成长。准妈妈开始变得慵懒，在白天也感到昏昏欲睡。从心里厌倦多说话，不愿做家务，只是希望静静地呆在家里。现在最好不要外出旅行，过量的运动有可能引起流产。

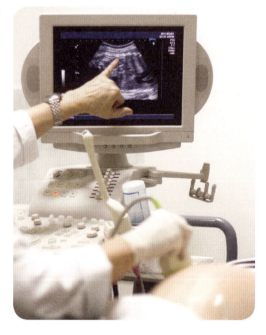

知道吗？他的心脏现在已经可以跳到150次/分钟，相当于大人心跳的两倍，遗憾的是准妈妈还无法感觉到宝宝的心跳，别急，大概到孕12周，借助多普勒听诊器就可以清晰地听到宝宝的胎心了。

准妈妈情感的重要性

理想型妈妈

心理测验证实她们盼望得到孩子。这类妈妈在怀孕期间感觉最佳，分娩最顺利，生下的孩子身心最健康。

矛盾型妈妈

这类妈妈表面上似乎对怀孕这件事儿很高兴，丈夫、亲友也以为她们乐意做妈妈，可是，子宫里的胎宝宝却能注意到妈妈潜意识里的矛盾情绪和妈妈内心深处对他们的排斥心理。这些胎宝宝出生后，大部分有行为问题或者肠胃问题。

冷漠型妈妈

这些妈妈不想得到孩子，但她们潜意识希望怀孕。这两种信息在某种程度上全被胎宝宝所接受。这些孩子出生后，情绪、情感冷漠，整日昏昏欲睡。

不理想型妈妈

这类妈妈不愿意得到孩子。她们在怀孕阶段生病最多，早产率最高，生下的婴儿出现体重过轻或情绪反常。

胎宝宝并不是传统儿科学描述的那种消极的、无思维的小东西。大量研究表明，胎宝宝在妊娠5周起就能对刺激做出反应；8周时能做出许多诸如蹬脚、摇头等动作来表示他的喜好或厌恶；从6个月起，胎宝宝就过着积极的情绪生活，不满意时也会发点小脾气。由此可见，准妈妈在孕育胎宝宝期间的重要作用。

胎宝宝对妈妈的情感差异敏感地做出各种反应

理想型妈妈，生下的孩子身心最健康

矛盾型妈妈，在潜意识中有些排斥

准妈妈的睡姿与胎儿的生长发育

妊娠期，准妈妈睡觉的姿势对胎宝宝的生长发育有着重要的影响。

妊娠早期（1～3个月）

胎儿在子宫内发育仍居在母体盆腔内，外力直接压迫或自身压迫都不会很重，因此准妈妈的睡眠姿势可随意，主要是采取舒适的体位，仰卧位、侧卧位均可，但趴着睡觉，或搂着东西睡觉等不良睡姿则应该改掉。

妊娠中期（4～7个月）

此期应注意保护腹部，避免外力的直接作用。如果准妈妈羊水过多或是双胎妊娠，就要采取侧卧位睡姿，这可以让准妈妈舒服些，其他的睡姿会产生压迫症状。如果准妈妈感觉下肢沉重，可采取仰卧位，用松软的枕头稍抬高下肢。

妊娠晚期（8～10个月）

此期的卧位尤为重要。准妈妈的卧位对自身和胎宝宝的安危都有重要关系。宜采取左侧卧位，此种卧位可纠正增大子宫的右旋，能减轻子宫对腹主动脉和髂动脉的压迫，改善血液循环，增加对胎宝宝的供血量，有利于胎宝宝的生长发育，但不宜采取仰卧位。因为仰卧位时，巨大的子宫压迫下腔静脉，使回心血量及心输出量减少，而出现低血压，准妈妈会感觉头晕、心慌、恶心、憋气、面色苍白、四肢无力、出冷汗等。如果出现上述症状，应马上采取左侧卧位，血压可逐渐恢复正常，症状也随之消失。

Tips
专家小课堂

在胎宝宝发育过程中，由于脑的分化、成熟时间较长，受外界刺激机会较多，母体经常处于紧张、受惊吓状态时，会影响胎宝宝大脑的发育，使其智力低下。研究还发现，准妈妈的情绪变化，对胎宝宝影响时间较长，准妈妈消极情绪解除后胎宝宝还保留着不良情绪的刺激，这会影响胎宝宝的正常发育。

准妈妈心理与胎教

母亲的精神和情绪,通过神经、体液的变化,直接影响胎宝宝的血液供养、呼吸、胎动等方面的变化。宁静祥和的情绪有助于准妈妈分泌健康激素和酶,起到调节血液量和兴奋神经细胞的作用,可以改善胎盘的供血状况,增强血液中有益成分,使胎宝宝向着理想的方向发育成长,而准妈妈情绪过度紧张、悲痛、忧虑,大脑皮质的高级神经活动和内分泌代谢功能就会发生改变,造成胎宝宝发育缺陷。

怀孕早期（最初3个月）

准妈妈均感到将做母亲的喜悦、幸福和自豪,这种有益的心理反应对胎教有利,但一部分准妈妈由于内分泌的变化,会产生紧张心理,尤其是有早孕反应的准妈妈,由于恶心、呕吐、眩晕、食欲减退等因素而产生种种烦恼,如担心妊娠失败,甚至厌恶妊娠、害怕胎宝宝畸形,担心流产及恐惧分娩的痛苦,这些紧张情绪都对胎教不利。

怀孕中期（3～7个月）

准妈妈对生理及心理变化产生了适应能力,情绪渐趋稳定,妊娠初期的种种不适症状等早孕反应减轻或消失了,食欲和睡眠也恢复正常,尤其是胎动的出现对准妈妈来说是一种极大的安慰。

怀孕末期（最后3个月）

由于胎宝宝生长发育加快,准妈妈会感到十分疲劳,行动不便,她们会为分娩和胎宝宝的健康担忧,这些对胎教是不利的。

那么,准妈妈怎样才能保持良好的心境呢?丈夫要理解、关怀、体贴妻子,使她的情绪始终保持积极、愉快、心情舒畅。为了孕育一个聪明、健康、活泼的孩子,务必以对腹内胎宝宝的博大爱心,加强自身修养,学会自我心理调节,善于控制和缓解不健康情绪,不要去回忆以往那些不愉快的往事和想那些办不到的事,而多去想想好事、开心事。面对逆境和困难,而处之泰然,处变不惊。准爸爸要多给准妈妈一些良性的心理刺激,尽可能避免逆性刺激,这样对胎宝宝有利。

保持良好的心理状态

胎教准备

在怀孕早期，大部分准妈妈都会感受到即将做母亲的喜悦感、幸福感和自豪感，这种良好的心理反应对胎宝宝生长发育是十分有利的。但是也有一部分准妈妈由于内分泌的变化，加上早孕反应十分严重，会产生紧张的心理；同时，恶心、呕吐、眩晕、食欲不振等不良反应，还会让准妈妈产生种种担忧，担心妊娠失败甚至厌恶妊娠、担心胎宝宝流产或畸形、担心分娩的疼痛等，进而产生烦躁心理。所以，这个时期要及时开展冥想胎教，这样做有助于帮助准妈妈稳定情绪，给胎宝宝一个安定的生长环境。

胎教实施

在准妈妈情绪不稳定的时候，可以去想一些愉快的事情，尽量让自己从紧张的情绪中放松下来，保持心情舒畅，保持心理平衡，这样才能保护好初期孕育的胚胎，为日后胎宝宝的正常生长发育和胎教开一个好头。准妈妈坚持冥想不仅对胎教有好处，也会对分娩有帮助。练习冥想一般需要一个月以上才可以看到效果，所以最好从怀孕的初始起一直练习到分娩之时。准妈妈每天应该练习30分钟到1小时，但也可以根据自己的身体状态适当调整练习时间。

胎教效果

准妈妈与胎宝宝的神经系统之间虽然没有什么直接的联系，但当准妈妈情绪不佳时，能刺激其自主神经系统的活动，此时内分泌腺就会分泌出多种多样的激素，这些激素又可以经过血液循环进入胎盘，使胎盘的血液成分发生变化，从而影响到胎宝宝的生长发育，导致胎宝宝出现唇裂、腭裂；同时，由于情绪紧张，导致准妈妈的体内环境发生紊乱，会使准妈妈抵抗力降低，易受病原体的感染，从而引起胎宝宝先天畸形。而准妈妈情绪愉快，体内分泌的将是有益于胎宝宝生长发育的激素。

准妈妈练习冥想可以让自己保持良好的心理状态，保持稳定、良好、乐观的心境，这就是对胎宝宝早期最好的胎教。

胎宝宝的第7周

第7周胎宝宝成长状态监测

怀孕快两个月了，胚胎又长大了，他现在有 1.3 厘米长，像一颗咖啡豆。现在如果准妈妈能看到自己的身体内部，会发现胚胎已经有了一个与身体不成比例的大头。而且胚胎的面部器官十分明显，眼睛就像一个明显的黑点，鼻孔大开着，耳朵有些凹陷，他的牙齿和口腔内部结构正在成型，小鼻头正在冒出来。胚胎上

伸出的幼芽将长成胳膊和腿，现在看上去已经很明显，手和脚看起来像小短桨一样。其它部分的成长包括垂体和肌肉纤维。现在还听不到胎心音，但是胚胎的心脏已经划分成左心房和右心室，并开始有规律的跳动，每分钟大约跳 150 下，比一般人的心跳要快两倍之多。

胎宝宝仍有一个尾巴，正在开始形成消化系统、肺、鼻孔、手、脚和嘴的凹痕。肝、舌头和眼球的晶状体也正在形成。宝贝的神经系统的轮廓已接近完成，已经长出了阑尾和胰腺，胰腺最终会分泌胰岛素帮助消化。

在本周的中间，胚胎开始有第一个动作，这便是胎动的开始，遗憾的是准妈妈还感觉不到，大约需要等到 6 个月时准妈妈才能享受到与胎宝宝一起做健身操的乐趣。现在准妈妈的情绪一定波动很大，有时会很烦躁，但是应该注意的是，在早孕 6～10 周是胚胎发育的关键时期，如果情绪过分不安，会影响胚胎的发育并导致严重后果。

现在，准妈妈是否仍在继续补充含有叶酸和微量元素的食物？要知道，在怀孕三个月之内，补充孕早期营养的工作一定要坚持。

准爸爸对胎教要有正确的认识

　　作为丈夫，未来孩子的父亲，在胎教中有着义不容辞的责任，特别是情绪胎教。要让怀孕的妻子有良好的情绪，才能给胎宝宝有良好的胎教，但很多准爸爸找一些借口来推辞做这件事。

　　提倡胎教，并不是因为胎教可以把孩子培养成"神童"，而是在胎教的过程中，传递一种爱的信息，另外，胎教还可以尽早地发掘个体潜能，让每一个胎宝宝的先天遗传素质得到最好发挥。如果把胎教和出生后的早教很好地结合起来，我们相信，人类的智力会更优秀，会有更多的孩子达到现在人们所谓的"神童"的程度。

　　准爸爸要重视胎教，应该注意做好以下几方面的工作，这对保持妻子良好的情绪很重要：

　　怀孕的妻子一个人要负担两个人的营养及生活，非常劳累。如果营养不足或食欲不佳，不仅使妻子体力不支，而且严重地影响胎宝宝的智力发育。因为，宝宝的智力形成的物质基础，有 2/3 是在胚胎期得到的。所以，丈夫要关心妻子孕期的营养问题，要让妻子吃好，休息好。

　　早晨要陪妻子一起到环境清新的公园、树林或田野中去散步，做早操，嘱咐妻子白天晒太阳。妻子感到丈夫温馨的体贴，心情会舒畅惬意，情绪稳定，也有心情对胎宝宝多说话。

　　妻子由于妊娠后体内激素分泌变化大，产生种种令人不适的妊娠反应，因而情绪不太稳定，因此特别需要向丈夫倾诉。这时，丈夫惟有用风趣的语言及幽默的笑话宽慰及开导妻子，才是稳定妻子情绪的良方。丈夫对妻子的体贴与关心，爸爸对胎宝宝的抚摸与"交谈"，都是生动有效的情绪胎教。

做新时代的好爸爸

在胎教过程中，准妈妈必须请准爸爸来帮忙，以提高责任心，增进父子感情。因此，准妈妈除了自我监护外，准爸爸还应操心代劳做些具体的工作：

（1）量宫底： 妻子排尿后，取仰卧位，两腿屈曲。丈夫可用卷尺测量妻子耻骨联合上沿至子宫底的距离，一般每周增加 1 厘米。自妊娠 20 周开始，每周 1 次。到 36 周时，由于胎头入盆，宫底上升速度减慢，或略有下降。宫底升高的速度反映了胎儿生长和羊水等情况，如有过快或过慢的情况，应当去医院请医生检查，以便及时发现问题，及时纠正。

（2）听胎心音： 妻子取仰卧位，两腿伸直，丈夫可直接用耳朵或木听筒贴在妻子腹壁上听胎心音，其声响是"滴答、滴答"的声音。一般每分钟为 120～160 次，过快、过慢或不规则，均属异常现象。

（3）数胎动： 妻子取仰卧或左侧卧位，丈夫两手掌放在妻子的腹壁上，可感觉到胎宝宝有伸手、蹬腿样活动，即胎动。胎动一般在怀孕后 4 个月时开始，7～8 个月较明显；一天有两个高峰，一个是在下午 7～9 时，一个是在午夜 11 时至凌晨 1 时，早晨最低。胎动是胎宝宝健康状况良好的一种表现。

（4）称体重： 从妻子怀孕 28 周开始，可每周测量 1 次体重，一般每周可增加 500 克。准妈妈体重过重或不增加，都是不正常的表现，应到医院请医生检查，帮助找出原因。

孩子是夫妻爱情的结晶，胎教自然要双方共同承担，希望每一位准爸爸都应充分意识自己的责任，及时准确地进入角色，用博大深厚的父爱滋润、培育母腹中那个幼小的新生命。当丈夫为即将"升级"做爸爸而欣喜雀跃的时候，切莫忘了肩负起胎教的重任。如此，将无愧于"父亲"这一神圣的称号。

准爸爸参与胎教的具体做法

在妻子怀孕时，丈夫应与妻子一齐对胎宝宝进行胎教。最简单的方法是坚持每天对子宫内的胎宝宝说话。声学研究表明，胎宝宝在子宫内最适宜听中、低频调的声音。而男性的说话声音正是以中、低频调为主。因此，准爸爸坚持每天对

子宫内的胎宝宝说话，让胎宝宝熟悉爸爸的声音，这种方法能够唤起胎儿最积极的反应，有益于胎宝宝出生后的智力及情绪稳定。尽情地说吧！因为人的大脑一生（包括胎儿时期）可以储存1000万亿个信息单位。

研究发现，没有经过胎教的新生儿，对不熟悉的女性逗乐也会表现出微笑，而爸爸逗乐则反而会哭。这正是孩子从胎儿期到出生后的一段时间里，对男性的声音不熟悉所造成的。为了消除孩子对男性包括对爸爸的不信任感，自妊娠后爸爸就应对胎宝宝说话，从平静的语调开始，随着对话内容的展开再逐渐提高声音。

开场白可以是这样："宝贝（或者叫乳名），我是你的爸爸，我叫某某，我会天天和你说话，我会告诉你外界一切美好的事情。"准爸爸应将每天讲的话题构思好，可以是一首纯真的儿歌、一首内容浅显的古诗、一段优美动人的小故事，也可以谈自己的工作及对周围事物的认识，以刻画人间的真、善、美。用诗一般的语言，童话一般的意境，还可以是生活中的理想等，如此集思广益、博采众长的教学内容，定能智慧两代人。对话结束时，要对胎宝宝给予鼓励："宝贝学习很认真，你是一个聪明的孩子，但愿我对你讲授的一切都能对你将来的人生有用。好吧，今天就学习到这儿，再见！"

准爸爸制造氛围积极参与

准爸爸对胎宝宝的影响，主要是通过对妻子的影响以及参与胎教来实现的。所以，在准妈妈怀孕期间，准爸爸要保持平和愉快的心境，关心、体贴和照顾妻子，要节制房事，积极参与胎教，这才是准爸爸参与胎教的主要内容和作用。首先，准爸爸要和准妈妈共同商定受孕的最佳时机，并以最佳状态参与造就新生命的全部过程，奠定胎教的基础。其次，准爸爸还要参与制造有益的胎教氛围，创造良好的胎教环境，以及调整准妈妈的胎教情绪等。最后，也是最为重要的，就是准爸爸要在与胎宝宝对话、给胎宝宝唱歌、训练胎宝宝运动等胎教手段的实施过程中，充分发挥其无可替代的作用。以男性特有的低沉、宽厚、粗犷的嗓音来训练胎宝宝的听觉功能，让胎宝宝表现出积极的反应，这一点，准妈妈是无法做到的。

准爸爸在参与胎教的过程中，自己不仅得到了感情的升华，还能充分感悟到身为人父的责任，这不仅对准妈妈的心理是一种极大的安慰和鼓励，也对创造良好的胎教氛围产生积极的作用。

胎宝宝的第8周

第8周胎宝宝成长状态监测

从孕第8周开始到20周，胚胎将迅速成长，并且在几个星期内就会有明显的轮廓。第8周的胚胎大约有20毫米长，看上去像颗葡萄。胚胎的尾部正在消失，眼睑几乎可以盖住眼睛。两个鼻孔已经形成，并且看起来有个鼻尖；牙和颚开始发育，耳朵也在继续成型，皮肤像纸一样薄，血管清晰可见。胚胎的器官已经开始有明显的特征，手指和脚趾间看上去有少量的蹼状物，臂和腿长长了很多，肩、肘、髋以及膝等关节都可以看出来了。这时胚胎像跳动的豆子一样开始有运动。因为骨髓还没有成形，现在由肝脏来生产大量的红细胞，直到骨髓成形后去接管肝脏的作用。

胚胎的器官特征开始明显，各个不同的器官开始忙碌地发育。从现在开始到20周，胎宝宝将迅速成长，并且在几个星期内就会有明显的轮廓，这个时期的成长速度就像孕早期心脏和大脑的发育时期一样。现在各种复杂的器官都开始成长。

从怀孕到现在，准妈妈也许第一次有腹部疼痛的感觉，这种情况在许多准妈妈身上都曾发生过，这是因为子宫在迅速地成长扩张。这时准妈妈可能因为恶心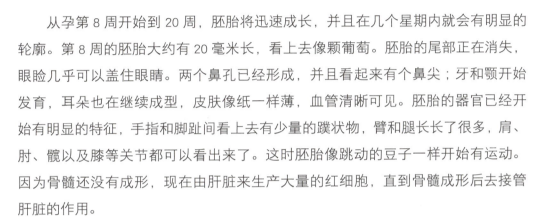和呕吐的原因不愿吃东西，但是现在不是控制饮食的时候，还是应该尽量吃些有营养的食物，以此来保证有足够的养份为胎宝宝的成长作后盾。去卫生间小便的次数和频率可能会大大超过平时，这是由于准妈妈的子宫成长壮大后压迫着膀胱。

虽然准妈妈依然感觉到子宫里是静悄悄的，其实宝宝现在的小动作已经相当多了，他已经会做踢腿、伸腿、抬手、移动双臂的小动作了。

讲故事vs.看画册

●●●● 给胎宝宝讲故事

给胎宝宝讲故事是一项不可缺少的胎教内容，讲故事时准妈妈应把腹内的胎宝宝当成一个大孩子，娓娓动听地叙述，通过语言神经传递给胎宝宝，使胎宝宝不断接受客观环境的影响，在不断变化的文化氛围中发育成长。讲故事既要避免尖声尖气的喊叫，又要防止平淡乏味的读书，方式可以根据准妈妈的具体情况而定。内容由准妈妈任意发挥，讲随意看书的故事；也可以读故事书，最好选择图文并茂的儿童读物；还可以给胎宝宝朗读一些儿歌、散文等。内容不长，宜有趣，切忌引起恐惧、惊慌。

●●●● 给胎宝宝看画册

为了培养孩子丰富的想象力、独创性，以及进取精神，最好的教材莫过于幼儿画册。可以将画册中每一页所展示的幻想世界，用富于想象力的大脑放大并传递给胎宝宝，从而促使胎宝宝心身健康成长。

利用画册做教材进行胎教时，可选那些色彩丰富、富于幻想的内容，也可以是提倡勇敢、理想、幸福、爱情的。只要适合胎宝宝成长的主题都可以采用。一定要注意把感情倾注于故事的情节中去，通过语气声调的变化使胎宝宝了解故事是怎样展开的。单调和毫无生气的声音是不能唤起胎宝宝的共鸣的。一切喜怒哀乐都将通过富有感情的声调传递给胎宝宝。

不仅仅是朗读，对这些语言还要通过五官使它形象化，以便更具体地传递给胎宝宝，因为胎宝宝对语言不是用耳而是用脑来接收的。

胎教实施的16条准则

1. 音乐胎教最佳时机：音乐胎教的最佳时期，是怀孕第五个月起。

2. 让宝宝自己挑选：到怀胎7个月左右，可以让胎宝宝自己挑喜欢的音乐听。可以轮流把每一张CD的乐曲都听一遍，（慢慢来，不用一次听完）看看他有何反应。胎宝宝听到喜欢的音乐会有节奏地、欢快地游来游去，像跳舞一样！那种感觉很神奇。

3. 舒缓的音乐：大概 18 ～ 19 周的时候开始听些舒缓的音乐，听完音乐让准爸爸给宝宝读胎教小故事。

4. 每天唱歌给宝宝听：除了听莫扎特胎教音乐，也要每天唱歌给宝宝听。宝宝出生后每次哭时，妈妈可以把曾经唱过的歌再唱给他听，他马上就会停下来不哭了，比普通孩子好带很多，很神奇哦!

5. 轻柔欢快的曲子：最好听轻柔欢快的曲子，没有歌词的。并且音量不能太大，音调不能太高。

6. 边听音乐边做运动：每次听音乐时，可一边抚摸腹部和胎宝宝做运动。

7. 要保持最好的心态：每天好心情，高高兴兴。

8. 抚摸胎教好处多：抚摸胎教不仅对宝宝有好处。对准妈妈也有好处。

9. 摇篮曲陪伴入睡：买一张摇篮曲在宝宝睡觉时放给他听，等到出生后每次睡觉时也放，这样宝宝会睡得特别好。出生后的宝宝听到了，会很快平静下来进入梦乡!

10. 自己要喜欢，勿强迫：千万不能把胎教变成一种强迫行为。胎教是一种爱的教育,而不是一种程序化的行为。比如听古典音乐，要根据自己的喜好来进行，如果实在不喜欢，切不可勉强。

11. 全家人支持效果好：胎教不仅仅是准妈妈一个人的事，最好能取得全家人的支持与理解。特别像抚摸胎教，由准爸爸来做，效果特别好。

12. 和睦的家庭环境更重要：即使准爸爸不能很好地参与胎教，至少也要保证孕期创造一个温馨和睦的家庭环境。夫妻俩共同调整好心态,憧憬下美好的未来。

13. 温馨舒适生活环境：给准妈妈布置一个温馨舒适的生活环境，是胎教的一个重要的先决条件。在我老家，流传一种说法——在房间里贴上漂亮可爱的宝宝海报，准妈妈经常看，会让自己的宝宝变得更漂亮。

14. 每天念唐诗给他听；选两、三首唐诗每天念给他听，就两三首可以了，不要太多。这样可以增强宝宝的记忆。特别推荐的是《静夜思》、《春晓》、《鹅》这三首。

15. 每天听一小段英文；每天听一小段英文材料。这可以令宝宝将来学习英语毫不费力。

16. 胎教要持之以恒：要每天都做，很快你会发现，宝宝会回应你的。

孕早期不适有办法

⬭ 尿频时尽量少喝水

尿频是怀孕期间大多数准妈妈必经的阶段。在怀孕初期出现尿频主要是因为身体激素分泌改变所导致的，到现在为止还没有特别好的办法来控制这种情况的发生，唯一可行的就是控制饮水量。为了避免夜间频繁上厕所影响睡眠，准妈妈最好在晚饭后就尽量少喝水，临睡前 1～2 小时内不要喝水。当然，也不能绝对禁饮，因为适量摄取水分可以预防尿路感染。早孕而产生的尿频只是小便频繁，身体不会出现其他不适症状。如果尿频伴随疼痛或烧灼感等异常现象，不要耽误，应立即到医院做检查，否则可能会影响到肾脏等其他脏器。

⬭ 胃部不适可以少吃多餐

怀孕期，由于胃肠道活动减弱而引起的令人不舒服的腹胀，大多不需要特殊治疗。为缓解胃部不适的感觉，准妈妈可以采取少食多餐的进食方法，包括下午茶和宵夜在内，一天可进食 4～5 次，尽量减少胃内食物存储量，以少食多餐方式满足机体的需要；不要吃很酸的、味道浓烈的食物和碳酸饮料，以免它们刺激胃液分泌，加重胃灼痛。另外，饭后立即卧床，或者进食过多或摄取过多脂肪及油炸食品也都不可取，这些都会加剧"烧心"症状。此外，准妈妈应养成定期排便的习惯，可以预防和减轻腹胀。

⬭ 出现眩晕及时补充食物

孕早期，许多准妈妈有眩晕现象，这可能是由准妈妈血液被稀释引起的生理性贫血或低血糖状态造成的；如果在拥挤、空气不流通、人群集聚的场所，准妈妈的眩晕加剧甚至发生晕倒，可能与准妈妈长时间站立或突然改变体位，出现低血压状态有关。如果准妈妈是由于血糖低引起的眩晕，一般情况下与进食间隔时间过长有关，只要少食多餐，及时补充食物就可以迅速提高血糖，改善眩晕了；如果准妈妈是由于改变体位引起的眩晕，最好不要突然站起，可缓缓改变姿势。另外，还要注意不要到闷热的地方长待，尽量待在距离窗口较近、能呼吸到新鲜空气的地方，如果觉得头晕，可以找一个地方平躺一会儿。

胎宝宝的第9周

第9周胎宝宝成长状态监测

进入了第9周，从现在开始，胚胎就可以被称作胎儿了。小家伙现在大概长2.2～2.5厘米。有一层膜覆盖着宝宝的眼睛，而且闭得很严，要到27周时才会睁开。胚胎的小尾巴已经消失，现在所有器官、肌肉、神经开始工作。手腕变得稍微有些弯曲，双脚开始摆脱蹼状的外表，胎宝宝胳膊已经长出，两手弯曲并相交。腿在变长，脚已能在身体前部交叉。宝宝的肌肉开始发育，可以做轻微运动，他不断地动来动去，不停地变换着姿势。孩子的四肢在生长，但是她的手臂和手比腿和脚发育成熟得快，实际上，他的手看起来仍然像"手桨"，但很快会变成清晰地手指。

怀孕也改变了准妈妈的形象，乳房开始长大，需要更换大一些的胸衣了。也许准妈妈已经注意到腰围开始变大，曾经心爱的牛仔裤只能等到明年再穿了。现在准妈妈需要喝大量的含微量氟的水，这样身体会得到充足的氟化物，钙和磷将保证胎宝宝的牙齿和骨骼的发育。

现在每天喝水时应注意，早饭前先喝一大杯凉开水，可以促进胃肠的蠕动，方便排便，防止痔疮。切忌口渴后才喝水，口渴说明体内水分已经失衡，脑细胞脱水已经到了一定程度，每天应及时地补充水分，最好每天能喝到8大杯水，平均每2小时一次。另外要注意的是，不要喝久沸的开水，因为水反复沸腾后，水中的亚硝酸银、亚硝酸根离子以及砷等有害物的浓度会相对增加。饮用后血液中的低铁血红蛋白结合成不能携带氧的高铁血红蛋白，从而引起血液中毒。

规律的生活也是胎教

第三个月是胎宝宝各器官发育最旺盛的时期，因此在这个时期，准妈妈的日常生活要有规律，这样才能促进胎宝宝各器官能够更好地发育成熟，同时还可以培养胎宝宝良好的生活习惯。所以说，有规律的生活也是胎教。

首先准妈妈要为自己整个孕期的生活起居制订一个作息时间表，然后每天按表行事，养成有规律的生活。有的准妈妈因为害怕劳累而什么事情都不做，经常躺着，这样反而对身体不利，会使准妈妈内脏的功能因运动减少而松弛，造成食欲减退、精神委靡、失眠，甚至容易出现烦躁不安等症状，会使胎宝宝发育受到影响。同时，准妈妈不良的一举一动也会潜移默化地传递给腹中的胎宝宝。因此有些专家称这个时期是培养胎宝宝行为习惯的关键时期。要求早孕期准妈妈一定要有一个良好的开端，一个良好的母亲形象，这将影响到孩子一生的习惯。

另外，活动减少还会导致准妈妈出现肥胖或因肠蠕动减慢而引起便秘。因此，适当的运动还是必要的。但要注意不要拿举重物，这样会直接伤害胎宝宝。

晚上的睡眠对准妈妈来说是很重要的，这不但涉及母子的健康问题，还与胎宝宝的习惯形成密切相关。如果这时准妈妈经常熬夜，破坏正常的生活规律，那么胎宝宝出生后也会养成这种不良的习惯，且经常哭闹。这一事实早已被科学家所证实，因此准妈妈一定要保证过有规律的生活。一般情况下准妈妈每天晚上睡足 8 个小时即可，但如果出现特殊情况，例如近来身体虚弱，或白天过于劳累，午休时没有休息好，可将睡眠时间延长。早孕期睡眠姿势最好采取仰卧位，并抬高双脚，使血液流畅，预防腿肿。

准妈妈，动起来！开始做准妈妈操

第一节足尖运动：准妈妈坐在椅子上，两足平踏地面，将两足尖尽量上跷至最高，然后再放下，这样反复多次。注意足尖上跷时脚掌不要离开地面。

第二节踝关节运动：准妈妈坐在椅子上，跷起二郎腿，另一条腿脚掌踏地面，跷起腿的足尖伸直，缓缓地上下左右活动踝关节数次，然后将足背向下伸直使膝盖、踝关节和足背成一直线。就这样两腿交替做这些动作。每日2次，每次10分钟。

第三节盘坐运动：晚睡前或晨起准妈妈盘腿而坐，两手按在膝关节上并用力把膝关节向下压，每次呼吸松手一次，如此一压一放持续2～3分钟，每日1次。

第四节腰背运动：仰卧、屈膝，两臂平伸稍离开身体，并用肩和臂部支撑使其腰背尽量向上挺起呈反弓状持续10秒钟后复原，再静卧10秒钟。

第五节弓背运动：两手掌和膝部着地，头向下垂，跪势，背呈弓状，然后抬头目视前方，伸背使头肩在同一水平上，接着仰头，挺胸，塌腰，使腰背呈反弓状。

第六节单腿运动：仰卧，左腿伸直，右腿屈曲，足底平放于床上，然后右腿缓慢倒向左腿，使腰扭转，接着右膝再向外侧缓缓倒下使右侧大腿贴近床面，如此左、右交替练习。

第一节 足尖运动

第二节 踝关节运动

第三节 盘坐运动

第四节 腰背运动

第五节 弓背运动

第六节 单腿运动

准妈妈的肚子还没有动静，有点烦躁

肚子还是静悄悄的，感觉不到胎宝宝的存在

这一阶段，准妈妈一般已经习惯呕吐所带来的不适感了，准妈妈的身体上没有太大的变化。此时，只有用超声波才能看到胎宝宝的动态及状况。然而此时，胎宝宝已经实实在在地在母亲体内成长了。怀孕后仍继续工作的准妈妈们，这时就必须克服孕早期的反应，同时创造良好的工作条件，如不要提重物、不要过于疲劳，以使胎宝宝有个良好的生长环境，也使自己的身体反应减小到最低程度。

准妈妈有点烦躁

准妈妈经历了最初得知怀孕的喜悦和紧张之后，面对呕吐、眩晕等妊娠反应时，难免产生烦躁、忧郁的情绪。一般来说，大多数准妈妈都能积极调整自己的情绪，渐渐变得开朗起来。然而，也不排除有少数准妈妈会产生情绪和心理上的不良反应，即由烦躁而发展至暴躁、发怒。这个时期，准妈妈要尽量克服自己的不良情绪。

均衡的营养确保胎宝宝早期脑发育

蛋白质是人的大脑复杂智力活动中不可缺少的基本物质，对生命的物质结构、功能和大脑发育起着很重要的作用。准妈妈在孕早期加强蛋白质的补充，就会避免胎宝宝因蛋白质供应不足而引起大脑发育障碍。

碘对胎宝宝的大脑发育有着显著的促进作用。如果胎宝宝缺碘，可致胎宝宝智力低下。所以，准妈妈这时要注意吃一些富含碘的食物，如紫菜、海带、海参、蛏子、干贝、海蜇等，以改善体内碘缺乏状况。

锌对胎宝宝的大脑发育起着不可忽视的作用。如果胎宝宝缺锌，可形成多种畸形。所以，准妈妈要多摄入富含锌的食物。含锌较多的食物有牡蛎、蚌、贝、海带、黄豆、扁豆、麦芽、黑芝麻、紫菜、南瓜子、瘦肉等。

某些维生素缺乏或过多可致胚胎神经系统畸形，亦严重影响智力。如缺乏维生素 A 可致头小畸形，缺乏维生素 B_{12}、叶酸可致神经管畸形，缺乏维生素 E 可产生无脑儿、露脑畸形等患儿。所以，准妈妈要多食用富含维生素的食物，主要是瓜果类和蔬菜类。

胎宝宝的第10周

第10周胎宝宝成长状态监测

孕 10 周时，准妈妈的情绪波动很大，刚刚脸上还是晴空万里，可能一会儿就变成乌云密布了。有些准妈妈可能会对这种变化莫测的情绪感到不安，但这都很正常，是孕期雌激素作用的结果。

宝宝现在有 4 厘米长，从形状和大小来说，都像一个扁豆荚，现在胎宝宝的体重大约 10 克。他的肾、肺、生殖器和胃肠系统都已存在，只是还没有发育成熟。他的肝脏继续制造着红血球，在这之前，卵黄囊一直负责向红血球提供养料，但现在它已经不再被需要，并开始消失。如果是个男孩，他的睾丸已经开始产生睾酮。

如果胎宝宝是女孩，阴蒂就会开始发育。胎宝宝对压触觉有了反应，可以轻轻拍打、抚摸腹部，这种触摸刺激可通过腹壁、子宫壁促进胎宝宝的感知发育。

手、脚、头以及全身都可以灵巧的活动了，通过 B 超可以看到胎宝宝在羊水中弯弯曲曲地游动，有时还会转换身体的方向和位置，胎宝宝的这些动作说明他的神经发育可以对外界刺激做出简单的反应。胎宝宝的脚趾头之间已经没有蹼，并且看起来比以前要长了。胎宝宝继续以惊人的速度生长发育。

从比例上看，他的头虽然小了一些，但仍占整个身体长度的一半左右。由于大脑的发育，他的前额位于头部的上端，高高地向前凸出，随后宝宝凸起的前额会后缩，让他看上去更像一个人。宝宝手腕和脚踝发育完成，并清晰可见。宝宝的手臂更长，肘部更弯曲。

胎盘具有五大功能，即气体交换、供应营养、排泄废物、防御及内分泌作用。因而它可以说是胎宝宝营养的大本营。足月妊娠的胎盘重 500 ～ 600 克，大约是新生儿体重的 1/6，直径达 16 ～ 20 厘米，厚约 2.5 厘米。

胎宝宝，动起来！开始做操喽

准妈妈仰卧位，两腿伸直，周身放松，将手放于腹部来回轻轻地抚摸胎宝宝，有的胎宝宝在妈妈的抚摸下会马上做出反应，有的则要过一会儿甚至几天才能做出反应。如果胎宝宝感到不舒服就会用力蹬腿表示反对，遇到这种情况就应该马上停下来，过几天再做，慢慢地等胎宝宝逐渐适应，以后当妈妈再用手抚摸胎宝宝时，胎宝宝就会主动迎上来，这时准妈妈就可以给胎宝宝做操了。具体方法：

第一节抚摸法：准妈妈双手捧住腹部如同捧住胎宝宝一样在腹壁上轻轻抚摸，从上至下，从左到右约3分钟。

第二节指压法：用手指在腹正中反复轻压腹部2分钟。

第三节推腹法：在腹部左侧壁轻轻推5次，然后在右侧壁轻推5次，用力不要过猛，使胎宝宝借助外界的力量在妈妈腹内上、下、左、右运动。

第四节拍腹法：准妈妈用手在同一个方向轻拍腹壁3～5次，再掉换不同方向轻拍，每次3分钟。

第五节左侧卧位：准妈妈缓慢转动身体于左侧卧位5分钟然后复原。胎儿操每天做一次，每次做操时配上动听的音乐或伴着准妈妈的喃喃细语效果会更好。

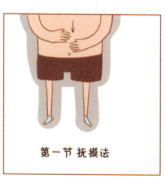
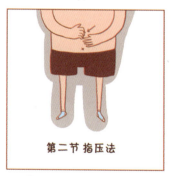

第一节 抚摸法

第二节 指压法

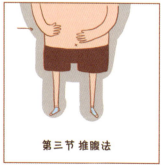
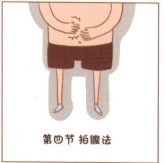

第三节 推腹法

第四节 拍腹法

第五节 左侧卧位

饮食胎教：有利于胎宝宝发育

鸡蛋：鸡蛋的营养价值很高，含丰富的蛋白质且利用率高，营养成分全面而均衡，人体所需要的7大营养素除了膳食纤维之外，其余的鸡蛋中全有。鸡蛋的最可贵之处，在于它能够提供较多的优质蛋白，鸡蛋中的蛋白质含有各种必需氨基酸，这不仅有益于胎宝宝的脑发育，而且母体储存的优质蛋白有利于提高产后母乳的质量，是准妈妈理想的饮食胎教食品。准妈妈每天吃两个鸡蛋比较合适，最多也不要超过每天四个鸡蛋。

核桃：核桃含亚油酸、亚麻酸以及丰富的蛋白质、磷、钙和维生素A等营养物质，因其含较多的不饱和脂肪酸，能强化脑血管弹力和促进神经细胞的活力，故具备多种健脑食品的优点，是脑力健全发达的基本保证。孕3个月前是胎宝宝脑发育的关键期，所以准妈妈在孕3个月前可以多吃核桃。

黄豆或豆制品：蛋白质是一切生命的物质基础，蛋白质的来源有两大类：一是动物蛋白质，如各种奶类、鱼肉、牛肉、虾、肝脏、蛋类及鸡、鸭、鱼、虾蟹等；另一类是植物蛋白质，多种豆类及其制品，像黄豆、青豆、黑豆、豆腐、豆浆等，以及谷类、干果类，如米、面、玉米、花生、核桃、榛子、瓜子等。其中黄豆富含人体必需的8种氨基酸，素有"植物蛋白之王"的美称，它还富含脂肪、糖类、胡萝卜素、钙、磷、铁及亚油酸，是准妈妈孕3个月前理想的饮食胎教食品。

DHA：DHA（俗称脑黄金）是一种对人体非常重要的多不饱和脂肪酸，是神经系统细胞生长及维持的一种主要物质，是大脑和视网膜的重要构成成分，在人体大脑皮质中含量高达20%，在眼睛视网膜中所占比例最大，约占50%，它对脑细胞的分裂、增殖、神经传导、脂肪代谢、突触的生长和发育起着极为重要的作用，对胎宝宝生长、智力发育都有极大的影响。但由于人体自身难以合成足够的DHA，所以准妈妈必须摄入DHA来补充，这样才会利于胎宝宝的智力发育。

动物肝脏和莴苣：动物肝脏和莴苣富含叶酸，而胎宝宝生长离不开叶酸。所以，准妈妈最好在孕早期多多补充叶酸，一般每天需要摄取叶酸0.4毫克，如果家族中有相关遗传病，则每天需要摄取4毫克。除了莴苣和动物肝脏外，瘦肉、深绿色蔬菜都富含叶酸。虾（虾皮）含有丰富的钙、锌等矿物质元素，每500克虾皮的含钙量高达50克。孕早期多吃虾或虾皮可以补充钙、锌等营养成分，还可以促进

胎宝宝脑部的发育。所以，虾或虾皮是准妈妈补充微量元素、饮食胎教的上佳食品。不过，有过敏反应的准妈妈要慎食。

含维生素C多的水果：准妈妈最好每天喝一杯新鲜的柠檬汁或橙汁，或是多吃一点绿色蔬菜和新鲜水果。可以每天服用维生素C500毫克，分一次服用或早晚饭后各服250毫克都可。准妈妈适当补充维生素C能维持机体血红蛋白的水平，还可预防感冒。准妈妈多食用含维生素C丰富的水果，生下来的宝宝，记忆力强、头脑清醒、思维敏捷，所以孕早期饮食胎教时可不能少了它。

抚摸胎教：训练3个月胎宝宝初始的触觉发育

胎教准备

其实，2个月的胎宝宝已经开始有感觉了，到了6个月，胎宝宝的皮肤感觉（痛觉、触觉、压觉）就开始发育了。准妈妈在第3个月对胎宝宝进行抚摸训练，能激发胎宝宝活动的积极性，增强体质，同时有益于胎宝宝的智力发育。

胎教实施

孕3月抚摸胎教的具体做法是：准妈妈可用双手轻抚腹部，一边抚摸一边可呼唤胎宝宝的名字，还可以跟胎宝宝说话，把胎宝宝当成每时每刻和自己生活在一起的人，把自己正在做的或可以和胎宝宝一起做的事告诉胎宝宝。同时，准爸爸也可以选择合适且相对固定的时间抚摸胎宝宝，或用手指轻按准妈妈的腹部，把压力通过腹壁传至胎宝宝皮肤。这样可满足胎宝宝的皮肤"饥饿感"，激发胎宝宝活动的积极性，促使其发生蠕动。在抚摸胎宝宝时，准妈妈要随时注意胎宝宝的反应。此外，手法要轻柔，循序渐进，不可操之过急。

胎教效果

这种练习不仅能训练胎宝宝的触觉，还可以促进胎宝宝的反应和活动，使之出生后反应灵活。坚持触压可以尽早开启胎宝宝的触觉，也可以为胎宝宝日后的运动胎教打下基础。但要注意的是，有先兆流产或先兆早产的准妈妈不宜进行抚摸训练，准妈妈早期腹痛者也禁止用此方法。

胎宝宝的第11周

第11周胎宝宝成长状态监测

孕11周，这是胎宝宝生长的关键一周，他的身高增长一倍，宝宝的成长速度在本周越发惊人，小家伙已经完全成型了，到本周末，头部和身体的长度会基本相同。现在，胎宝宝身长已经达到4～6厘米，体重达到14克左右，胎宝宝的睾丸或卵巢已经长成了，肠子在脐带与胎宝宝连接的地方发育，可以收缩，虽然现在还没有任何东西可供消化。

胎宝宝开始能做吸吮、吞咽和踢腿动作，他会经常津津有味地吸吮自己的拇指，有时候也会喝他的大脚趾，然后逐渐喝他的小脚趾。现在胎宝宝细微之处已经开始发育，他（她）的手指甲和绒毛状的头发已经开始出现。胎宝宝维持生命的器官如肝脏、肾、肠、大脑以及呼吸器官都已经开始工作。本周已能够清晰地看到胎宝宝脊柱的轮廓，脊神经开始生长。

宝宝忙着踢腿和伸展，他在子宫中微小的动作优美而舒展。随着他身体的成长发育，宝宝的动作会变得更多、更有力。

准妈妈的子宫现在看起来像个柚子，借助多普勒仪器，可以听到胎宝宝心脏快速跳动的声音，有些准妈妈称之为快速奔跑的小马。从现在开始，胎宝宝的骨骼细胞发育加快，肢体慢慢变长，逐渐出现钙盐的沉积，骨骼变硬。此时胎宝宝就要从准妈妈体内摄取大量的钙质，如果准妈妈钙质摄取不足，自己骨骼等处的钙质便会分解，以补充血钙的不足来供给胎宝宝。因此准妈妈从现在开始就要多喝牛奶，每天多吃一些高钙食品。由于钙离子与骨骼肌肉的兴奋性密切相关，准妈妈血钙低到一定程度就会引起小腿肌肉痉挛，抽筋大多发生在夜间。这时还可以适当进行室外活动,多接触日光照射。

特殊的胎宝宝美学培养

1. 音乐美学：对胎宝宝进行音乐美学的培养，可以通过心理作用和生理作用这两种途径来实现。心理作用方面：音乐能使准妈妈心旷神怡，浮想联翩，从而使其情绪达到最佳状态，并通过神经系统将这一信息传递给腹中的胎宝宝，使其深受感染。同时安静、悠闲的音乐节奏可以给胎宝宝创造一个平静的环境，使躁动不安的胎宝宝安静下来，使他朦胧地意识到世界是多么和谐，多么美好。生理作用方面：悦耳怡人的音响效果能激起准妈妈自主神经系统的活动，由于自主神经系统控制着内分泌腺使其分泌出许多激素，这些激素经过血液循环进入胎盘，使胎盘的血液成分发生变化，有利于胎宝宝健康的化学成分增多，从而激发胎宝宝大脑及各系统的功能活动，来感受准妈妈对他的刺激。

2. 形体美学：形体美学主要指准妈妈本人的气质。首先，准妈妈要有良好的道德修养和高雅的情趣，学识广博，举止文雅，具有内在的美。其次，是颜色明快、合适得体的准妈妈装束，一头干净、利索的短发，再加上面部恰到好处的淡妆，更使人显得精神焕发。据日本"每日新闻"报道，近期研究结果证明，准妈妈化妆打扮也是胎教的一种，使胎宝宝在母体内受到美的感染而获得初步的审美观。

3. 大自然美学：准妈妈多到大自然中去饱览美丽的景色，可以促进胎宝宝大脑细胞和神经的发育。

对话胎教：促进宝宝早期身心发育

胎教准备

胎宝宝长至 3 个月时，准妈妈就可以对他进行对话胎教。准妈妈通过动作和声音与腹中的胎宝宝进行对话，是一种积极有益的胎教手段。在对话过程中，胎宝宝能够通过听觉和触觉感受到来自准妈妈爱的呼唤，这对促进胎宝宝的身心发育十分有利。

胎教实施

准妈妈每天定时与胎宝宝讲话，刚开始时，时间不宜长，每次 3 分钟左右。

准妈妈可以采取坐姿或卧姿，保持心情愉快，面带微笑；对话的内容不宜太复杂，应简洁亲切。在实施对话胎教时，可根据生活场景的变化而改变对话内容，最好每次都以相同的句子开始和结束，以加强胎宝宝的印象。比如，可以对胎宝宝说："宝宝，快醒醒，睡得舒服吗？""宝宝，早晨好！""宝宝，妈妈（爸爸）真爱你！""宝宝，好好休息吧"等。进行对话胎教时要注意，吐字清晰，语调要缓和。

胎教效果

胎宝宝只知道声音的波长和频率，还没有对世界的认识，不懂得谈话的内容，而且他并不是完全用耳朵听，而是用他的大脑来感觉、接受母体的情绪。所以，准妈妈要集中精力，排除杂念，心中只想着腹中的胎宝宝，把胎宝宝当成一个面对面的宝宝，对他娓娓道来。准妈妈通过与胎宝宝对话，胎宝宝最初的意识会被轻轻触动，为后面进一步的语言胎教打下基础。

胎教日记重点：不要忘记第一次孕期健康检查

病史了解

医生会对准妈妈的既往病史、月经史、药物过敏史、家族史、婚姻史、既往孕产史、丈夫健康情况等进行询问；了解准妈妈有无影响妊娠的疾病或异常情况。

体格检查

检查准妈妈的血压、体重、身长、心、肺、肝、脾、甲状腺、乳房等，了解准妈妈身体变化及营养状况。

妇科检查

了解准妈妈的子宫位置、大小、形状是否与确定的怀孕月份相当；并注意有无生殖系统炎症、肿瘤以及其他异常情况等。

实验室检查

包括化验血常规、尿常规、乙肝表面抗原、肝功能、梅毒血清、风疹病毒、弓形虫等检查。

特殊检查

如果准妈妈属于高危人群，还必须进行淋球菌、衣原体等检查。

怎样开展营养胎教和抚摸（按摩、触压）胎教

开展营养胎教：重在补充胎宝宝生长发育的营养素

人的生命从受精卵开始，从一个重 1.505 微克的受精卵，到分化成 600 万亿个细胞组成的重量为 3000 克的完整人体，其重量增加了 20 亿倍，这个生长发育的过程全依赖于母体供应营养。虽然影响胎宝宝正常发育的因素是多方面的和复杂的，但是，准妈妈适宜而平衡的营养对胎宝宝的健康发育是很重要的，并且人的智力发育也与胎儿期的营养因素息息相关。

开展抚摸（按摩、触压）胎教：双手轻柔缓慢地抚摸、触压

胎宝宝从 2 个月开始，就能扭动头部、四肢和躯体，能在羊膜内游动。胎宝宝 4 个月时，准妈妈的手如果在腹部摸到胎宝宝的脸，胎宝宝就会做出皱眉、眯眼等动作。通过胎儿镜观察发现，当触动胎宝宝的手心时，他马上就能握紧拳头做出反应，而触动其嘴唇时，他就会努起小嘴做出吸吮反应。更有趣的是，根据超声波图像还发现，生活在子宫内的男性胎宝宝的阴茎居然能够勃起。这一切都充分说明了胎宝宝触觉功能的存在，而且由于黑暗的宫内环境限制了视觉的发展，胎宝宝的触觉和听觉就更为发达。

准妈妈进行抚摸（按摩）胎教时，可以仰卧在床上，也可以采取半仰姿势，以自身舒适为感觉，全身放松，呼吸均匀，双手放在胎宝宝的位置上进行抚摸。具体手法是：双手从上而下、从左至右，轻柔、缓慢地抚摸胎宝宝，心里默想：宝宝，妈妈爱你!

抚摸（按摩）胎教法实施时有些注意事项。首先，抚摸及按压时动作要轻柔，以免用力过度引起意外。其次，有的准妈妈在孕中、晚期经常会有一阵阵的腹壁变硬，可能是不规则的子宫收缩，此时千万不可进行抚摸胎教，以免引起早产。最后要提醒的是，如果准妈妈有不良产史，如流产、早产、产前出血等，则不宜使用抚摸胎教，可用其他胎教方法替代。

准父母在抚摸胎宝宝的基础上还可以给胎宝宝做触压锻炼。在腹部松弛的情况下，来回抚摸、触压胎宝宝。在触压、抚摸胎宝宝时，准妈妈要随时注意胎宝宝的反应。抚摸一般可在傍晚胎动频繁时进行，每次 5 ～ 10 分钟，每天 1 ～ 2 次。

胎宝宝的第12周

第12周胎宝宝成长状态监测

　　孕早期在本周就要结束了，怀孕第12周，胎宝宝身长可达到6.5厘米，3个月来胎宝宝发生了巨大的变化，现在宝宝已经初具人形。通过子宫拍摄的相片显示，胎宝宝看起来已经非常像个小人了。现在，胎宝宝头部的增长速度开始放慢，而身体其他部位的增长速度逐渐加快了。手指和脚趾已经完全分开，部分骨骼开始变得坚硬，并出现关节雏形。

　　胎宝宝身体的姿势变得不那么弯曲而是更直了，他可以做出打哈欠的动作，或许这就是自然之母的神奇之处：胎宝宝似乎知道，在出生之前只有练习好打哈欠，那么出生后，他才能顺畅地呼吸。

　　胎宝宝多种器官基本上已形成，胎宝宝的大脑体积越来越大，占了整个身体的一半左右；外生殖器官已分化，可分辨是男是女。有时胎宝宝肾脏产生的尿将被排泄到羊水里，胎宝宝的尿是无毒的，并跟随体液正常交换而排出。这段时期胎盘真正形成，胎盘帮助胎宝宝的消化、呼吸、循环、泌尿系统工作，并制造多种激素和酶来促进胎宝宝体内的生化活动。

　　胎宝宝可以从母体吸取足够的营养，通过脐带直接输送到胎宝宝身体。胎宝宝消化道壁的肌肉已开始作用，把羊水吞进肺里又吐出来，还可做出各种特殊的反应，能移动腿脚手指和头，嘴能张开、吞咽，碰碰他的眼睑，会眯一下眼睛，碰到脚趾，会把脚趾张开。胎宝宝上腭中坚硬多骨的部分现在就完全形成了，它把嘴巴和鼻子分开，这样胎宝宝就可以同时呼吸和进食。胎宝宝已进化到大脑可以传递信息的阶段。

对胎宝宝进行宫内运动训练

在怀孕3～4个月后可以适当对宝宝进行宫内运动训练。做法是：准妈妈仰卧，全身放松，先用手在腹部来回抚摸，然后用手指轻按腹部的不同部位，并观察宝宝有何反应。开始时动作宜轻，时间宜短，过几周可稍加一点运动量。

胎教理论主张对宝宝进行运动训练，这可以激发宝宝运动的积极性，促进宝宝身心发育，但运动量一定要适当。现代医学已证明，胎动的强弱和胎动的频率可以预示宝宝在母体内的健康状况，有人曾对胎动强者和胎动弱者进行观察，发现在宫内活动强者出生后其动作的协调性和反应的灵敏度上均优于出生前胎动弱者。凡是在母体内受过运动训练的宝宝出生后翻身、爬行、坐立、行走及跳跃等动作都明显地早于一般的宝宝。因此宝宝的运动训练确实不失为一种积极有效的胎教手段。有些准妈妈对宝宝进行运动训练表示担心，认为锻炼会伤害宝宝，其实这种担心是多余的，宝宝在4个月时胎盘已经很牢固了，宝宝此时在母体内具有较大的活动空间。而且环绕着宝宝的羊水对于外来的作用力具有缓冲作用，可以保护宝宝。所以准妈妈对宝宝进行运动训练时并不会直接碰到宝宝，这一点准妈妈大可放心，进行适当的宝宝运动训练是不会伤害宝宝的。

激发宝宝运动的积极性

促进宝宝身心发育

可以预示宝宝的健康状况胎动的强弱和胎动的频率

在母体内受过运动训练的宝宝出生后动作明显早于一般宝宝

胎盘

在4个月时胎盘已经很牢固了

羊水

环绕着宝宝的羊水对于外来的作用力具有缓冲作用，可以保护宝宝

胎宝宝能喝水了

许多人以为胎宝宝所需要的氧气及营养物质是由准妈妈通过胎盘和脐带供应的，自己既不用费劲儿吃东西，也不必劳神呼吸，当然也用不着喝水。其实，这种说法并不符合事实，胎宝宝每天除了"舞拳踢腿"锻炼肌肉骨骼、练习呼吸动作外，同时也在积极地锻炼喝水的能力。

胎龄满 3 个月时，胎宝宝就能够饮水。当然，他所喝的水是就地取材，饮用羊水。他所饮入的羊水蛋白质通过肾脏分解，排泄到羊水中；而饮入的羊水中混杂的脱落上皮组织等物质，则形成胎粪。有人会惊讶地问：羊水不是很脏吗？孩子喝了会不会生病？其实，人们根本用不着担心羊水的污染，羊水大约每隔 3 小时就要更换 1 次，既无细菌也没有灰尘。

至于胎宝宝每天喝水的量，目前还不能做出精确的估计，有人说 1 天可能达500 毫升。那么，胎宝宝为什么要喝水呢？追根溯源，这应该是一种生存本能：为了训练自己的生活本领，对口腔吸吮能力进行锻炼，为出生后使用口唇吃奶做好准备。同时喝水以后，一方面水分可经胃肠道吸收，锻炼胃肠道的消化吸收能力；另一方面，通过胃肠道的吸收，水分可进入血液循环，废物变成小便和胎粪，推动肠道的蠕动。

所以，新生儿生下不久就能吸吮母乳，并在胃肠道内顺利吸收，这种功能早在胎儿期间就已"久经锻炼"了。

继续音乐胎教：培养准妈妈平和的情绪

胎教准备

怀孕 3 个月时，大多数准妈妈仍会有妊娠反应，出现呕吐、眩晕等不适症状，这些通常都会将准妈妈折腾得心情忧郁、烦躁。准妈妈的情绪不佳和心理不平衡会影响胎宝宝的生长发育，所以这时最好的胎教方法之一是培养准妈妈的好情绪。第 3 个月继续进行音乐胎教，就是为了让准妈妈恢复安宁和平静，让胎宝宝在早期的生长过程中健康发育。

胎教实施

孕3月准妈妈可聆听一些使人镇静的音乐，如民族管弦乐曲《春江花月夜》、琴曲《平沙落雁》等，这类作品旋律优美细腻、柔和平缓，富有诗情画意。准妈妈在聆听时不要仅仅满足于感官欣赏，还要根据不同的乐曲对感情和心理上产生的不同刺激，产生各种不同的联想，例如，大海、波浪、潮汐和日升日落……

胎教效果

准妈妈在音乐胎教过程中，通过联想在脑海中产生的形象，能对胎宝宝产生形象化的刺激。比如，准妈妈在欣赏名曲《春江花月夜》、《雨打芭蕉》时，借曲生情、遐思悠悠，沉浸在古曲宁静美妙的意境中，就会把这种平静祥和的情绪带给胎宝宝。

准爸爸要激发准妈妈对宝宝的爱

准爸爸要帮助准妈妈学会爱胎宝宝

第一次怀孕的准妈妈肯定是既高兴又有点担忧，尤其是情绪脆弱的准妈妈，还会把一切紧张和不适归罪于未出世的小宝宝，在期待的同时又往往产生一丝埋怨。准妈妈的这种情绪对胎宝宝的生长发育极其不利。这时，准爸爸就要帮助准妈妈摆脱不良情绪，激发准妈妈对胎宝宝的爱。

准爸爸可以诱导准妈妈，让她多关注小宝宝，比如可以一起给宝宝起个有意义的名字，规划宝宝的未来，多陪伴准妈妈观看展现母子情感的电影、电视等，让准妈妈的注意力渐渐从不适应的感觉转移到小宝宝的身上。

准爸爸要安排好准妈妈的孕期饮食

准爸爸还要安排好准妈妈的孕期生活，让准妈妈和胎宝宝一起度过的孕期生活充满甜蜜的期待。孕期饮食很重要，尤其是孕早期的饮食，既要考虑胎宝宝需要的营养，还要兼顾准妈妈的口味，这就要求准爸爸多费些心思，安排好饮食。准妈妈想吃的又富有营养的食物要尽量满足，准妈妈不愿吃的但对胎宝宝有好处的食物就要想方设法让准妈妈吃。准爸爸这种无微不至的体贴，一定能给准妈妈带来无穷的动力，帮助她战胜最初的不适，把对胎宝宝的"埋怨"化成对胎宝宝的爱。

专题　胎宝宝最爱听的胎教故事范例

青蛙与兔子
qing wa yu tu zi

阳春三月，万物复苏。绿油油的草地有一群兔子，兔子们迎着和煦的春风，吃着青草。年轻的雄兔子吃饱了，便躺在草地上，尽情地沐浴着温暖的阳光。正当他悠闲自得时，一只年长的兔子走过来对他说道："虽然我们兔子看起来那么可爱，可是，也许正是因为这一点而遭到了上苍的嫉妒，使得我们的命运最为悲惨啊！"

"是啊，是啊，命运决定了我们的性格，天生胆小怕事，我们每天都担心生活中是否四处都存在危险和恐惧。"另一只兔子附和道："我们没有能够用来保护自己的尖利的爪子，因此经常被老虎、狗、鹰这些动物轻而易举地捉去当做美餐，可怜的我们根本无法还击！"

这只兔子越说越悲伤，其他兔子也纷纷聚集到一起，七嘴八舌地讨论起兔族的悲哀。最后，这些可怜的小动物觉得，与其每天心惊胆战地度过漫长的一生，倒不如趁着现在一死了之。最终，兔子们达成了一致的意见，大家一齐跑向池塘，准备投水自尽。

在池塘边有许多青蛙，他们正围坐在池塘边惬意地享受着无边的春色。忽然，他们听到远处传来一阵急促的脚步声，越来越近。他们惊慌失措，以为来了什么大怪物，纷纷跳进池塘里去逃难。这时候，一只机灵的兔子目睹了青蛙跳水的一切，恍然大悟道："朋友们，快停下，我们根本不必因为自己懦弱的天性而自寻死路啊！你们看，池塘边竟然还有比我们更胆小的动物呢！"

这个故事告诉我们：

不幸的人安慰自己的方法通常是，想想有些人比他们更不幸。

被同伴驱逐的蝙蝠

bei tong ban qu zhu de bian fu

在很久很久以前，鸟类跟走兽之间一直水火不容，他们之间经常发生战争。

有一次，双方经过一场激烈的交战后，鸟类打败了走兽。有一只蝙蝠听说鸟类战胜了，就飞到鸟类的堡垒，低声下气地谄媚说："你们真是太厉害了！那些粗暴的走兽能够被你们打败，你们真是当之无愧的英雄！我和你们一样，既有翅膀，又能飞，所以我是鸟类的伙伴！希望你们能够让我加入你们的队伍，和你们并肩作战！以后大家还得多多指教啊！"

鸟类对蝙蝠的加入表示了热烈的欢迎，因为这时候他们正需要新伙伴的加入，以增强实力。又过了一段时间，鸟类和走兽之间的战争再一次爆发了，胆小怕事的蝙蝠见双方打了起来，就偷偷躲在一旁观战。经过激烈的战斗，走兽战胜了鸟类。蝙蝠赶紧离开了鸟类的城堡，兴冲冲地飞到走兽的营区，十分崇拜地说："你们把鸟类打败了，实在太棒了！我是特地来祝贺的！我是老鼠的同类，也是走兽！希望可以和你们并肩作战，把那些鸟类打得四处逃窜。"

走兽们听了蝙蝠的奉承之辞，非常开心，于是蝙蝠被纳入了走兽的行列中。就这样，蝙蝠不停地奔走于鸟类和走兽之间。如果走兽打胜了，蝙蝠就加入走兽的队伍中；如果鸟类打赢了，蝙蝠就又成为鸟类的同伴了。

后来，走兽和鸟类也打累了，他们决定握手言和，结束战争。这下子，双方都知道了蝙蝠的行为。所以当蝙蝠又飞到鸟类的世界，想请求加入时，鸟类很不客气地对他说："我们这里不欢迎你！你这个伪装的鸟类！"被鸟类赶出来的蝙蝠无处可去，只好来到走兽的世界，可是走兽们也对他的行为感到非常不屑，他们呵斥道："快滚！你这个两面三刀的家伙！我们这里不欢迎你！"最后，走投无路的蝙蝠只能在黑夜里，孤独地悄悄飞着，再也不敢加入任何一个队伍了。

这个故事告诉我们：

"墙头草，两边倒。"不讲诚信，不守信用，最终只能落得被人冷落的下场，而且没有人会再相信你，也没有人会再跟你接近。

蜜蜂与宙斯
mi feng yu zhou si

在很久以前，蜜蜂的头上并没有长刺，他们天天在花丛中飞舞着，忙碌着，忙着采集花粉，酿造蜂蜜。可是，他们辛辛苦苦的劳动成果常常会被人盗取，为此他们十分懊恼。大家都在商量该怎么办，这时一只蜜蜂皇后自告奋勇地说，去奥林匹斯山面见宙斯，请求他的帮助。

说完，她就出发了，很快飞上了奥林匹斯山，当她见到宙斯时，忙把蜂房里酿造的新鲜蜂蜜送给宙斯，宙斯非常喜欢蜜蜂皇后送来的礼物，所以承诺会满足她提出的所有要求。蜂皇后听宙斯这么说就放心了，她接下来请求说："我求你给我一根刺，如果有人来取我们的蜜，我就可以用这根刺来刺死他。"宙斯听了后很不高兴，因为他非常热爱人类。但是已经承诺的事情不能反悔。他经过一番思考后，对蜜蜂说："你可以得到你想要的东西，但是要使用它就会危及你自己的生命。因为你的刺一旦刺了出去，就会留在你刺的那个地方，而你就会因为失去刺而死亡。"

蜜蜂皇后没有马上回答，而是陷入了沉思。宙斯见蜜蜂皇后在思考，过了一会儿问："你还想要吗？"蜜蜂皇后想：如果刺伤了别人，自己却要付出生命的代价，这值得吗？但一想到：蜜蜂们辛勤劳作了一天，而回到蜂巢时，发现蜂巢里空空的，所有的蜂蜜、花粉和王浆全都没有了。于是，疯狂的怒火一下子让蜜蜂皇后失去了理智，她毫不犹豫地回答："当然想要！"宙斯看她回答得很坚定，就答应了她的请求。从那以后，蜜蜂就有了刺——这个秘密武器，蜜蜂可以用它来刺伤那些前来盗取蜂蜜的人。但那根刺却是一把双刃剑，伤害别人的同时也牺牲了自己。

这个故事告诉我们：

不要轻易使用武力伤人，因为伤人的同时通常也会伤及自己。

PART 2
孕中期(13~28周)胎教进行时
——抓住胎教加强期

▶ ▶ ▶ ▶ ▶

胎宝宝的第13周

第13周胎宝宝成长状态监测

日子是不是过得很快呢？一眨眼，准妈妈已经怀孕三个月了。现在准妈妈已经安全地进入了孕中期。腹中的胎宝宝已经有 7.6 厘米长了，像一条小金鱼。这条小金鱼已经完全成形，他比几周前的比例更加匀称了。他的身长虽比手指短，但是脸部特征已经很明显。双眼已向脸部中央更靠近了，嘴唇能够张合，宝宝脖子完全成形，并能支撑头部运动。

胎宝宝的视觉在孕期第 13 周就已形成。在这个时候胎宝宝就应该能看到东西了，但胎宝宝并没有看。虽然胎宝宝不去看，但胎宝宝对光却很敏感。在四个月时，胎宝宝对光就有反应。当胎宝宝入睡或有体位改变时，胎宝宝的眼睛也在活动。怀孕后期如果将光送入子宫内，胎宝宝的眼球活动次数就会增加，而且从脑波图还可以看出脑对光的照射产生反应，耳竖起，皮肤薄，胎脂出现。

胎宝宝还不能发出声响，或大声啼哭，因为声音是通过空气而不是液体来传播的。胎宝宝皮肤颜色更红，也加厚了，有利于保护胎宝宝的内部。脸上长出细细的毳毛，由于骨骼和肌肉均已发达，胎宝宝的手臂、腿能活动，胎动逐渐明显。胎宝宝齿龈内全部 20 颗乳牙及牙槽已形成了。小手指和脚趾不再连在一起。

本周，非常必要的器官系统——产生荷尔蒙的、吸收营养物质的和过滤废物的都形成了。胰腺、胆囊和甲状腺已经形成，肾脏可以产生尿。骨髓正在制造白细胞，帮助抵抗出生后的感染。

怀孕中期的运动胎教

练习盘腿坐

早晨起床和临睡时盘腿坐在地板上，两手轻放两腿上，然后两手用力把膝盖向下推压，持续一呼一吸时间，即把手放开。如此一压一放，反复练习2～3分钟。

益处分析：此活动通过伸展肌肉，可松弛腰部关节。

骨盆扭转运动

仰卧，左腿伸直，右腿向上屈膝，足后跟贴近臀部，然后，右膝缓缓倒向左腿，使腰扭转。接着，右膝再向外侧缓缓倒下，使右侧大腿贴近床面。如此左右交替练习。

益处分析：可加强骨盆关节和腰部肌肉的柔软。

动骨盆运动

仰卧、屈膝，腰背缓缓向上呈反弓状，复原后静10秒钟再重复；然后，两手掌和膝部着地，头向下垂，背呈弓状，然后边抬头，边伸背，使头背在同一水平上，接着仰头，使腰背呈反弓状，最后头向下垂，反复。

益处分析：目的是松弛骨盆和腰部关节，使产道出口肌肉柔软，强健下腹肌肉。

腹式呼吸练习

腹式呼吸应从卧位开始，分四步进行：第一步用口吸气，同时使腹部鼓起；第二步再用口呼气，同时收缩腹部；第三步用口呼吸熟练后：再用鼻吸气和呼气，使腹部鼓起和收缩；第四步在与呼吸节拍一致的音乐伴奏下做腹式呼吸练习。

益处分析：锻炼腹部肌肉，使腹内脏器得到充分运动，促进各脏器功能的协调。

动骨盆运动

腹式呼吸练习

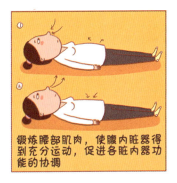

锻炼腰部肌肉，使腹内脏器得到充分运动，促进各脏内器功能的协调

胎儿对声音的反应

4个月大的胎儿开始会倾听各种声音

胎儿生长至6周左右，耳朵已逐渐形成。先是半规管，其次是外耳、中耳及内耳等重要部分。到了第4个月，胎儿的脑就会形成，此时的胎儿会把声音当做一种感觉。进入第5个月，会完成内耳部分的蜗管，它具有传达声音的作用，此时胎儿耳朵的构造已和成人相差无几了。

母亲的呵斥声对胎儿有害

胎儿的听觉是透过母亲腹壁的脂肪、子宫的羊水，才接收到的。所以，高音传至胎儿大脑时会变得低而小，这与潜水时外界的声音会变低变小的情形相类似，专家称这种现象为"高域减衰"。虽然胎儿不知道语言的含义，却能依母亲声音的强弱，敏锐地去感觉。而且胎儿生长至5个月，就会开始记忆母亲的声音，因此为了胎儿，母亲应时常耐心、温柔地对着胎儿说话。

5个月大的胎儿会记忆母亲的声音

胎儿喜欢和母亲语言相同的声音。因为胎儿生长至4个月左右时，会在脑中记忆声音。随着不断的成长，胎儿逐渐能记忆各类声音。到第5个月，就能记忆一些经常听到的母亲声音。这声音也会经由准妈妈的骨、皮肤或身体变成一种振动，传达给胎儿。另外，也鼓励准爸爸多跟胎宝宝说话，以增进彼此间的亲情。像这种妊娠中的声音"制造记忆"，对今后的教育一定很有帮助。

胎儿喜欢鸟鸣声或风吹动的"自然音"

胎儿对母亲温柔的话语及母亲心脏的跳动，也会觉得安心、舒服。但胎儿并非每天都可听到如此美好的声音，而且他也无法随自己的喜好去选择声音。例如，汽车噪声、电视机杂音、人声或音乐等，胎儿都毫无选择地全部接收，其中有有利于胎儿的舒服声音，也有不利于胎儿的嘈杂声音。

若胎儿听到他不喜欢的声音则会情绪不安

不好的声音对胎儿的成长有相当不好的影响。

给胎宝宝良好的声音刺激

音乐是一种表达人类情感的特殊语言，它凭着曲调、旋律、节奏和响度，触及人们的心灵，引起人们情感和认识上的认同感。胎教音乐，一类是准妈妈欣赏的音乐，以宁静为原则，既使人感动，又使人产生美妙的想象，通过准妈妈的神经、体液将美的感受传递给宝宝；另一类是宝宝听的音乐，以轻松明快为原则，以此来激发宝宝对声波的良好反应。对准妈妈来说，音乐能滋养情绪、抚慰心理和提升心境；对宝宝来说，音乐具有引发刺激的作用，可诱发胎宝宝大脑与学习记忆有关的"突触电位"升高，从而促进大脑特殊物质的合成，达到智力发展的作用。

在怀孕4个月时，宝宝耳的功能开始建立和发展，脑的结构也日益完善，各种感觉逐渐发挥作用，宝宝对声音的感觉相当敏感，听觉能力明显提高，已能听到外界的声音了。这时可利用宝宝听觉的重要作用，给予良好的声音刺激，促进宝宝听力发展。此时准妈妈和宝宝听的胎教音乐内容可以丰富一些，种类可以多一些。胎教音乐的节奏宜平缓流畅，乐曲的情调应温柔甜美。父亲的低音歌声、大提琴独奏曲或低音乐曲之类，宝宝最容易接受。另外，准妈妈亲自哼唱歌曲也会得到十分满意的效果。准妈妈每天可以哼唱几首自己喜爱的抒情歌曲，或优美而又富有节奏的小调、摇篮曲等，如约塞兰的《摇篮曲》、舒伯特的《摇篮曲》等。

具体说来，胎教音乐的选择若以西方音乐为欣赏范畴的话，最好以巴洛克音乐为经，以莫扎特音乐为纬。因为巴洛克音乐的音律与宝宝的心律非常接近，而它宗教般的和谐旋律可使宝宝心灵沉静、全身放松，它的乐声波长正好与宝宝脑部的波长相符，有助于宝宝精神的集中与安定；而莫扎特音乐奇幻般的音符可促使宝宝脑部活动。

胎宝宝的心音能测到了

胎宝宝的心音能测到了

妊娠至13周时，用胎心仪（B超）就应该能测到胎宝宝的胎心音了。到第16周末时，胎宝宝体重达100~120克，身长达15厘米。胎宝宝皮肤在颜色加红的同时也加厚了，脸上长出叫毳毛的细毛。

此时，胎宝宝的胳膊、腿能活动了；内脏的形态发育完成，心脏大致已经形成，心脏搏动更加活跃，用超声波听诊器可测出胎宝宝的心音；消化器官、泌尿器官等已具备部分功能，并有尿意；中枢神经方面，脑部重要的记忆系统海马开始在大脑中形成，大脑将覆盖间脑并产生免疫物质；制造血液的地方由肝脏移至脾脏；脸部已完全形成，嘴形亦大致发育完成；此时，胎盘形成了，胎宝宝与母体的联系也更加紧密；流产的可能性大大减少，由于胎盘长出，改善了胎儿营养的供给，胎宝宝的成长速度加快，胎膜长结实了，羊水也从这个时期开始急速增加。

胎宝宝有时做做小动作

对于外来的刺激，胎宝宝身体仍然没有较强烈的反应；尽管能做开口运动，且呼吸器官也发达起来，但肺部组织尚未发生功能；耳朵从第 4 个月开始可听清子宫外部的声音，如果突然听到很高的声音，胎宝宝会做出迅速的反应。这时的胎宝宝已能完成全身上下的运动，手指、脚趾、手腕等细小器官亦相当发达，同时，手可移至身体各部位，如摸摸膝盖、摸摸脐带、两手放在脸部的前面做有节奏性的移动，还可用手搔头、搔脸等，偶尔亦做些跳跃的运动。

准妈妈的肚子微微凸起，有时还是会担心

准妈妈肚子微微凸起来了

这时的准妈妈腹部微凸，不是很明显；子宫变大、多尿、骨盆充血，常发生便秘。此时，准妈妈乳房明显变大，准妈妈要随时保持乳头的洁净，并擦上乳霜，若发现乳头凹陷进去，特别需要注意清洁问题，并请教医生及时纠正，为日后哺乳做好准备。在妊娠早期不要过分按摩乳房，免得诱发子宫收缩。

准妈妈尽管有点担心，但还是很甜蜜

妊娠 4 个月时，妊娠的早期反应已渐渐消失，这时大部分准妈妈会将心思逐渐放到腹中的胎宝宝身上，慢慢会产生各种各样的猜测和担心。心态良好的准妈妈会在猜测中享受做母亲的甜蜜；容易紧张的准妈妈，则会在担心当中增加心理负荷，从而产生悲观消极的情绪，给胎宝宝带来不良的影响。这时的准妈妈，应以积极美好的遐想来体验做母亲的愉悦和对未来生活的憧憬，消除对胎宝宝不利的想法，也消除自己的心理负担。

胎宝宝的第14周

第14周胎宝宝成长状态监测

这个时期胎宝宝的生长速度很快，胎宝宝的脸更像成人，每一个特征都更明显了，口、鼻、眼依稀可见。有7.6～10厘米长、重达28克，小牙齿已经在牙床上形成了，皮肤非常薄，上面覆盖了一层细细的绒毛，头发开始迅速生长，手指上出现指纹。从性器官看已经能完全区分宝宝的性别。如果是女宝宝，她的卵巢里大约有200万个卵，出生时约剩下100万个，随着她年纪增长，卵巢里的卵会愈来愈少，到成年时，就仅剩下20多万个。胎宝宝现在可以做更多的动作，像皱眉、作鬼脸、斜着眼睛、吸手指等，而这些动作都是帮助、促进大脑的成长。

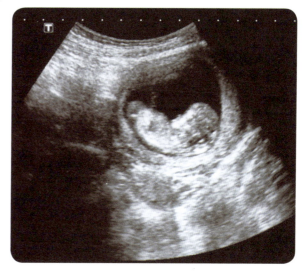

胎宝宝现在会笑、会皱眉，开始有最原始的呼吸、吮吸和吞咽动作。第14周是心脏跳动最快的时期，可高达180次/分钟，心跳已经强而有力。内脏发育也完成，消化器官与泌尿器官已开始发生功能，肾脏在接下来的几周中会开始起作用，胎宝宝会有尿意并开始排尿。制血功能由肝脏转移到脾脏，脾脏造血机能也会越来越活跃。胎宝宝的喉咙开始形成，唾液腺开始发挥作用，进行呼吸、吮吸及吞咽动作。胎宝宝在子宫里练习着呼吸运动，肺内出现弹性纤维，羊水被吸进肺里又被呼出。发育完善的胎盘，通过脐带将准妈妈和胎宝宝紧密连成一体，形成支撑胎宝宝发育的系统，母体内各种营养物质均可通过胎盘移至胎宝宝体内。胎宝宝现在已相当活跃，只是他实在太小；在鹅蛋大的地方就可以轻松地转动。

给胎宝宝良好的声音刺激

音乐是一种表达人类情感的特殊语言，它凭着曲调、旋律、节奏和响度，触及人们的心灵，引起人们情感和认识上的认同感。胎教音乐，一类是准妈妈欣赏的音乐，以宁静为原则，既使人感动，又使人产生美妙的想象，通过准妈妈的神经、体液将感受传递给宝宝；另一类是宝宝听的音乐，以轻松明快为原则，以轻松活泼的音乐来激发宝宝对声波的良好反应。对准妈妈来说，音乐能滋养情绪、爱抚心理和提升心境；对宝宝来说，音乐具有引发刺激的作用，可诱发胎宝宝大脑和学习记忆有关的"突触电位"升高，从而促进大脑特殊物质的合成，达到智力发展的作用。在怀孕4个月时，宝宝耳的功能开始建立和发展，脑的结构也日益完善，各种感觉逐渐发挥作用，宝宝对声音的感觉相当敏感，听觉能力明显提高，已能听到外界的声音了。这时可利用宝宝听觉的重要作用，给予良好的声音刺激，促进宝宝听力发展。

让胎宝宝在大自然中感受美

宝宝在母体中4个月时，已具有了种种感觉，如对母体处于嘈杂的环境会以频频蹬腿来表示"不满"，可见环境对宝宝的健康发育是多么重要。因此，准妈妈要投身于大自然中去欣赏美、感受美，以期让腹中的宝宝早日受到美的熏陶。大自然的美景多种多样，各具风格。它包括日月星云、山水花鸟、草木鱼虫、森林原野等。它们能陶冶人们的情操，给人们带来欢乐，激发人们思考，使人的精神世界得到极大丰富。大自然不仅可以开阔准妈妈的视野，而且对于宝宝的身体也大有益处。

准妈妈在早上起床之后，应到有树林或草地的地方去做操或散步，呼吸草木所释放的清新空气。再者，树木多的地方以及有较大面积草坪的地方，尘土和噪声都比较少。除早晨外，准妈妈也可以在上班休息时到有树木、草坪或喷水池的地方走走。晚上最好能开小窗睡眠。若天太冷可关窗，但应在起床后打开所有的窗户通风换气。

准爸爸要稳定妻子的情绪

宝宝躯体或精神方面的障碍，多与父母不和及不幸的婚姻生活有关。夫妻不和给宝宝带来的危害，比妊娠期生病、吸烟、劳累等原因带来的危害还要严重。而一些直接的精神刺激往往来源于丈夫，例如丈夫出门前说："今晚6点钟回家。"于是妻子利索而准时地把饭菜准备好了，满心欢喜地等待着丈夫的归来。然而，7点、8点过去了，仍不见人归。这时，孕妻的失望和焦躁的情绪会对她的身心产生相当大的伤害。即使事后丈夫声明种种客观原因，但妻子精神上受到的刺激和不安已经不可能抹去。如果这类事情反复出现，和睦的气氛就不复存在，还可能出现夫妻间的争吵，使腹中宝宝受株连。

丈夫应该充分地认识到：在妻子妊娠的这段特殊时期，唯有温存与体贴、快乐和幽默、理解加包容，安排好孕妻的物质生活与精神生活，才是稳定孕妻情绪的良方。下面介绍一些调节家庭气氛，稳定准妈妈情绪的方法。

·总是以一种舒畅的心情推开家门。即使因工作不顺心或在外面遇到不愉快的事情，也应该在跨入家门的一刻，将不良的情绪排除掉。

· 重物由丈夫下班时买（捎）回家。晚餐时说一句"晚饭后由我来收拾"这样的话，会倍添温馨。晚上主动把被子铺好，开窗通风换气。这些足以使孕妻从心理上感到满足。良好的情绪也可以通过神经递质传送给宝宝，从而有利于宝宝在性格及智力方面形成良好的基础。

· 重视宝宝的存在，养成与宝宝讲话的习惯。起床时问："早上好！"出门时道："我走了！"回家时说："我回来了！"以调节家庭气氛。

准爸爸总以一种舒畅的心情推开家门

重物由丈夫下班时买（捎）回家

重视胎宝宝的存在

胎教效果取决于音乐的种类

不同种类的音乐，胎教效果也不同。准妈妈应当了解一些音乐基本知识，对胎教音乐最好能有一个大体的认识，以免选错音乐对宝宝造成伤害，下面我们将一些音乐简单分类，以便准妈妈们方便选择。

· 轻松活泼的音乐如二胡曲《二泉映月》、古筝曲《渔舟唱晚》、德国浪漫派作曲家门德尔松的《仲夏夜之梦》等。这类作品具有轻盈灵动的旋律、安详舒缓的情绪以及优美柔和的情调，能将准妈妈带入甜美的梦境中。

· 柔和平缓的音乐如民族管弦乐曲《春江花月夜》、琴曲《平沙落雁》等，这类作品旋律优美细致，音乐柔和平缓，带有诗情画意，能抚平准妈妈烦躁的情绪。

· 舒筋活血的音乐如民乐《江南好》、《春风得意》等。这类作品甜美轻快、轻松灵秀，能驱散准妈妈郁闷的情绪。

· 解除忧郁的音乐如民乐《喜洋洋》和《春天来了》、奥地利作曲家约翰·斯特劳斯的圆舞曲《春之声》等，这类作品曲调优美酣畅、起伏跳跃，旋律轻盈优雅，使人联想到翩翩而至的春天，能激发准妈妈喜悦和振奋的情绪。

· 消除疲劳的音乐如《假日的海滩》、《锦上添花》、《矫健的步伐》、《水上音乐》等，这类作品节奏轻快、清丽柔美、抒情明朗，能让准妈妈解除疲乏、松弛身心。

· 振奋精神的音乐如民乐《娱乐升平》、《步步高》、《狂欢》、《金蛇狂舞》等，这类作品曲调激昂，旋律变化较快，能让准妈妈振奋精神，引人向上。

· 促进食欲的音乐如民乐《花好月圆》、《欢乐舞曲》等，这类作品愉快欢乐，能消除准妈妈情绪上的抑郁，增进食欲。

· 提高智力的音乐如海顿的《D大调弦乐四重奏》、贝多芬的《E小调弦乐四重奏》（即《拉索莫夫斯基》）和《降B大调钢琴三重奏》、舒伯特的《降B大调第五交响曲》和《A大调钢琴五重奏》，这类作品旋律优美，能将准妈妈带到一种联想和思索的世界中。

语言胎教：建立胎宝宝对语言的最初记忆

胎教准备

胎宝宝到了4个月，大脑还在进一步发育，为了促进胎宝宝大脑的更好发育，强化胎宝宝对语言的最初刺激感觉，准妈妈在胎宝宝4个月时，需要用语言直接进行胎教。

胎教实施

第4个月进行的语言胎教主要包括放录音给胎宝宝听，为胎宝宝讲故事。给胎宝宝放录音时，可选择词汇简洁、生动、形象的小故事、儿歌、民谣等；在为胎宝宝讲故事时，准妈妈可以任意发挥，根据自己的生活编些小故

事或读故事书，内容宜短，句子宜简单，轻快和谐。那些故事内容压抑、恐怖的不要给胎宝宝讲。讲故事时，准妈妈要用亲切温柔的语调，把胎宝宝当成一个大孩子，声音要缓和，吐字要清晰，要充满爱心地娓娓道来。除此之外，准妈妈还可给胎宝宝朗读一些轻快活泼的儿歌、诗歌、散文以及顺口溜等。语言胎教每日可进行1~2次，每次10分钟左右，要在胎宝宝醒着（即有胎动）时进行。

胎教效果

现代医学已经证明，生活在母亲子宫里的胎宝宝是个能听、能看、能感觉的小生命。准妈妈对外界事物的感觉都能通过某种途径巧妙地转化为信息刺激，直接作用于胎宝宝。所以，这时的准妈妈如果抓住这个最早的教育时期，加强与胎宝宝之间的交流，给予语言的良性刺激，就会影响胎宝宝的精神世界。

胎宝宝的第15周

第15周胎宝宝成长状态监测

现在，胎宝宝的脸部正在发育，眉毛开始长出来了，头发的生长速度也很快。最特别的事情就是胎宝宝会在子宫中打嗝了，这是胎宝宝开始呼吸的前兆。如果能看见他的脸，就能看见他的抽搐和怪相了。也许再过几天，准妈妈就可以感觉到他的胎动啦！

本周胎宝宝顶臀长大约有 10 厘米，重约 50 克。他的腿长超过了胳膊，手的指甲完全形成，指部的关节也开始活动了。他所有的小器官、神经组织和肌肉正在开始工作。肠子移至胎宝宝的体内；肝开始分泌胆汁，帮助消化脂肪；胰腺开始产生胰岛素，一种将糖转化为能量的荷尔蒙。

胎宝宝对光已经非常敏感。实验证明，用手电筒的光线有节奏地照射准妈妈的腹部，发现胎宝宝会睁开双眼，把脸转向光亮的地方，胎宝宝的心率也随之发生有规律的变化。中枢神经发育趋向完善，大脑产生最初的意识，面部五官端正，嘴型已完成，牙龈已出现雏形。胎宝宝的腿和脚都已经有了相当大的活动范围：他会踢腿，把脚向里转又朝外转，弯弯脚趾头或摇摇脚趾头。虽然胎宝宝继续迅

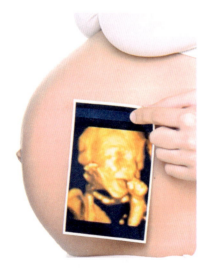

速发育并开始挺直身体，它的头仍旧占身体总长的一半。胎宝宝在此期已有各种运动，在宽广的羊水腔中可以慢慢地游动，重复做相同的动作，可移动位置和改变位置，并可做全身上下的运动。呼吸运动也发达起来，此时胸部可出现规律性的收缩节奏，同时横隔膜也发生移动，但肺部组织尚未发生功能，气管及覆盖在气管上的纤毛上皮已形成。胎宝宝比以往更加灵巧活泼，他可以转头、张嘴和咂嘴唇。这些动作对胎宝宝来说已经相当棒了！

语言胎教的具体方法

1. 利用彩色卡片学习语言和文字： 彩色卡片就是用彩色在白纸上写语言、文字、数字的卡片。首先从汉语拼音 a、o、e、u 开始，每天教 4~5 个，如果父母想从小发掘胎宝宝的外语天赋，也可教胎儿 26 个英语字母，先教大写，然后是简单的单词。怎么教呢？如教 a 这个汉语拼音时，一边反复地发好这个音，一边用手指写它的笔画。这时最重要的是，通过视觉将"a"的形状和颜色深深地印在脑海里。因为这样所发出的"a"这一字母信息，就会以最佳状态传递给胎宝宝，从而有利于胎宝宝用脑去理解并记住它。

汉语拼音韵母教完后，可以接着教声母和简单的汉字，如"大"、"小"、"天"、"儿"等，在教胎儿学习时，准妈妈要用真挚的感情和耐心，切忌急躁，敷衍了事。

2. 使用彩色卡片学习数字： 通过深刻的视觉印象，将卡片上描绘的数字、图形的形状和颜色，以及所发出的声音一起传递给胎宝宝，胎教成功的诀窍就是不要以平面形象而要以立体形象传递。例如，光是"1"这个数字，即使视觉化了，窍门在于加上由"1"联想起来的各种事物，如"竖起来的铅笔"、"一根电线杆"等，让"1"这个数字具体又形象。在教"2"这个数字时，可以想象"浮在水面上的天鹅的倩影"和"发条的一端加上一根横棍儿"的样子，尽可能从身旁的材料中找出适当的例子来。当然，这时不要忘记清楚地发好"1"、"2"的读音。

3. 学做算术： 做算术也是一样，例如教 1 加 1 等于 2 的时候，可以说"这里有 1 个苹果，又拿来了 1 个苹果，现在一共有 2 个苹果了"。将具体的、有立体感的形象，也就是将三维要素导入胎教中去。

4. 教图形： 教图形时，先用彩笔在卡片上描绘出圆形、方形、三角形，将其视觉化后传递给胎宝宝，并找出身边的实物来进行讲解。

5. 生话常识和自然知识的学习： 让胎宝宝预先掌握生活中的智慧和一般常识，以便出生后对日常生活的事物更加感兴趣。如做菜时，可以讲述有关炊具和烹调的方法，通过视觉将菜的颜色"告诉"给胎宝宝，通过嗅觉将菜的气味传达给胎宝宝。胎宝宝的大脑有如一张白纸，对外界的信息是没有什么难易之分的，好奇就接收，厌烦就一概拒绝。这样就不妨有选择地挑一些有趣的话题，通过感官和语言传递给胎宝宝以刺激胎宝宝的思维和好奇心。

给胎宝宝良好的触觉刺激

抚摸胎教宜在起床后或睡觉前进行，具体的做法是：准妈妈排空小便，仰卧在床上，平静均匀地呼吸，眼睛凝视着上前方，全身肌肉彻底放松，用双手从不同方向抚摸胎宝宝，左右手轻轻交替、轻轻放压，用双手手心紧贴在腹壁上，轻轻地旋转，可以向左，也可以向右，这时胎宝宝会有相应的反应，如伸胳膊、蹬腿等。这种胎教运动坚持做一段时间，胎宝宝就会习惯，并形成条件反射，只要妈妈把手放在腹壁上，胎宝宝就会进行胎内运动，此时再伴随着轻柔的音乐，效果更理想。准父母在为宝宝做抚摸胎教时，也别忘了还要轻轻地、充满爱意地和他说话，让宝宝更强烈地感受到父母的爱意。准父母也可以在触摸胎宝宝的时候谈心，交流感情，憧憬一下宝宝出生后美好的生活，营造出温馨、亲密的气氛，这样有利于加深一家三口之间的感情。

在进行抚摸胎教时，抚摸及按压动作一定要轻柔，以免用力过度引发意外。有的准妈妈在怀孕中、后期经常有一阵阵的腹壁变硬的情况出现，这可能是不规则的子宫收缩，此时不能进行抚摸胎教，以免引起早产。准妈妈如果有不良分娩史，如流产、早产、产前出血等，则不宜使用抚摸胎教。

按摩胎教：刺激胎宝宝的早期身体反应

胎教实施

按摩胎教的具体做法是：准妈妈仰卧，全身放松，先用手在腹部来回抚摸，然后用手指轻按腹部的不同部位，并观察胎宝宝有何反应。开始时动作宜轻，时间宜短。每次时间以 5～10 分钟为宜。

胎教效果

适时适当地进行一些按摩的刺激，可以促进全身血液循环，增加胎盘供血，有利于胎宝宝健康发育，还可促进胎宝宝的身体刺激反应。在胎宝宝生长发育的必经之路上，胎宝宝的全身骨骼、肌肉和各器官在运动中可以不断受到锻炼和发展，在运动中逐渐健康长大。

胎宝宝的第16周

第16周胎宝宝成长状态监测

16周的胎宝宝约12厘米长，体重增加到150克，他看上去还是非常小，大小正好可以放在你的手掌里。活动能力大增，胎宝宝能够自由转动头部、双臂和上半身，还会以摆动身体和蹬腿的动作表示他的喜欢和厌恶，很多准妈妈在这周都可以感觉到"第一次胎动"。此时脑部也已形成，会将声音当做是一种感觉，开始用耳朵倾听外界或来自母体的声音，所以，在感受胎动的同时，准妈妈也要常专注地温柔地与肚子里的宝宝对话，偶尔，还能得到它的响应哦！他还会不停地打嗝，但是准妈妈听不到他打嗝的声音，这是因为在他的气管里充满了羊水，而不是空气。

胎宝宝心脏的搏动更加活跃，内脏几乎已形成，胎盘与母体的连接更加紧密，流产的可能大大减少。由于胎盘长出，改善了母体供给胎宝宝的营养，胎宝宝的成长速度加快。羊水于此时期开始急速增加。在本周末，少量的毛发开始出现在胎宝宝头部和眉毛，睫毛显现，胎宝宝所有肢体的关节开始能够活动，胎宝宝性别已经很明显了。

本周，胎宝宝体重增加，活动能力大增。现在是胎宝宝非常快乐的时光，他能够进行各种各样的活动，他/她随时玩弄脐带、嘬拇指、握拳、伸脚、眯眼、吞咽、转身，甚至还会翻跟头呢！他的生殖器官已经形成，通过B超可以分辨出胎宝宝的性别。

了解音乐胎教的作用

音乐胎教是指通过音乐对母体内胎宝宝施教。此种胎教法已为许多国家运用。音乐胎教在我国兴起不久，市场上出现过音乐胎教磁带，引起不少年轻夫妇的兴趣。对音乐胎教的作用和方法有待进一步探索，但可以肯定地说胎宝宝能够听到音乐。因为根据对胎宝宝的听觉产生期所做的确切研究表明，六七个月的胎宝宝能够听到准妈妈体外音乐的声音是毫无疑问的。因此，怀孕六七个月的准妈妈尽可买来音乐胎教磁带，或者选用些优秀的曲目对胎宝宝施教。至于给胎宝宝听音乐的好处，更不必怀疑。音乐生理学家们的实验早已证明：进行音乐胎教，对胎宝宝的身体和性格、智力、情感的发展，是有百利而无一害的。

音乐除了艺术上的价值之外，还有各种生理的、心理的效应。心理学家认为，音乐能渗入人们的心灵，激起人们无意识超境界的幻觉，并能唤起平时被抑制了

的记忆。胎教音乐能使准妈妈心旷神怡，浮想联翩，从而改善不良情绪，产生良好的心境，并将这种信息传递给腹中的胎儿，使其深受感染。同时，优美动听的胎教音乐能够给躁动于腹中的胎宝宝留下深刻的印象，使他朦胧地意识到，世界是和谐而美好的。

在生理作用方面，胎教音乐通过悦耳怡人的音响效果对准妈妈和胎宝宝听觉神经器官的刺激引起大脑细胞的兴奋，改变下丘脑递质的释放，促使母体分泌出一些有益于健康的激素，如酶、乙酰胆碱等，使身体保持极佳状态，促进腹中的胎宝宝健康成长。

怀孕 4 个月以后胎儿就有了听力，尤其是 6 个月后，胎宝宝的听力几乎和成人接近，就可以选择胎教音乐，置于腹部或放在距准妈妈 1 ～ 1.5 米的地方给母子同听。这样，音韵可以直接刺激胎宝宝的听觉器官，通过传入神经传入大脑，促进大脑发育。

帮助胎宝宝做体操

研究表明，胎宝宝活动的差异能预示他们出生后活动能力的强弱。在正常情况下，胎儿期活动力强的婴儿，出生后6个月观察得知，要比在胎内不怎么活动的婴儿动作发展更快些。胎动是胎宝宝主动运动的表示，一般从怀孕第7周起就开始自己活动。小至吞咽、眯眼、咂拇指、握拳头，大至伸展四肢、转身、翻筋斗，胎宝宝都可以做到。大约在16周之后，准妈妈便可以感到胎动。

给胎宝宝做体操的具体方法如下：准妈妈躺在床上，全身尽量放松。在腹部松弛的情况下用双手捧住胎宝宝，轻轻抚摸，然后用一个手指轻轻一压再放松。这时胎宝宝便会做出一些反应，胎宝宝的情况不一样，反应的速度也有快有慢。如果此时胎宝宝不高兴，就会用力挣脱，或者蹬腿反抗，这时应该马上停止。在刚开始的时候，胎宝宝只做出响应，过几周后，胎宝宝对妈妈的手法熟悉了，一接触妈妈的手就会主动要求玩耍，胎宝宝6～7个月时，妈妈就能感觉出他的形体，这时就可以轻轻地推着胎宝宝在腹中"散步"了。

经常抚摸胎宝宝的准妈妈有时会收到意想不到的效果。有一产妇难产，胎宝宝心律失常，医生正准备抢救胎宝宝；这时，产妇突然想起她经常抚摸胎宝宝并同他做游戏的事。于是，这位产妇立即开始抚摸胎宝宝，很快一切都正常了，宝宝平安降生。如果能够和着轻快的乐曲同胎宝宝交谈，与胎宝宝"玩耍"，效果会更好，可以帮助胎宝宝发育得更好。需要注意的是，给胎宝宝做操应该定时。比较理想的时间是在傍晚胎动频繁时，也可以在夜晚9时左右。但不可太晚，以免胎宝宝兴奋起来手舞足蹈，使准妈妈久久不能入睡。每次的时间也不可过长，5～10分钟为宜。但有早期宫缩者不宜用这种办法。

和胎宝宝一起做游戏

　　父母对胎宝宝做游戏胎教训练，不但增进了胎宝宝活动的积极性，而且有利于胎宝宝智力的发育。通过胎儿B超的荧屏显示来观察一下胎宝宝在母体内的活动情况：胎宝宝在某一天醒来伸了一个懒腰，打了一个哈欠，又调皮地脚蹬了一下妈妈的肚子，这使他感到很满意。一个偶然的机会使胎儿的手碰到了漂浮在旁边的脐带，"这是什么东西？"很快脐带成了他的游戏对象，一有机会便抓过来玩弄几下，有时还抓住脐带将它送入嘴边，这个动作使他产生了一阵快意。从胎儿这些动作和大脑的发育情况分析，科学家们认为胎宝宝完全有能力在父母的训练下进行游戏活动。据国外报道，天才儿迭戈在母亲腹内第3个月起，他的父母亲就开始对他进行游戏训练，通过敲他母亲的腹壁观察他的反应。经过一段时间的训练，小迭戈已经会调皮地与人玩游戏了。当有人敲他母亲一下，他也敲一下；敲他两下，他也敲两下。而且他的父母很自豪地说，他们的孩子一出世就马上认出他的父母。可见胎儿是很有潜能的，只要父母不失时机地通过各种渠道对胎儿施于早期胎教，使他获得良好而有益的刺激，本身的能力得到开发，将远远超过历史上任何一个天才。

父母对胎宝宝做游戏胎教训练，有利于胎宝宝的智力发育

通过B超来观察胎宝宝的活动情况

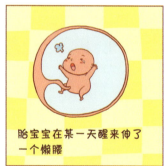

胎宝宝在某一天醒来伸了一个懒腰

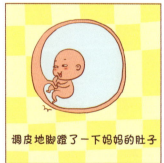

调皮地脚蹬了一下妈妈的肚子

脐带成了他的游戏对象

胎宝宝完全有能力在父母的训练下进行游戏活动

孕中期，准妈妈膳食要补钙

胎教准备

准妈妈怀孕 4 个月，也就是到了孕中期后，胎宝宝进入生长发育较快的阶段。此时，胎宝宝骨骼和大脑需要补充大量的磷、钙，一定量的碘、锌和各种维生素及大量的蛋白质，而准妈妈在这个阶段也需要蛋白质供给子宫、胎盘和乳房。

胎教实施

具体地说，准妈妈的饮食每天要荤素、粗细搭配，多吃豆制品，多吃含热量高的食物，多进食大米、面粉等主食，最好每天能达到 400 克以上，并要适当吃些玉米、小米、麦片等杂粮，做到粗细搭配；准妈妈除每日进食牛奶、豆奶、豆制品、海带、紫菜、虾皮等食物进行补钙外，还应增加户外活动。

胎教效果

怀孕第 4～6 个月，有的准妈妈会随着妊娠月份的增长而发生小腿抽筋，这主要是由于体内血钙水平降低所致，因此这一阶段需要多补充含钙丰富的食物，增加蛋白质尤其是优质蛋白质的摄入，满足自身和胎宝宝迅速生长的需要。

光照胎教：适度刺激胎宝宝视觉的早期发育

胎教实施

在温室内将腹部袒露，将手电筒光线照射在准妈妈的腹部上，每次 5 分钟左右。结束前可反复多次关、开手电筒，让胎宝宝有个适应的时间，以减少对胎宝宝视力的不良刺激，切忌光线太强。大多数时候，可以用各种颜色的彩灯，先后照向腹部，1～2 分钟转换 1 次，而且灯光要活跃，由近而远，逐渐形成多种形式。

胎教效果

第 4 个月对胎宝宝进行光照胎教只是为了适度刺激胎宝宝视觉的早期发育，经过坚持不懈的光照胎教，到了怀孕后期，可发现胎宝宝眼球活动次数会随着光线的变化而增加，心率也会出现剧烈变化。

第17周胎宝宝成长状态监测

此时，胎宝宝约有 13 厘米长，重约 170 克，像颗苹果一样重，之后 3 周，他会更快速的增长，重量及身长都会增加 2 倍以上。在第 17 周胎宝宝舌头上的味蕾已经发育完全。胎宝宝此时的骨骼都还是软骨，可以保护骨骼的"卵磷脂"开始慢慢地覆盖在骨髓上。新生儿会有 300 块骨头（骨骼和软骨的总数），等宝宝长到成人时，只剩下 206 块了。他的皮肤仍然很薄。褐色脂肪，一种对身体冷热起作用的脂肪，正在沉淀。

从现在开始，胎宝宝会继续发育，特征更为明显。胎宝宝有了手指甲、脚趾甲和它自己的一套指纹及脚印。尽管胎宝宝的舌头很小，但整个舌面上已经分布50 万个味觉细胞。在味蕾尖端小孔内含有味觉感受器，感受各种不同的味道。5个月大的胎宝宝，在宫内的环境适应能力之一就是因为胎宝宝有味觉，能辨别羊水的味道，从而决定吞咽与否，或吞咽多少，尽管羊水稍具咸味，胎宝宝还是能够津津有味地品尝。

胎宝宝皮肤呈暗红色，皮脂腺已发育，并且开始分泌，脱落的上皮细胞与皮脂粘合而成为胎脂，覆盖在胎宝宝皮肤表面。胎宝宝开始有吞咽动作且胎动活跃，如果准妈妈感觉下腹像有小虫似的一下一下地蠕动，或像小鱼在游动，这正是胎宝宝在羊水中蠕动、频繁活动手脚、碰撞子宫壁而引起的胎动。胎宝宝心脏功能增强，用听诊器可以听到胎宝宝的心音。胎宝宝全身长出细毛，眉毛、指甲等也出齐。此时已出现的器官不断增大，日趋成熟，但是不会再有新的器官出现。

子宫里的胎宝宝与出生后的婴儿一样可爱，现在胎宝宝变得非常顽皮，准妈妈也许已经发现了他拥有了第一个玩具——脐带，他特别喜欢用手拉或抓住脐带，有时他抓得特别紧，紧到只能有少量的氧气输送。不过别着急，胎宝宝不会做得太过分，他知道保护自己不受损伤。现在循环系统和尿道完全进入正常的工作状态，胎宝宝的肺也开始工作，他已经能够不断地吸入和呼出羊水。

每天定时用语言刺激胎宝宝

　　宝宝5个月时在子宫中能接收到外界刺激，能以潜移默化的形式储存于大脑之中。尽管胎宝宝所处的环境与成人不同，他是漂浮于羊水中，外界的声波在到达宝宝时要穿过腹壁、子宫壁和羊水，声波的强度会减弱一些，但声音频率、音调和韵律是不会发生明显改变的，能传递给宝宝，宝宝依旧能感觉得到。

　　准父母经常和宝宝对话，能促进宝宝出生后的语言和智能发育。专家们提出，准父母与胎宝宝的对话要持续，每天定时刺激宝宝，每天1～2次，准爸爸也要在固定的时间与宝宝说话。随着妊娠进展，每天可适当增加对话次数和延长对话时间，把快乐的感受告诉宝宝。准父母和宝宝的对话内容不必太复杂，内容不限，可以是问候，可以是聊天。为了培养宝宝丰富的想象力、独创性和进取精神，准父母还可以为宝宝选择一些色彩丰富、富有想象内容的宝宝画册，利用画册进行故事讲解。准父母可以将画册中展示的世界，用富有想象力的大脑经饱含感情的声调把故事讲给宝宝听。准父母在给宝宝讲故事时，不仅仅是朗读，而应把画册中的内容通过五官使之形象化，使画册中表达的内容更具体，更形象地传递给宝宝。

　　医学研究显示，胎宝宝在准妈妈的肚子里会看、会听、会用肌肤感觉很多事物。所以准妈妈要借这个机会教胎宝宝说话，虽然胎宝宝不能开口跟你对话，但这能刺激胎宝宝的大脑发育，直接关系着胎宝宝出生后的语言发育。

　　从进入孕5月开始，准妈妈可以试着将许多不同语言的发音传递给胎宝宝，先用手轻轻地抚摸着腹部，嘴巴发出a、o、e等元音，深吸一口气尽量将音拉长。该项练习可重复进行1周左右，然后可相应地做些变化，准妈妈用手轻轻地抚摸着腹部，然后发出m-a-、ma-、b-a-、ba等音，同样声音拉得越长越好。

色彩丰富、具有想象内容的宝宝画册

刺激宝宝大脑发育和胎宝宝的对话能

准妈妈可以试着将许多不同语言的发音传递给胎宝宝的发

准妈妈、胎宝宝一起做运动

快步走

快走的姿势与散步的姿势相似，但手臂摆动幅度更大一些，步伐也更快一些，心率尽量控制在每分钟 120 ～ 140 次。快走可以根据个人的体质情况循序渐进，最好是每周坚持 20 ～ 45 分钟。

半蹲练习

两脚自然分开，膝盖对准脚尖方向，手臂自然下垂放在身体两侧，目视前方。吸气时屈膝半蹲，手臂向前平举，呼气时还原，反复练习 10 次。下蹲时膝盖和脚掌不要向内侧翻。下蹲过程中臀部不要向后翘起。

皮带操

将橡皮带放在瑜伽垫子上，然后盘腿坐在皮带上，双手握住皮带的两端，自然放于身体两侧。呼气时手臂向身体两侧平举，吸气时还原至初始位置，反复练习 10 次。

胎宝宝具备了理解力

日本幼儿开发协会理事长井深大先生与一位开业 30 年的妇科医生夏山英一先生一起观察了两组显示胎儿行动的 B 型 B 超图像。

一组是有一个人每个月都到医生这里来，利用 B 超与胎宝宝见面，并以此作为乐趣。她怀孕 17 周时，发生了异常情况，护士说是羊水破了，其实羊水还很充分，根本用不着担心。由于护士说破了，这位妈妈惊慌失措地哭了起来，并说："不，不，连宝宝的脸都见过了，名字也起好了，可别让他流掉……医生，请您想想办法吧！"医生告诉她："这是假羊水，没关系！"并且花费了很长时间进行说服工作。其间一直利用仪器监视胎儿的动静。从影像来看，胎宝宝活动发生了戏剧性的变化：开始时，动作比较缓慢，接着是吃惊般的动作，后来动作越来越奇怪了，头部、胸部和腹部抽动着，出现了奇怪的动作，也曾出现了轻微的痉挛，最后全身抽搐起来。动作是突发性的，没有连贯性，各部分还有微小的活动。

另一组是妈妈哭泣时胎宝宝的图像。这位妈妈是因为高兴而哭泣的。她是一位 37 岁的妇女，一直想要孩子，经过 10 年，好不容易怀了孕。当她利用 B 超装置第一次看到胎宝宝活动的情景时，激动得哭了起来。这时，胎宝宝总是缓慢而不停地活动着，脉搏跳动也逐步加速，却没有出现痉挛或其他特殊的动作，一直是比较舒畅的大动作。

这两组实验提示我们，妈妈接受了惊恐的刺激，胎宝宝也会出现受惊反应，而妈妈高兴则胎宝宝稳定。妈妈与胎宝宝在生理上并非只有一个大脑和自主神经机构，而是分别有其独自的神经系统和血液循环功能。所以，这些神经递质的通路，是妈妈与胎宝宝交流情感的一种不可多得的手段，它具有极其重要的作用。

对于行为和思维的指令机构，那当然是人的大脑。但其下达指令的过程却是在大脑的表层——大脑皮质内进行的。而且值得注意的是，大脑中所感觉、所思考的事情，在与大脑皮质直接相连的下丘脑本身的作用下，在下丘脑内转化为情感，继而转化为躯体的感觉。

继续对话和抚摸胎教：准爸爸积极参与更有成效

胎教准备

这个时期，准父母除了实施上述胎教方法以外，还应继续展开前阶段所实施的抚摸及对话胎教。这个阶段的抚摸和对话胎教，需要准爸爸的积极参与。

胎教实施

抚摸和对话胎教最好结合在一起进行。对话的内容可与实际生活联系在一起，以简单轻松为原则。如每天清晨，准妈妈可以一边抚摸肚皮，一边说："该醒醒了，小宝宝！"准妈妈梳洗时，可以向胎宝宝描述当天的天气："今天的太阳真明亮，空气中一阵阵清香。"吃饭时，可以向胎宝宝介绍："浓浓的牛奶真香。"散步时，可以一边走一边对胎宝宝解释："小鸟在歌唱，小草在舞蹈，风暖洋洋的。"还可以由准爸爸轻轻抚摸妻子的腹部，对胎宝宝说："宝宝，爸爸来看你了。把小手伸出来，小脚丫蹬一蹬……"

胎教效果

对于准妈妈而言，与胎宝宝的沟通严格地说从怀孕第1天就开始了，母胎之间的生理信息、行为信息、情感信息早已有了双向传递，它们相互影响，相互作用。而准爸爸直到准妈妈妊娠4个月有了胎动以后，才能依稀感到准妈妈腹内胎宝宝的存在，这时就需要准爸爸用温柔的手贴着妻子的腹部，细细抚摸妻子腹中神秘的小生命，让他在你的帮助下踢腿、翻跟斗、做仰卧起坐；这时还需要准爸爸轻轻地对着妻子的腹部，向腹中的小生命问好、呼唤。

怀孕时期，准爸爸温柔的说话声，可以刺激胎宝宝的听觉发育，也可以增进胎宝宝的舒适感。准爸爸如果能时常以温柔的声音和胎宝宝说话，让胎宝宝在母体内便开始记忆父亲的声音，可以让胎宝宝有"被爱"的感觉。

准爸爸的参与和胎宝宝的呼应，将使接下来的胎教实践变得更有成效、更有意义，也充满情趣。

胎宝宝的第18周

第18周胎宝宝成长状态监测

　　18周的胎宝宝，约有14厘米长，重160～200克。他会很活跃，频繁地变换姿势、做各种动作，这些准妈妈都可以感受的到。本周他的耳骨也完全形成了，已长到正常的位置，并支棱起来，还有脑部来自耳部信号的那部分也形成了。骨骼还是软骨，之后会变得越来越硬，"髓磷脂"开始慢慢地在脊髓上形成用来保护骨骼。胎宝宝的生殖器官也已经发展，女孩的子宫和输卵管已形成；男孩可经由B超看到生殖器。

　　对18周的胎宝宝来说，他现在的"房子"非常大，所以他会非常活跃。他会频繁地变换姿势、做各种动作。

　　此时胎宝宝对视觉刺激有灵敏的反应。胎宝宝已经有了轮廓分明的脖子，他的头不再是长在双肩上，而是在脖子上。胎宝宝已经可以练习呼吸、吞咽及吮吸动作，为以后离开子宫后的生活做准备。部分羊水会被吸入胎宝宝体内。胎宝宝发育至于第18周末可听到胎心音。骨髓中血细胞生长增快，肝内造血功能下降。睾丸开始下，胰腺开始分泌胰岛素。胎宝宝指尖和脚趾上发育成各具特色的指纹。胎宝宝的眼睛开始向前看，而不是朝左右看。这个时期可以明显感到胎动。心脏的活动也活跃，可以听到强有力的胎心，胃部出现制造黏液的细胞，大脑还会出现折痕。胎宝宝大部分骨骼开始变硬。在你进餐后的1～2小时内，宝宝就开始吸取养分。胎宝宝听力形成，他能听到妈妈心脏跳动的声音，他最爱听的是妈妈温柔的说话声和歌声。

快速进入深度放松状态

随着怀孕的进展，也随着持续地做胎教，准妈妈将花越来越多的时间在胎宝宝身上。而当准妈妈和胎宝宝建立起特殊的联结后，准妈妈的精力也将逐渐转到体内的小生命。此外，目前大多数的准妈妈可能是个相当忙碌的人，有事业，或者有其他孩子，甚至两者兼有。所以，进入一种深度放松的状态对准妈妈及胎宝宝非常有益。

开始的时候先躺下来或坐在一张舒适的大椅子上，确定准妈妈至少有 5 分钟的个人时间，足够做完这个练习。

在采取舒适的姿势后，开始注意准妈妈视野里的三样东西。例如，准妈妈可以选择一只古董铜挂钟、一幅美丽的油画和一本书，任何三样东西都可以。当注意力集中在视野内的三样东西后，再把注意力转移到准妈妈身体的三种感觉。例如，

准妈妈可以专心感受自己皮肤接触棉布衣服的感觉，感受品过茶口中的茶香味和自己呼吸时胸部有规则的起伏，任何三种感觉都可以。当注意力集中在身体的三种感觉后，再把注意力转移到准妈妈四周的三种声音上。准妈妈可以选择挂钟的滴答声、隔壁房间的电视声和屋外哗啦啦的雨声，任何三种声音都可以。然后闭上眼睛，以准妈妈心灵的眼睛看三样东西中的两样，感受三种身体感觉中的两种，听三种声音中的两种。最后，保持眼睛闭上，集中注意力在视觉影像中的一种，身体感觉中的一种和声音中的一种。

现在准妈妈已经准备放松了。准妈妈可以利用这段时间让自己任意飘浮，或做一段观想练习，或引导式想象练习，或者沉思准妈妈的梦境或问题。

怎样开展语言胎教

胎宝宝在孕中期、孕晚期开始有记忆的萌芽

很多人对胎宝宝实施语言胎教感到不可思议，认为胎宝宝既不会思考也不会说话，根本无法接受语言信息。其实，语言胎教是一套行之有效的胎教方法，它的训练基础并不是建立在胎宝宝说话的基础上，而是建立在胎宝宝具有记忆的科学基础上。对于胎宝宝是否有记忆，国内外不少专家、学者有过许多争议，有人认为自妊娠第4个月开始，胎宝宝大脑中已经偶尔会出现记忆痕迹；也有人认为，8个月以前的胎宝宝不可能具备记忆功能，但同时又认为记忆能力从胎儿期就已经开始萌芽。目前医学界多数人都认为，胎宝宝具有记忆、感觉的能力，而且这种能力还将随着胎龄的增加逐渐增强。

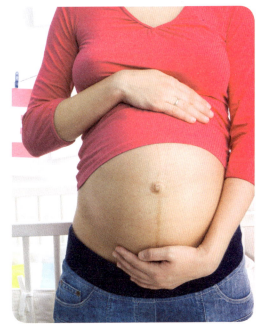

有研究发现，由于胎宝宝在子宫内通过胎盘接受母体供给的营养和母体神经反射传递的信息，胎宝宝脑细胞在分化、成熟过程中可以不断接受母体神经信息的调节和训练，对外界有意识的激励行为的感知体验将会长期保留在记忆中直到出生后。而且，这种感知体验对婴儿的智力、能力、个性等均有很大的影响。

语言胎教要选择语言简明、富有画面感的内容

准父母在对胎宝宝进行语言胎教时，最好选择那些语言简洁、画面形象丰富、蕴涵色彩的作品。语言胎教可以在轻松愉快的环境中进行，准父母选择一些简单明了的短文、儿歌、童谣、故事等讲给胎宝宝听。由于准爸爸的声音更为低沉和醇厚，所以胎宝宝尤其喜欢"听"爸爸的朗读，我们建议，准爸爸要多给胎宝宝讲读一些优美的文章和短语，把胎宝宝带入一个充满意境的美妙世界。

家庭养胎监测——听胎心

●●●4个月可以"听"到胎宝宝的心跳了

胎心，系指胎儿心脏的跳动声，它表明胎宝宝生命的存在。一般来说，用胎心仪在 11～12 周就可从准妈妈的腹部测到胎宝宝胎心音；如果用一般的听诊器则要在孕 17 周左右才能听到。

如果在怀孕 12 周后，用胎心仪还未测到胎宝宝的胎心音，或者用一般的听诊器在孕 18 周后也未听到胎宝宝胎心音，医生就需要用超声波检查，来确定准妈妈妊娠周数和胎心音，以防胎宝宝发生不测。

●●●准爸爸帮测胎心

等到胎宝宝的胎心音明显时，准爸爸就要担负起测胎心音的重任。具体方法是：让准妈妈仰卧在床上，两腿伸直，平心静气；准爸爸直接用耳朵或木听筒贴在准妈妈的腹壁上听胎心音。每天 1 次，每次 1 分钟，准爸爸要注意排除子宫杂音和腹主动脉音，这两者声音的速率与准妈妈脉搏一致，前者为吹风声，后者为"咚咚声"，与"滴答、滴答"犹如钟摆声般的胎心音不一样。正常胎心率为每分钟 120～160 次，过快、过慢、不规则均属异常，如果有异常发生，应立即去医院诊治。

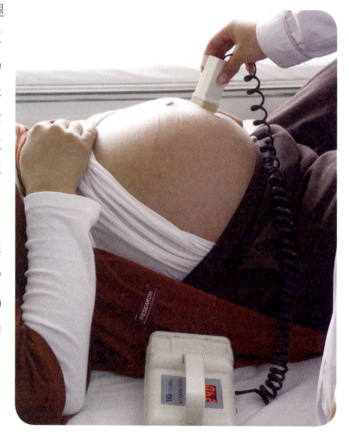

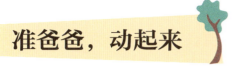

准爸爸，动起来

准爸爸要主动承担家务

孕5月时起，准妈妈腹部渐渐隆起、行动不便，操劳过度或激烈运动会使胎宝宝躁动不安，甚至导致流产或早产。所以，准爸爸要自觉地多分担家务，不要让准妈妈做重活，要让她有充分的睡眠和休息时间。尤其到了妊娠后期，准爸爸应承担起全部家务。同时，准爸爸在乘汽车、逛商店时，要有意识地保护准妈妈，避免其腹部直接受到冲撞和挤压，走坑洼不平之处和上下台阶时，要多提醒她、搀扶她。此外，准爸爸还要多做"自我牺牲"，尽量多待在家里陪伴准妈妈，减少独自活动的时间，多自我克制，节制性生活。

准妈妈淡漠时，准爸爸要帮她积极起来

有些准妈妈对腹中的生命过分关注，满脑子想的都是孩子，对其他事情提不起任何兴趣，对工作和自己的丈夫都无心过问，甚至对性生活也缺乏兴趣，产生独居的想法，这不仅影响了夫妻感情，也对胎宝宝的生长发育不利。淡漠的心理不仅会给准妈妈带来消极的情绪，也会给家庭带来悲观的气氛，从而降低准妈妈和胎宝宝对生存环境的满意度。

当然，准爸爸也要理解妻子，淡漠心理是一种自然现象，它一方面是妻子兴趣点的转移，另一方面也是妊娠期准妈妈体内分泌的孕激素大量增多导致准妈妈对异性的兴趣降低所致。遇到这种情况，准爸爸不要过多抱怨，正确的做法是要让准妈妈认识到自己的偏激，帮助准妈妈调整好心态。

帮助胎宝宝做"体操"

给胎宝宝"做操"，应在胎宝宝精神良好的时候进行。至于什么时间胎宝宝精神状态良好，一般认为是早晚两个阶段，每次时间不要太长，5～10分钟为宜。准爸爸也可用手推动准妈妈的腹部，帮助胎宝宝"做操"，同时与胎宝宝细语交流，尽早地与未见面的小宝宝建立联系，加深感情。现代医学研究表明，准妈妈子宫内胎宝宝活动的差异，预示着胎宝宝出生后活动能力的强弱。在正常情况下，进行过运动胎教训练的胎宝宝，出生6个月后，要比其他婴儿活动能力更强些。

胎宝宝的第19周

第19周胎宝宝成长状态监测

宝宝现在大概 15 厘米长，重 220 克左右。手臂和腿与身体已成正常的比例，现在的动作也更加灵活与协调，举手、伸腰、滚动、后仰、屈体、交叉腿等姿势都是宝宝最拿手的运动，也许现在的他能够听到周围发生的声音，他的响应方式就是变得更加活跃，准妈妈能感受到胎动已更加强烈。

他在本周最大的变化就是感觉器官开始按照区域迅速发展。在脑部，分管触觉、味觉、嗅觉、视觉和听觉等神经细胞正在分化。胎宝宝此时开始能够吞咽羊水，肾脏已经能够制造尿液。为了防止长期浸泡在羊水中皮肤被腐蚀，宝宝的腺体开始分泌出了一种黏稠的白色油脂状物质，这就是胎宝宝的皮脂。皮脂具有防水性，可保护胎宝宝的皮肤长期浸泡在羊水中，防止羊膜液腐蚀宝宝的皮肤。

当准妈妈兴奋激动时，体内的激素分泌就会发生变化，促使中脑发出信息，通过血液、胎盘传至胎宝宝。怀孕 19 周以后，只有胎盘的直径会增长而厚度已不会再继续增加了。胎宝宝有时也会打嗝，胎宝宝打嗝约半个小时就会停止。

Tips
专家小课堂

妊娠也可影响血糖水平，高血糖或低血糖都有头晕和乏力感。许多医生建议常规检查准妈妈的血糖，尤其当准妈妈有头晕症状时，这一问题可通过平衡饮食来避免或改善。不要忽略每一餐，不可长时间的不吃饭。随身带一个水果或几块饼干是个很好的建议，可在需要时迅速提高血糖水平。

在音乐中长大的胎宝宝

从5个月开始，准妈妈的心情会感到非常轻松，幸福感来袭。此时千万不要忘记对胎宝宝的教育。这个时期是胎宝宝教育的重要时期，胎宝宝大脑发育得相当快，对声音的感觉已经形成了，在这个时期可以进行音乐胎教以促进胎宝宝的听力发育，提高脑细胞数目，从而使胎宝宝的智力得到进一步的发展。

有人曾做过这样的实验，定期给一个7个月的胎儿播放音乐，发现胎宝宝心率稳定，胎动变得舒缓而有规律。等到孩子出生后，再听到这段音乐时，小宝宝的神情安详，四处张望，对熟悉的乐曲表现出极大的兴趣。经过一段时间的追踪，发现这个婴儿耳聪目明，性格良好，动作发育也明显早于同龄婴儿。由此可见，对胎儿进行音乐教育确实可以起到开发智力，增进健康的作用。音乐虽然好听，但并不是任何音乐都适合胎宝宝。据听力学家米歇尔·克莱门斯研究发现，胎儿喜欢听莫扎特的乐曲。这些乐曲给人以轻松愉快的感觉，胎儿听后可以将烦躁的情绪安定下来，心跳也变得平稳。因此，对胎宝宝实施音乐教育必须是有选择的。

加强音乐胎教：美好的情绪环境

胎教准备

胎宝宝发育到5个月时，已基本具备听力，可进行更多的音乐胎教。但由于这时胎儿的听觉才建立，对它的功能发展需要保护，所以音乐胎教除了准妈妈听音乐外，最好以准妈妈唱歌为宜。

胎教实施

音乐胎教具体做法为：准妈妈每天可以哼唱几首歌曲，最好选择抒情歌曲或摇篮曲。唱时要轻轻哼，像倾诉一般，充满感情。可以想象一下，胎宝宝正静静听着母亲的歌声，而母亲正对着眼前的小宝宝表达一腔母爱。

胎教效果

采用这种方法可以在准妈妈体内产生物理性共振，使准妈妈与胎宝宝的心音和谐共鸣，这是当前音乐胎教中最提倡的方法。

准妈妈的腹部逐渐隆起

准妈妈的腹部渐渐隆起

这个月准妈妈子宫已提升至肚脐、耻骨左右的位置，腹部逐渐地隆起，这段时间是妊娠中最安定快乐的时期。有些准妈妈已能感觉到胎儿的胎动现象，从未生过孩子的准妈妈感觉胎动的时候可能会稍晚些（有的要到20周才能感觉到）。

到了这一阶段，准妈妈的子宫像一个成人的头一样大小，子宫底的高度位于耻骨上方15～18厘米处，准妈妈的乳房和臀围也开始明显变大，皮下脂肪渐渐增厚，体重增加。此期间，准妈妈体重平均大概增加了10～12千克，其中5千克是胎盘、羊水、胎儿的重量，而剩下的6千克则是准妈妈的腰部脂肪、乳房肥大、血液增加等的重量。一般来说，妊娠前至妊娠后期体重的增加，最理想是在10千克左右。准妈妈怀孕早期时，体重没有明显增加，妊娠至4个月时，体重才开始逐步增加，至妊娠第7个月（第28周），体重应增加10千克以上才正常。也就是说，准妈妈每4周（1个月）即应增加3千克以上的体重。

准妈妈感到有点害羞

怀孕至5个月时，大部分准妈妈小腹已微微隆起并能看出来，这时有些准妈妈常会产生害羞的心理，不想将孕身示人，有时甚至会因外观上的变化造成心理上的紧张和失衡，还有的准妈妈这时仍不能从孕前期低落、忧郁的心理中走出来，总感到烦闷、沮丧，打不起精神。

根据英国妇产科学界的报告，母体的高血压将对胎儿产生负面影响。这时的准妈妈若仍然情绪紧张，会造成血压升高，进而加剧对胎儿的不利影响。而且，忧郁的情绪持续一段时间后，会造成准妈妈失眠、厌食、性功能减退和自主神经功能紊乱，导致体内血液中调节情绪和大脑各种功能的物质含量偏低，直接影响到胎宝宝的正常发育。对于准妈妈而言，千万不能钻进不良情绪的牛角尖，要主动找一些自己喜爱的事情做，如唱歌、看电影、与朋友聊天等。多和乐观开朗的人接触，心中有烦闷就要倾诉出来，随时分散自己对烦恼事情的注意力，这样才有利于情绪调节，也有利于胎宝宝的发育。准妈妈的内心只有充满爱意和甜蜜，这种情感才会随时传递给腹内的胎宝宝，使胎宝宝在爱心中茁壮成长。

运动胎教：准妈妈徒手操帮助胎宝宝肢体活动

胎教实施

【背部运动】缓解背痛的运动方法：平躺，膝盖弯曲，双脚底平贴地面，同时下腹肌肉收缩使臀部稍微抬离地板，然后再放下，做运动的同时配合呼吸，先自鼻孔吸入一口气，然后自口中慢慢吐气，吐气时将背部压向地面至收缩腹部，放松背部及腹部时再吸气，吐气后会觉得背部比以前平坦。

次数：每遍20次，每天1～2遍。

【训练骨盆底部肌肉运动】训练骨盆底部肌肉运动的方法：坐在地板上，两足在脚踝处交叉，轻轻地把两膝向下推，或两足底相对合在一起，且向下轻压两膝。

次数：每遍20次，每天1～2遍。

【伸展大腿的肌肉运动】

伸展大腿的肌肉运动的方法一：平躺，两手置身旁两侧，做一个廓清式呼吸（即深吸一口气，用力吐出一口气）。慢慢抬起右腿，脚尖向前伸直，同时慢慢自鼻孔吸入一口气，注意两膝要伸直。然后脚掌向上屈曲，右腿慢慢放回地面，同时自口呼出一口气。接着左腿以同样的动作做一次。注意吸气和呼气，要与腿的抬高及放下配合进行。当抬腿时，两脚尖尽量向前伸直；腿放下时，脚掌向上屈曲，膝盖要保持挺直。

次数：每条腿各做5遍，每天1～2次。

伸展大腿的肌肉运动的方法二：站立，手臂和身体呈直角向外伸开，做廓清式呼吸。慢慢抬起右腿，脚尖向前伸直，同时自鼻孔吸入一口气，再自口吐气时，脚掌向上屈曲，同时右腿向右侧外方伸展，慢慢放下右腿，靠近右手臂位置。接下来，脚尖再次向前伸直，自鼻孔吸气，抬高右腿，接着一面自口吐气，一面将右腿放回最初位置之地面上。左腿同样做一次，注意没有抬高的那条腿要保持平贴地面。

次数：每条腿各做5遍，每天1～2次。要注意，准妈妈运动胎教的时间不宜过长。

胎教效果

准妈妈适时开展运动胎教，能促进胎宝宝大脑及肌肉的健康发育，帮助胎宝宝孕中期的四肢和身体的发育，有利于增强胎宝宝运动功能的发育。

胎宝宝的第20周

第20周胎宝宝成长状态监测

恭喜啦！现在，准妈妈已经走过了一半的孕程。胎宝宝的身长14～16.5厘米，体重大约250克，四肢已发育良好，头发迅速生长。这个时期胎宝宝的成长很惊人，脑袋的大小像个鸡蛋；皮肤渐渐呈现出美丽的红色，皮下脂肪开始沉淀，逐渐变成不透明状。现在宝宝经常喝羊水，吸收营养，在羊水里呼吸和尿尿，别担心羊水会被宝宝的尿液弄脏，羊水每3小时就会更新一次。宝宝的身上覆盖了一层白色的、滑滑的胎脂，滑滑的胎脂可保护胎宝宝的皮肤长期浸泡在羊水中。眉毛和眼睑也完全发育成熟了，虽然眼睑闭着，但眼睛很活跃，可以移动了，第20周起，胎宝宝视网膜渐渐形成，开始对光线有感应，他不喜欢强烈光线的刺激。味蕾也正在形成，免疫抗体经由准妈妈的血液传送给胎宝宝，胎宝宝出生后的几个月，免疫抗体可以帮助婴儿抵抗疾病。

胎宝宝在20周时，大脑皮层结构形成，胎宝宝运动能力增强，开始发展嗅觉及味觉；现在胎宝宝已经能和初生儿一样，时睡时醒。睡着的时候，他会摆出独特的睡眠姿势，有的把下巴贴在胸口上，有的则把头向后倾。胎宝宝已能做些细小动作，如两手在脸部前面相握，做抓的动作、跳跃动作、踢脚动作，偶尔可踢到子宫壁，频繁地在羊水腔内改变身体姿势。眼珠运动则非常清楚而明显，也会不时地摇头、抚摩自己的脸，手指触摸嘴唇而产生张口反射动作，渐渐地由反射

动作转为自然动作，或许呼吸、或许不呼吸。有时胎宝宝会不停运动，做一些翻滚的动作。甚至胎宝宝的运动太过于剧烈，让准妈妈晚上睡不着觉。在怀孕20～30周里，胎宝宝的运动将非常频繁，直到怀孕后期胎宝宝把子宫撑满为止。

和胎宝宝一起做游戏

与胎宝宝玩纸牌配对游戏

本月正是胎宝宝大脑发育较快的时期，准妈妈应该从现在起就培养胎宝宝的联想潜能，这对宝宝未来的学习具有很大帮助。准妈妈准备一些纸张或卡片，然后找一些图片贴在卡片上，做成索引卡，索引卡的内容要属于同一类，如一个苹果与一根香蕉，一辆轿车与一架飞机，一只鹦鹉与一只巨嘴鸟……其次，将所有的卡片放在一起，洗牌，并让有图的正面朝下，翻开两张卡片，如不属于同一类，则仍然正面朝下放回原处，然后再翻开两张，并判断卡片上的物体是否属于同一类。如果属于同一类，说明配对成功，可以将这两张卡片拿走，另放一边。

随着游戏的进行，卡片被一个一个地翻开。对每一张卡片的位置记得越清楚，成功配对的几率越大。有时你选的一张卡片可以有不同的配对方式。例如，有四样东西：轿车、火车、飞机及云。设计前的原意是用飞机与云配对，因为它们都属于天空，而翻开"飞机"与"火车"时，可把它们配成一对。

与胎宝宝玩踢肚皮的游戏

怀孕第 20 周，可以在准妈妈的腹部能摸到胎宝宝，当按压胎宝宝的肢体时，胎宝宝马上会缩回。因此，准妈妈可以通过拍打胎宝宝的肢体与胎宝宝建立条件反射，每次 3～5 分钟。当胎宝宝踢准妈妈的肚子时，准妈妈可以轻轻拍打被踢部位，然后再等胎宝宝第二次踢肚子。一般在 1～2 分钟后，胎宝宝会再踢，这时再拍几下，停下来。如果你拍的地方改变了，胎宝宝会向你改变的地方再踢，注意改变拍的位置离原来踢的位置不要太远。

卡片被一个一个地翻开

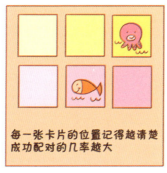

每一张卡片的位置记得越清楚成功配对的几率越大

设计前的原意是用飞机与云配对，因为它们都属于天空

随处捕捉语言胎教素材

准父母与腹中的宝宝对话，是一种积极有益的胎教手段。虽然宝宝听不懂话的内容，但宝宝能够通过听觉听到父母的声音和语调，感受到来自父母的呼唤。用语言刺激宝宝听觉神经系统及其大脑，对宝宝大脑发育无疑是有益的。

准父母可以将生活中的衣食住行等都用于作为和宝宝对话的素材，如：今天好冷啊，多穿一件衣服吧，这件上衣配红色的领带比较好；今天的饭真香啊，家里的墙壁刷得雪白雪白的，可好看了；啊，公园里真漂亮，青青的草，红红的花，河里还有鼓眼睛的小金鱼在不停地游来游去……总之，生活中所有的事都可和宝宝交谈。通过和胎宝宝共同生活、共同感受，使母子间的纽带牢固，并且为出生后宝宝的智力发展打下良好的基础。

在开始工作前，准妈妈要对宝宝讲："乖宝宝，现在妈妈开始工作了，在这段时间，妈妈的精力必须集中在工作上，所以不能和你讲话。但是，妈妈并没有把你忘记，你先香甜地睡上一觉吧。"在工休时间，准妈妈主动地与周围的人交谈，让宝宝一同参与。同事们可以对准妈妈的腹部说："你的妈妈很能干，热爱工作，待人和善，我们大家不仅喜欢她，而且非常喜欢她肚子里的你。我们这里有不少好吃的水果及糖果，还有书籍和劳动工具，你出生后就能吃到、看到或用到。"这类语言用于胎教是最理想、最有益的。周围的人还可以从书中挑出一首小诗、一段格言、一首儿歌、一则寓言故事，反复地朗诵或讲解给宝宝听，准妈妈可将这些内容记入胎教日记中。

今天的饭真香啊

墙壁刷得雪白雪白的，可好看了

公园里真漂亮，青青的草、红红的花，河里还有小金鱼在游来游去

准妈妈与胎宝宝的亲密对话

很多准妈妈每天都会和宝宝进行"胎谈"，例如早上起床后和胎儿打招呼，分享生活中的点滴，包括时间、环境、气候等，同时表达妈妈对宝宝的关爱。准爸爸也要主动加入胎谈的行列，提早建立亲子的良好互动。

何时胎谈最有用？该说些什么呢？准妈妈和胎宝宝进行亲密对话时，可以多谈一些高兴的事情，或者传达对宝宝的爱意，譬如：你很爱他、很关心他之类的话，而医生也建议准妈妈尽量以简单、重复性的话为主，譬如"妈妈好爱你"、"要健康哦"、"乖乖睡"这类较短的词句，胎谈效果会比较好。至于很多准妈妈还会说故事给胎儿听，当妈妈说故事给胎儿听时，感觉等于是在跟宝宝沟通互动，只要是选择在安静舒服的环境中进行，都能令准妈妈感到开心，胎教效果当然也是正面的。

而胎谈时间何时进行较佳？原则上并没有特殊限制。如果以胎儿的状况来判定，不妨选在饭后的一个小时进行，因为这时妈妈的血糖比较高，相对来说胎儿的活动力会比较强，也会比较兴奋，此时和宝宝对话，跟妈咪的互动频率会比较明显哦！

至于有些妈妈会念圣经、佛经，希望胎儿健康以及比较乖，医生表示，根据科学的观点，不论是念经或者是祷告，只要对准妈妈本身有情绪安定的效果，都可以算是胎教的一种方式。不过，仍然要注意，音量可以略微放大一点，否则胎儿是听不见的，但也不要大到让耳朵不舒服的程度。

触压胎教：注意胎宝宝孕中期的反应

胎教准备

从妊娠 5 个月或感到有胎动时开始，准父母就可以给胎宝宝做触压胎教，这也是对之前触摸胎教的继续和延伸。

胎教实施

准妈妈可以轻轻触压腹部，如果能配合音乐和对话等方法，效果更佳。对胎宝宝的触压训练应当注意，手法要轻柔，循序渐进，不可操之过急，每次时间不宜超过 10 分钟，否则将适得其反。等过了几周，胎宝宝逐渐适应时，就会做出一些积极的反应，这时，可稍微增加一点运动量。

具体方法是：准妈妈仰卧在床上，头部不要垫高，全身尽量放松，用双手捧着胎宝宝的头，从上到下，从左到右，反复轻轻抚摸。然后，再用一个手指反复轻压胎宝宝。在触压胎宝宝时，要随时注意胎宝宝的反应，如果胎宝宝对抚摸和刺激不高兴，就有可能用力挣扎或蹬腿，这时应马上停止抚摸；若胎宝宝受到触压后，过一会儿轻轻蠕动做出反应，就可以继续抚摸，一直持续几分钟再停止，或改为语言、音乐胎教。触压训练一般可在傍晚、凌晨或胎动频繁时进行，每次训练 5 ～ 10 分钟，每天 1 ～ 3 次。

胎教效果

触压胎教可以使胎宝宝相对位置改变及子宫内羊水晃动，训练胎宝宝的平衡感。通过持续并有规律的触摸训练，同时穿插或配合语言、音乐胎教，可以逐渐把单一的胎教方法引向综合胎教方法的实施，为接下来的全面训练胎宝宝做好准备。研究表明，凡是在宫内受过运动训练的胎宝宝，出生后翻身、坐立、爬行、走路等动作的发育都明显早于一般的宝宝。

胎宝宝的第21周

第21周胎宝宝成长状态监测

胎宝宝的身长约18厘米，体重大约已至300克。从现在起，宝宝的主要任务就是增加体重！宝宝在身体发育时，也逐步变成有意识、有感觉、有反应的人了。如果他正在睡梦中，大声的声音会把他吵醒。当他醒着时，听到了喜欢的音乐，他会做出反应。为了适应子宫外的生活，宝宝开始用胸部做呼吸运动了。

胎宝宝的眉毛、眼睑等面容开始清晰可见，鼻子开始变挺，眉毛也开始长出等。此时期的宝宝脑部迅速发育的过程会持续至5岁，开始会有固定的活动和睡眠周期，会有越来越频繁的胎动，宝宝现在可以称得上是个小运动健将了，胎儿研究人员表示宝宝甚至可以在1小时内会有约50次的胎动，差不多是一分钟就要动一次呢！

宝宝的胎动都会刺激宝宝生理以及心理上的发展，或许在白天不容易察觉胎动，在夜晚可能外界相对安静，因此多数妈妈较容易感受到的宝宝的活力。而由于此阶段宝宝的中耳骨（人体最小的3块骨头：锤骨、砧骨、镫骨）开始硬化，因此渐渐让声音可以传导，在宝宝胎动明显时，妈妈除可多和宝宝聊天说故事外，也可开始播放轻音乐让宝宝放松、聆听。

胎宝宝的手指甲、嘴唇几乎完全长好，犬齿和臼齿在牙床下的坚固组织中形成。如果胎宝宝是个小女孩，她的阴道已经形成。

Tips
专家小课堂

母子的感情需要准妈妈来培养，准妈妈除了多看些激发母子感情的书，还要多看一些美的画片、健美的婴儿画像或照片，倾听音乐；夫妻间多谈谈关于胎宝宝的事，诸如胎宝宝活动怎么样，运动次数多少及轻重，胎动的方式，这一切都需要准妈妈来施行。

给准妈妈一个良好的居室环境

· 居室中应该整洁、干净、安静、不拥挤、通风通气。

· 温度适宜，以 20～26℃最好。温度太高，会使人感到精神不振，头昏脑涨；温度太低，又会影响人的正常生活，使人发冷，易感冒。夏天可用风扇、空调降温，但不宜让风直吹准妈妈；冬季可使用暖气升温，也可使用煤炉，但需防止一氧化碳中毒。特别需要提示的是，准妈妈不可直接睡在正在通电工作的电热毯上。

· 适宜的湿度，以 50% 的湿度为最理想。湿度太低，易使人口干舌燥，鼻黏膜充血；湿度太高，又会使人关节酸痛，极为难受。湿度太低可使用加湿器或在室内洒水；湿度太高可开门窗通风。

· 室内设施要便于准妈妈使用，安全方便，不能让准妈妈有爬高、踮脚等危险动作发生，家中设施要摆放整齐，以免孕妈妈磕着碰着，光滑的地板上要注意添上防滑设施。

· 高频率的音响刺激、噪声等不利于准妈妈的健康和胎宝宝的发育，会使准妈妈心烦意乱，听力下降，会使宝宝不安，引起早产，甚至脑功能发育受损。但是，无声也不利于优生。过于寂静会使准妈妈感到孤独、寂寞，使宝宝失去听觉刺激。所以，两者均不可取。

胎宝宝能自由地活动了

6 个月的胎宝宝身长 28～34 厘米，体重约 660 克。全身的骨架发育完成，骨骼已相当结实。脑的记忆系统越来越发达，不仅能记住准妈妈的声音，还可以模糊地感到准妈妈的气息并开始记在脑中。准妈妈羊水量达 350 毫升以上，羊水腔亦增厚。已成婴儿形，眉毛、睫毛生长。两手仍放在脸部前面，动作活泼。全部手指都能动，不时抚摸脐带、脚、手等部位，手伸至嘴里做探索、吸吮动作。可清楚地看到胎宝宝的脚掌，并不时地移动，非常活泼。开口运动如打哈欠一样，张大着嘴或将手放入口中，舌头也不时地移动。胎位可自由变换，常用脚踢，摆动臀部。胎宝宝可以感受到母亲情绪的变化，嗅觉已完备，听觉可反射至中脑，较高级的中枢神经系统已形成并支配全身。胎宝宝这时常常喝羊水、排尿，可自行抑制脑部活动，并自由自在地在胎内活动。

胎儿踢肚皮小游戏

　　美国育儿专家凡德卡教授提出了一种"胎儿体操与踢肚游戏"胎教法，通过准妈妈与胎宝宝进行游戏，达到胎教的目的。在怀孕 5～6 个月准妈妈能感觉到胎宝宝形体的时候，即可对胎宝宝进行推晃式锻炼，即轻轻推动胎宝宝，使之在腹中"散步""荡秋千""踢腿"。当胎宝宝踢妈妈肚子时，妈妈可轻轻拍打被踢的部位，然后等待第二次踢肚，一般在 1～2 分钟后，胎宝宝会再踢，这时再轻拍几下，接着停下来。如果拍的地方改变了，胎宝宝会向改变的地方再踢，注意改拍的位置离原胎动的位置不要太远。每天进行 1～2 次，每次数分钟。

　　实践证明，在妈妈腹中接受过触摸运动这种体操锻炼的胎宝宝出生后翻身、抓、握、爬、坐、学站、学走等各种动作的发展都比没有经过体操锻炼的早一些，身体健壮，手脚灵敏。这种胎宝宝出生后的肌肉力量较强，特别是纵向的肌肉力量较强，甚至一出生就能坐起。

　　需要说明的是，怀孕的最初 3 个月内、临近产期及早期宫缩时不宜进行触摸运动。训练的手法宜轻柔，循序渐进，不可急于求成，时间不要超过 10 分钟，否则只能是拔苗助长，适得其反。

胎儿体操与踢肚游戏

可对胎宝宝进行推晃式锻炼

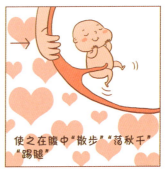

使之在腹中"散步""荡秋千""踢腿"

一般在1～2分钟后，胎宝宝会再踢，这时再轻拍几下

接受过体操锻练的胎宝宝出生后身体健壮，手脚灵敏

怀孕的最初三个月内、临近产期及早期宫缩时不宜进行触摸运动

饮食胎教：抓紧饮食补充铁、蛋白质和钙质

胎教准备

妊娠中期，准妈妈的血色素是 11～12 克 / 毫升，到妊娠第 8 个月时，则往往降至 10 克 / 毫升。所以，为了保证准妈妈的血色素含量，从妊娠第 5 个月左右起，就要开始食用含高铁质的食物，这时期的准妈妈每天需要 1 毫克左右的铁质。

妊娠中期，胎宝宝的生长速度很快，尤其需要大量的蛋白质营养，如果准妈妈蛋白质摄入量不足，就会影响胎宝宝的生长发育。所以，准妈妈要注意及时补充蛋白质。准妈妈怀孕 5 个月后，每天对钙的需要量有所增加，准妈妈补钙最迟不要超过怀孕 20 周，因为这个阶段是胎宝宝骨骼形成、发育最旺盛的时期。一般来说，孕中期钙的供给量要比孕前期有所增加，每日应摄入 1500 毫克钙才能达到平衡。

胎教实施

【姬菇牛肉】

原料：姬菇 35 克，牛肉 30 克，生姜 5 克，花生油 8 克，盐 4 克，味精 2 克，蚝油 3 毫升，香油 1 毫升，水淀粉适量。

做法：姬菇去根洗净，牛肉去筋切片，生姜去皮切片。牛肉片加入适量的盐、味精、水淀粉腌好，静置 5 分钟。烧锅下油，将牛肉片滑炒至八成熟，倒出待用。另烧锅下油，待油热时，下入姜片、姬菇、盐，炒至八成熟，加入牛肉片，调入味精、蚝油，翻炒数次，用水淀粉勾芡，淋入香油即成。

牛肉有补脾胃、益气血、强筋骨的功效。此菜含铁丰富，能有效补充准妈妈和胎宝宝生长所需的铁质。

【玉笋炒鸡条】

原料：小竹笋 80 克，鸡胸肉 50 克，红椒 1 个，生姜 5 克，葱 7 克。花生油 110 克（实耗油 15 克），盐 8 克，味精 3 克，水淀粉适量，香油 1 克。

做法：小竹笋切成条，鸡胸肉切条，红椒去子切条，生姜去皮切丝，葱切段。鸡肉加适量盐、味精、湿淀粉腌好。烧锅下油，待油温 90℃时，倒入鸡肉，滑嫩倒出。锅内留油，放姜丝、小竹笋、红椒，加入盐炒至断生，投入鸡肉、葱段，调入味精炒透，再用水淀粉勾芡，淋入香油即可。

鸡肉是理想的含锌量较高的高蛋白食品，有补益养血、养精填髓的功效，有利于促进胎宝宝正常发育。

·····胎教效果

有的准妈妈服用含铁质的药剂，由于铁质的吸收率只有 10% ～ 15%，所以，实际上需食用 8 毫克以上的铁质食物，才能保证准妈妈每天 1 毫克左右铁质吸收的需要，而且铁剂容易引起胃痛、食欲不振、恶心反胃等现象，不如食补。

奶、蛋、肉、鱼及乳制品富含动物蛋白，豆类（包括大豆、花生等）、谷类及部分蔬菜则富含植物蛋白，最好将两类食物搭配食用，如乳制品与蔬菜、谷类与肉类共同食用才能获得全面必需的蛋白质，以满足胎宝宝和准妈妈的需要。

钙是人体内含量最多的无机盐，它不仅是构成骨骼组织的主要矿物质成分，而且在机体各种生理和生物化学过程中起着重要作用。钙是维持神经功能及肌肉伸缩力所必需的，正常人如果缺钙，就可能导致神经肌肉应激性增高而发生小腿抽筋，严重时可使骨骼变得软化，甚至牙齿脱落。如果准妈妈缺钙，就有可能出现钙代谢平衡失调。

准妈妈在妊娠中期缺钙，可导致胎宝宝先天性佝偻病；胎儿出生后，很容易发生新生儿先天性喉软骨软化病，导致新生儿喉的入口处易阻塞，这对新生儿健康是十分不利的。此外，准妈妈补钙还可预防妊高征的发生，并防止产后出现腰椎和下肢疼痛，甚至骨质疏松。所以，准妈妈在妊娠中后期要积极补钙。

只要不是特殊体质，准妈妈平日加强补钙，多吃些含钙丰富的食物，从膳食中是完全可以得到所需的钙量的，准妈妈一般不需要额外增服钙剂等保健品。如果妊娠期准妈妈额外大量补钙，有可能引起高钙血症，甚至导致结石，这对胎宝宝是一种潜在性的隐患，应特别引起注意。

运动胎教的好处

1. 有利于腰部及下肢的血液循环，可以缓解腰酸腿痛及下肢水肿症状。

2. 促进身体对钙、磷的吸收。这样，既有利于胎儿的骨骼、牙齿的发育，又可以预防准妈妈患骨软化病。

3. 利于分娩，能够缩短分娩时间、预防软产道损伤和产后出血。

胎宝宝的第22周

第22周胎宝宝成长状态监测

胎宝宝现在看起来像一个"小人儿"了，只是脸上皱巴巴、红红的，头上、脸上布满了胎毛。眉毛和眼睑已清晰可辨。胎宝宝的皮下脂肪尚未产生，这时他的皮肤是红红的，皱巴巴的像个小老头。皮肤虽看起来皱皱的，但有足够的体重时可以把皮肤撑起来。胎宝宝的身长约19厘米，体重大约已至350克，在此阶段胎宝宝的手指上开始长出指甲，胎宝宝的头盖骨、脊椎、肋骨、四肢的骨骼皆持续发育，胎宝宝已可听到一些外界的声音，且手越来越有力，动作也越来越多，现在，血液正在以每小时约6.5千米的速度穿过脐带，用氧和营养物质支持他的成长。宝宝的脑部开始迅速生长，尤其是位于大脑中心的生发基质，它负责产生脑细胞。

此时的宝宝也开始会制造胎粪，也就是胎宝宝的排泄物，但是胎粪并不会随着母体排泄出去，而会累积在胎宝宝肠道内，等到胎宝宝出生后约12个小时内就会排出体外，颜色通常较深呈现黑色、深咖啡色或是深绿色，呈现黏稠状，无臭味，之后随着给宝宝喂奶，粪便的颜色才会逐渐变淡，会在3～4天内将胎粪排尽，之后就会变成正常的黄色。

宝宝清醒的时间越来越长，他喜欢听来自外界的音乐、谈话。当然啦，让他百听不厌的一定是妈妈温柔的声音。

Tips
专家小课堂

缺铁性贫血

妊娠期贫血最常见的类型是缺铁性贫血，在妊娠期，腹内的胎宝宝要大量消耗母体内贮存的铁。对于缺铁性贫血，尽管机体仍然可以产生红细胞，但却不能提高血细胞比积和血红蛋白的量。复合维生素中含有铁，并可作为补铁药来补充，如不能服用维生素，可以考虑使用补铁药补铁。

用卡片训练胎宝宝的记忆力

　　记忆是思维活动的一种形式，目前医学界多数人认为，胎宝宝不仅具有一定的记忆能力，而且这种能力是随着胎龄的增长而逐渐提高的。因此，准妈妈应当设法开发胎宝宝的记忆力潜能，把良好的、积极的、美好的信息传递给胎宝宝。

　　准妈妈可用彩笔在白纸上写上文字或数字制成卡片，内容包括：数字以及用这些数字进行加法、减法、乘法、除法等。在将上述内容制成卡片时，还要考虑它们相互间的色彩搭配。为了使胎宝宝牢记这些鲜艳的文字算式，周围的色调必须是自然色。卡片制作完后，准妈妈一面正确发音，一面用手指临摹字形，并将注意力集中在字的色彩上，以加深印象。如临摹到"海豹、草莓"等字时，准妈妈还要一边发音，一边在头脑中描绘出海豹、草莓的图形。如果能找到带颜色的图画或照片就更好了，它能帮助你对这一事物的颜色和形状建立更明确的视觉映象。

运动胎教：促进胎宝宝血液循环

胎教实施

　　准妈妈要选择水质清洁、过滤消毒设备完善的游泳场馆，以保证游泳时的卫生和安全；要考虑室内温度及通风情况，以防锻炼或休息时准妈妈因环境温度等不适条件而感冒。游泳池的水温不能太凉，太凉的水可能引起子宫收缩或出现蛋白尿；准妈妈游泳之前必须办理健康证，如患有心脏病、肝炎、皮肤病等的准妈妈要严禁游泳。准妈妈在下水游泳之前应先淋浴，将身上的汗渍冲洗掉再游泳，这样可以使自己很快适应水温，同时维护池水清洁；在游泳之前要补充一定量的液体食物和营养；运动前不要过饱或过饥，过饱会增加身体负担引起不适，过饥则易发生晕眩；下水前应活动一下身体，以防在水中发生腿脚抽筋，造成不良后果。

胎教效果

　　怀孕期间准妈妈的韧带和关节要比平时更加松弛、更加柔软，因此剧烈运动可能会给其造成伤害。应当选择更为柔和的运动方式，游泳就是一项比较柔和的锻炼形式。只要掌握好水温、运动量和游泳方法，准妈妈游泳对身体有很多好处。

给胎宝宝良好的触觉刺激

　　准父母在为宝宝做抚摸胎教时，也别忘了还要轻轻地、充满爱意地和宝宝说话，让宝宝更强烈地感受到父母的爱意。准父母也可以在触摸宝宝的时候谈心，交流感情，憧憬一下宝宝出生后美好的生活，营造出温馨、亲密的气氛，这样有利于加深一家三口之间的感情。

　　另外，准妈妈事先可准备些天然油脂，按摩过程中，将它均匀地涂在腹部。虽然这种抚摸胎教不用油脂也完全有效，但油脂的主要作用是令腹部更加润滑，使抚摸更有节奏感。我们建议准妈妈使用不含添加物或化学成分的水果油或蔬菜油，如杏仁油、椰子油等。另外，为了加强胎教效果，准妈妈还可以播放一些柔和的音乐，再配上手掌轻柔的动作，能让胎宝宝更加贴切地感受到你的爱。

妈妈把手放在腹壁上，胎内宝宝就会进行运动

有利于加深一家三口之间的感情

准妈妈事先可准备些天然油脂，按摩过程中，将它均匀地涂在腹部

准爸爸选好胎教音乐

▨ 改变不良情绪的音乐曲目

催眠类音乐如二胡曲《二泉映月》、古筝曲《渔舟唱晚》、德国浪漫派作曲家门德尔松的《仲夏夜之梦》等。这类作品具有轻盈灵巧的旋律、美妙舒缓的情绪以及安详柔和的情调，能将准妈妈带入甜美梦境中。

▨ 舒心类音乐

如民乐《江南好》、《春风得意》等。这类作品甜美轻快、轻松灵秀，能驱散准妈妈郁闷的情绪。

▨ 解除忧郁类音乐

如民乐《喜洋洋》、《春天来了》、奥地利作曲家约翰·施特劳斯的圆舞曲《春之声》等。这类作品曲调优美酣畅、起伏跳跃，旋律轻盈优雅，使人联想到翩翩而至的春天，能激发准妈妈喜悦和振奋的情绪。

▨ 消除疲劳类音乐

如《假日的海滩》、《锦上添花》、《矫健的步伐》、英籍德国作曲家亨德尔的乐曲《水上音乐》等。这类作品清丽柔美、抒情明朗，能让准妈妈解除疲乏，松弛身心。

▨ 振奋精神类音乐

如民乐《娱乐升平》、《步步高》、《狂欢》等。这类作品曲调激昂，旋律变化较快，能让准妈妈振奋精神，引人向上。

▨ 促进食欲类音乐

如民乐《花好月圆》、《欢乐舞曲》等。这类作品愉快欢乐，能消除抑郁情绪。

▨ 提高智力类音乐

如海顿的《D大调弦乐四重奏》（即《云雀》）、贝多芬的《E小调弦乐四重奏》（即《拉索莫夫斯基》）和《降B大调钢琴三重奏》（即《大公》）。这类作品旋律优美，富有主题，能将准妈妈带到一个联想和思索的世界中。

胎宝宝的第23周

第23周胎宝宝成长状态监测

胎宝宝真的像一个婴儿了！胎宝宝的身长大幅增加至约25厘米，体重大约已至450克，他的骨骼、肌肉已经长成、身材也很匀称。此时胎宝宝的脑部神经发育，大脑皮层已有六层结构，胎宝宝经常处于睡眠的阶段，且此时胎位已会和出生时相同，如果出现臀位向下也不必害怕，因为胎位还未固定，此时皮肤呈现发红且皱褶，是由于尚未有皮下脂肪，胎宝宝的皮肤还太薄，因此此时如果能看见胎宝宝，应该看见骨头、器官、血管，此时胎宝宝的视网膜已形成，开始有微弱视力。

他皮肤上布满了皱褶，这是为了给皮下脂肪的生长留有余地。现在，宝宝肺部的组织及血管正在发育中，肺是宝宝最后发育完善的器官，还需要再过几个月他的肺部才能完全发育。

他的嘴唇、眉毛和眼睫毛已各就各位，清晰可见。胎宝宝的胰腺及激素的分泌也正在稳定的发育过程中。此时胎宝宝的视网膜已形成，开始有微弱视力。在胎宝宝的牙龈下面，恒牙的牙胚也开始发育了，这是准妈妈没有想到的吧？为此准妈妈要多补充些钙质，为宝宝将来能长出一口好牙打下基础。

Tips 专家小课堂

从这时开始，医生将会在准妈妈每次做产前检查时，为准妈妈测量腹围并会观察增加的体重和子宫大小的变化。必须明白胎儿大小不同，生长速度也不同，重要的是所发生的这种变化是持续的，生长也是持续的。当宝宝长得更大的时候，胎盘也大了，相应的羊水量也会随之增加。

怎样开展运动胎教

胎宝宝的运动功能在第5个月大大增强

早在妊娠第 7 周开始，胎宝宝就可以在母体内蠕动了。给胎宝宝进行运动训练也是胎宝宝自身的一种需求。也有准妈妈担心对胎宝宝进行运动训练会损伤胎宝宝，这种担心其实大可不必。因为，胎宝宝 5 个月时胎盘已经很牢固，胎宝宝能活动的范围很大，加上羊水环绕着胎宝宝，对外来的作用力有缓冲作用，胎宝宝完全可以被保护。不论是胎宝宝自身自发的"大运动量"，还是准妈妈有目的地对胎宝宝的运动训练，都不会直接触碰到胎宝宝，因此，准妈妈完全不必担心。

给胎宝宝的运动胎教开始于第5个月

准妈妈在给胎宝宝进行运动胎教时，可以用双手在腹部轻轻推动胎宝宝，帮助胎宝宝在子宫内"散步"。训练时，准妈妈手法一定要轻柔，要有耐心，不可急于求成；每次时间不要超过 10 分钟。这里要提醒注意的是，运动胎教不适宜 3 个月以内和临产期的胎宝宝，更不适宜有早期宫缩的准妈妈。准爸爸也可以帮助准妈妈给胎宝宝"做操"，准爸爸可以一边做一边柔声地和胎宝宝对话，告诉宝宝这是爸爸在抚摸，这样能使准爸爸更早地与未见面的孩子建立联系，加深感情。

准妈妈可以进行的运动胎教

准妈妈在孕期进行运动也是运动胎教的一个重要内容。准妈妈在孕期的不同阶段可以选择运动量大小不等的运动方式，比如做孕妇操、孕妇瑜伽、户外散步。

适当的运动有益于准妈妈和胎宝宝的健康，但准妈妈在运动前一定要听取医生的意见，要清楚孕期的哪个阶段可以运动，哪些时候根本不能运动，以及适合准妈妈的运动方式。准妈妈适合做何种运动以及运动量的大小，也都要根据个人的身体状况而定，不能一概而论。在孕期保持积极的锻炼，对胎宝宝的健康和调整准妈妈的情绪、体能和力量都有很大的好处。但是准妈妈要避免参加那些会使自己摔跤或失去平衡的运动，例如骑马、骑车、滑雪或打网球；不要搬重物或进行负重的运动；妊娠 20 周之后，不要尝试任何特别的活动，如仰卧起坐，这种运动会压迫输送血液到子宫的主要血管。准妈妈在进行自身的运动胎教时，要注意观察自己的心跳频率，保证自己的心率不要过快。

胎宝宝"听"音乐，促进早期神经细胞生长

胎教准备

胎宝宝听觉器官发育到6至6.5个月时，其外耳、中耳和内耳的结构基本上已发育完成。许多准妈妈都反映，外界突发的声响会引起胎宝宝突然动起来。近年来，超声波扫描也显示，外界的声波尤其是突发的声响，会引起胎宝宝心率加快及胎动增强。因此，胎宝宝在这个阶段的大脑发育过程中，特别需要音乐这种良性的信号刺激，以促进神经细胞的增长。这一阶段的音乐胎教可采用让胎宝宝自己"听"音乐的方法。

胎教实施

让胎宝宝直接"欣赏"音乐的具体做法是：准妈妈应取舒适的位置，身体应放松，精神要集中。将录音机放在距离腹壁2～5厘米处播放胎教音乐，同时不断调换方向，将声音通过准妈妈腹部传给胎宝宝。每天定时播放几次，要循序渐进。刚开始时，时间可以短一些，以后逐渐增加，但不宜过长，以5～10分钟为宜。音量要适中，不可过大也不宜过小。

帮胎宝宝建立最初的条件反射

胎教准备

孕23～24周以后，准妈妈可以在腹部明显地触摸到胎宝宝的头、背和肢体。自此时开始，每晚准妈妈可平躺在床上，轻轻拍打腹部，对胎宝宝进行运动胎教。

胎教实施

准妈妈在拍打胎宝宝的同时，也可用手轻轻推动胎宝宝，让胎宝宝进行宫内"散步"。如果胎宝宝顿足，准妈妈还可用手轻轻安抚他，如能配合音乐胎教和对话胎教等方法，效果更佳。通过这样的反复训练，可以使胎宝宝建立起有效的条件反射，增强其肢体肌肉的力量。注意：这时的运动胎教手法要轻柔，每次持续5～10分钟，循序渐进，不可操之过急。

关于胎教的Q&A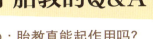

Q：胎教真能起作用吗？

A：现代医学技术证实，随着孕龄逐渐增大，胎宝宝在准妈妈的子宫内茁壮成长，各种感觉器官相继发育成熟，胎宝宝已有了自己的喜怒哀乐，并细心地感受着子宫外的世界。而胎教就是父母和胎儿交流的桥梁。

Q：胎教就是给宝宝听音乐吗？

A：现代医学对胎教的定义是：胎教是指从怀孕开始，调节和控制母体的内外环境，避免不良刺激对胚胎和胎儿的影响，利用现代化的科学知识和技术，根据胎儿各时期发育成长的实际情况，有针对性地、积极主动地给予各种信息刺激，促使胎儿健康发育，以利于出生后有良好的智力发育和健康成长。不仅仅是听听音乐、摸摸肚子。

Q：什么时候开始胎教合适呢？

A：首先说明，从怀孕前，胎教就可以开始了。然后孕5月开始，胎儿的内耳基本发育完成，有了听力，这时就可以开始接受语言和音乐胎教。抚摸胎教一般从孕6月开始，因为这时的准妈妈能够比较清楚地触摸到孩子的肢体了。孕7月后，胎儿大脑开始长足地发育，此时是胎教的冲刺期。

Q：经过胎教的孩子是否以后学习会特别好？

A：国内外实践都表明，总体来说，胎教儿的智力发育明显优于一般儿童，但也不是百分之百。另外胎教的目的是促使胎儿的健康发育，为其出生后的智力发展和健康成长打下基础，而并非一定要培养个神童。胎教的本质是爱的传递，而不是知识的灌输。因此，准爸妈要端正心态。

Q：胎教时宝宝会有反映吗？

A：会的。最典型的就是"踢球游戏"：一开始，准妈妈在胎动的地方（腹部）拍打；当胎儿习惯后，当妈妈在胎动以外的地方（腹部）拍打时，胎儿会自动踢向新的地方。

Q：需要每天进行胎教吗？

A：如果希望有个良好的胎教效果，必须持之以恒，天天实践。

胎宝宝的第24周

第24周胎宝宝成长状态监测

胎宝宝持续稳定的成长中，宝宝现在大概有 26 厘米长，500 克重了。虽然宝宝看起来比较瘦，但很快就会增加脂肪了。宝宝这时候在妈妈的子宫中占据了相当大的空间，开始充满了整个空间。他看起来不停地运动，准妈妈可能会感觉到宝宝在子宫里跳跃，这是因为他在一阵阵地打嗝。他踢腿、或者用小手捅妈妈的子宫，那是他在对外面的声音和触摸做出响应呢!

此时胎宝宝的骨骼已经相当结实，关节开始发育，胎宝宝每天都能听到准妈妈的心跳声、呼吸声、讲话声等等，胎宝宝的心跳声也越来越强，最近准妈妈会感受到胎动明显，也可以感受到胎宝宝对于外界的声音开始会有些许的反应，听到外界一些大的噪音，比如吸尘器的声音，很大的音响声，邻家装修时的电钻声，这些都会使胎宝宝躁动不安，要尽量避免。此时将耳朵靠近腹部会听到微弱的胎心音（如通过听诊器会更清楚），此时也是胎宝宝脑部的发育成熟时期。

很多研究发现，胎宝宝更喜欢优美抒情的古典音乐。准妈妈可以做个试验，

当给胎宝宝播放节奏强烈的现代音乐时，胎动会增加且幅度增大，而当给胎宝宝播放轻柔舒缓的音乐时，注意一下胎宝宝的反应，他是不是很快变得安静下来了？胎宝宝对外界音响的反应是比较敏感的。

当色素沉淀时，胎宝宝的皮肤变得不那么透明了。因为他的身体产生皮肤的速度比制造脂肪衬垫皮肤的速度更快，因此他看起来还是皱皱的。

与胎宝宝的第一次旅行

怀孕至第6个月，准妈妈已大致能习惯怀孕中的生活，胎宝宝亦逐渐地在稳定中成长。准妈妈在行动上，不像初期必须有所顾忌。到了孕后期，由于临近分娩时刻，大部分时间都待在家里，顶多动动身子外出一下，换换环境气氛，让胎宝宝生活得更舒适。宝宝一生下来，准妈妈便每天忙碌地照顾，很难得有闲暇。倒不如在这时（怀孕第6个月）做一下短程旅行，让生活充满闲情逸致，对胎宝宝而言，不失为一个不错的胎教方法。

旅行前做好旅行计划，不要让准妈妈太劳累，避免去人多、复杂的地方，事前先做好周全的计划，不但能让准妈妈及胎宝宝达到寓教于乐的目的。尽量选择家中附近的地方，绿草如茵，空气新鲜，能达到舒散身心的目的，对准妈妈和胎宝宝而言，是一种很好的享受。旅行最能增进夫妻情感，所以夫妻俩一同出行最好。

利用飞机、船、汽车为交通工具的旅行，对准妈妈而言，最不同于平常的活动。身体活动感少了，反而必须长时间采用一种姿势，或走更远的路途。那么，旅行带给准妈妈的不是欢乐而是疲惫。在医学上，旅行对准妈妈而言，是一种非生理性的侵袭。何况旅行对每一个人的影响程度不同，很难回答什么样的旅行是安全的。

旅行对准妈妈是否会产生不良影响，视准妈妈状况而定。当准妈妈身体发生问题时，将带来不良的结果。所以，还是好好地跟医生商量。即使是可以旅行，为了绝对安全起见，也要做到面面俱到，不可疏忽。长时间坐在车上摇晃对准妈妈影响极大，应避免进行长距离的旅行，最好选择妊娠第5～7个月，而搭乘交通工具的时间应尽量缩短。千万不要上高速公路，一上即是四五个小时，那对准妈妈而言，是吃不消的。特别是团体观光旅行更应该避免。

抚摸胎教：与宝宝的第一次亲密接触

抚摸胎教的重要性

　　胎宝宝有感觉、有记忆。随着孕周的增加，胎宝宝的活动"技能"也不断增高，在 B 超观察下，我们可以看见胎宝宝在子宫里的活动，他们吞咽羊水、吸吮手指、伸展四肢、转头、眨眼，甚至在羊水中玩弄脐带。对胎宝宝适时的抚摸是一种良性刺激，它可通过皮肤感应传入大脑，促进其大脑的发育，使孩子更聪明。

抚摸胎教的方法

　　抚摸胎教应在怀孕 24 周后开始进行。一般每天可进行 3 次，每次约 5 分钟，起床后和睡觉前是进行抚摸胎教的好时机，应避免在饱食后进行。进行抚摸前，准妈妈先排空小便，平卧床上，膝关节向腹部弯曲，双足平放于床上，全身放松，此时准妈妈腹部柔软，利于抚摸。抚摸可由妈妈进行，也可由准爸爸进行，也可轮流进行。先用手在腹部轻轻抚摸片刻，再用手指在胎宝宝的体部轻压一下，可交替进行。有的胎宝宝在刚开始进行抚摸或按压时就会做出反应，随着孕周的增加，胎宝宝的反应会越来越明显。当胎宝宝对刺激感到不舒服时会不耐烦地踢蹬，当习惯指压后，胎宝宝会主动迎上来。

怎样开展音乐胎教和对话胎教

开展音乐胎教

胎宝宝听觉发育开始于第 2 个月。胚胎学研究证明，胚胎从第 8 周开始神经系统初步形成，听力神经开始发育。当胎宝宝发育进入 5 ～ 7 个月时听力完全形成，还能分辨出各种声音，并在母体内做出相应的反应。

音乐胎教的曲目和方式的选择要有利于胎宝宝每一个胎宝宝先天性格不同，所以准妈妈选择胎教音乐时也不能生搬硬套，一切要以有利于胎宝宝身心发展为原则。对于胎动频繁、个性急躁的胎宝宝来说，可多选择那些轻柔舒缓的乐曲，如小夜曲，以平和胎宝宝的性情；对于胎动较弱、个性"稳重"的胎宝宝来说，可多选择那些活泼跳跃的乐曲，如圆舞曲、协奏曲，以刺激胎宝宝的性格发育。当然，并不是所有的音乐都是有益于胎宝宝身心健康的。不同类型的音乐，能对人的心理行为产生不同的影响。胎教传声器一般在妊娠 7 个月后使用，使用时要将传声器置于腹部附近，不要放在腹部上，保持 60 分贝左右；准妈妈在欣赏音乐时，一定要专心，要展开丰富的联想，带领胎宝宝一起投入到音乐的美好意境之中。

开展对话胎教

4 个月的胎宝宝具有听力，已被研究人员证实。胎宝宝在第 4 个月时就可以在母体中听到妈妈血液的流动声、肠道的蠕动声、心脏的跳动声、骨骼的运动声等。现代医学借助 B 超可以观察到胎宝宝在母体子宫内的情形：当胎宝宝听到声音时，胎心音会变快；听到汽车的喇叭声时，会出现频繁的胎动。

准妈妈体内的各种声音对于胎宝宝的听力刺激意义不大，我们需要把外部世界更精彩的声音传递给胎宝宝，如美妙的鸟鸣声、动人的乐曲声、生动的说话声……因此，对话胎教就是在传达这一综合的美妙声音。对话胎教内容丰富，需要固定持续对话胎教的内容不限，准父母可以用问候、聊天、朗读、唱歌、讲故事等多种方式与胎宝宝沟通。对话胎教可以从妊娠 3 ～ 4 个月开始，一般选在准妈妈有胎动时；每天定时进行，每次时间在 5 分钟以内，不要讲太复杂的句子。

由于男性的声音低沉浑厚，所以胎宝宝特别喜欢爸爸的声音，因此，建议准爸爸要多和胎宝宝讲话。这样不仅能加强准爸爸对胎教的参与，还能增进父子之情。

胎宝宝的第25周

第25周胎宝宝成长状态监测

孕25周，宝宝体重现在大约增加到570克了。上周，宝宝看起来还是又长又瘦，皮肤皱皱的，现在他已经饱满很多了，皮肤也舒展开来。

此时胎宝宝的传音系统完成，神经系统发育到相当程度，胎宝宝在妈妈的子宫中能与他游戏的，就只有自己，准妈妈会发现胎宝宝常常在玩自己的手脚，或是脐带也会作为玩具来玩，胎宝宝开始睁开双眼，在准妈妈的子宫中看不到光线，准妈妈可以试着利用手电筒照自己的肚子，会发现声音、光线及准妈妈的触摸都能引起胎宝宝的反应，在内脏器官发育，除心脏外已趋向成熟，大脑的知觉已经发达起来。

此时胎宝宝皮肤的表面开始附着胎脂，所谓胎脂是从皮脂分泌出的皮脂和剥落的皮肤上的皮的混合物，用途为到分娩为止持续的给胎宝宝皮肤提供营养，保护皮肤，同时在分娩时起润滑的作用，使胎宝宝顺利通过产道。如果是男宝宝睾丸已下降到阴囊内，女宝宝的阴唇已经发育，且神经系统进一步完善。第25周胎宝宝舌头上的味蕾也慢慢在形成，胎宝宝已经可以品尝到食物的味道了。

Tips
专家小课堂

准妈妈的生理变化

准妈妈的腹部日益膨大。从18或19周开始，医生开始测量一些指标，并在以后的检查中不断重复测量。这时除了发现腹部远远高出脐部外，还能发现腹部两侧也在增大。有许多准妈妈的腹部两侧增大明显或者主要是下腹部突出，看上去与一般腹部向前突出的准妈妈不太一样，这只是个体差异罢了。

胎宝宝对光的感受

胎儿在子宫黑暗的"床"上才能安心生活

在准妈妈腹中的胎宝宝具有何种能力呢？首先，要清楚胎宝宝"看"的能力。成年人平常连睡午觉时也会关灯、拉窗帘，使屋内光线变暗，如此才能使心情稳定而安然入睡。同样，胎宝宝也是如此。

胎儿是经过准妈妈大脑来区别白昼和黑夜的

在黑暗中成长的胎宝宝是如何感觉明暗的呢？事实上，准妈妈对外界之明暗所产生的感觉，胎儿就会因此而有所反应。所以准妈妈觉得刺眼时，胎宝宝也一样会感到刺眼。这表示准妈妈眼睛所见、所感觉的事物，都会传达给腹中的胎宝宝。

胎儿眼睛的视网膜是在受精约 4 周后就已成形，视力在怀孕第 7 个月左右就会产生。从这时期开始，胎宝宝就能感觉来自外界的明暗。虽然如此，但胎宝宝并未睁开双眼去看，而是用脑子去感觉。胎宝宝和准妈妈的脑，是通过脐带而紧紧地联结在一起的。

母亲规律的生活有助于胎宝宝脑力的启发

胎宝宝在黑暗的子宫中，有感应光线明暗的能力，所以身为准妈妈，必须特别注意自己的生活方式。假如准妈妈经常昼寝夜不眠、晨昏颠倒，胎宝宝会感到烦躁不安。人类有"日落而息"的生物性规律，此现象称为"生物钟"。在胎宝宝脑中种植这种生物时钟，就要靠准妈妈在妊娠期间的规律生活。例如，准妈妈在妊娠期间持续着早睡早起的规律性生活，胎宝宝也能获得有规律的正常生活。

胎宝宝和准妈妈的脑，是通过脐带而紧紧地连接在一起的

母亲规律的生活有助于胎宝宝脑力的启发

准妈妈经常昼夜晨昏颠倒，胎宝宝会感到烦躁不安

良好的睡眠及勤做腹式呼吸

准妈妈睡眠好可以帮助胎儿成长

在睡眠中，垂体会继续制造成长激素，这种激素是胎宝宝成长时不可或缺的。睡眠不但可以消除准妈妈身心的倦怠感，又能积存第二天活动的精力，养精蓄锐，迎接新的一天，这些都是因为垂体激素的作用。妊娠中的准妈妈必须有比平常更充裕的睡眠，就是为了使垂体可以分泌更多的生长激素。古人说："善睡的孩子长得大"，在妊娠中，善睡的准妈妈也可帮助腹内胎儿快速成长。

准妈妈腹式呼吸法可供给胎儿足够的氧气

据说使用腹部呼吸法会分泌微量的激素，使得心情愉快，准妈妈的这种愉快心情也会影响胎儿，使胎宝宝的心脏感觉非常舒服。

腹式呼吸法的正确姿势为背部挺直紧贴在椅背上，膝盖立起，全身放松，双手轻放在腹部，想象胎宝宝目前正居住在一个宽大的空间；然后用鼻子吸气，直到腹部鼓起为止。呼气时稍微将嘴撅起，慢慢地、用力地将体内空气全部呼出，呼气时要比吸气更为缓慢且用力；腹式呼吸法每天做 3 次以上，要持之以恒。早上起床前、中午休息时间、晚上睡觉前各做 1 次，尽量放松全身。轻轻告诉宝宝："妈妈现在就把新鲜空气传送给你！"以这种平静的心情练习，可达事半功倍的效果。确实学会腹式呼吸法后，对于分娩或阵痛的放松很有帮助。

胎宝宝身体完成了基本构造

胎宝宝相貌像个小老头

第 7 个月，胎宝宝的身长为 35～38 厘米，体重约为 1000 克。这时的胎宝宝皮肤形成皮下脂肪，但皱纹较多，相貌像个老人。这时，胎宝宝的身体已形成基本构造，功能尚未完全发挥作用，耳朵、眼睛、皮肤的末梢神经感觉逐渐发达，可以做出神经反射动作；大脑皱褶增多，间脑亦发挥功能；眼睑的分界清楚出现，眼睛能睁开了；开始具有视物能力，但子宫中一片漆黑，胎宝宝什么也看不见；

扩充肺泡物质仍不足，使得肺泡仍不完全扩充，气管和肺部还不发达。如在这个时期产出，将被视为早产儿，尽管有浅浅的呼吸和哭泣，但较难存活，需精心护理。

胎宝宝情绪会变化

这一时期，胎宝宝能对外部声音分辨出好恶；胎宝宝味觉相当发达，可以分辨出甜味和苦味；胎宝宝可以用脑部感觉到外部光线明暗的变化。因此，如果准妈妈妊娠期间昼夜生活杂乱无章，那么胎宝宝体内的生物钟就会发生紊乱，胎宝宝出生后情绪就会变得不稳定。

准妈妈出现浮肿

准妈妈有点浮肿了

准妈妈的子宫升至肚脐上方 2 ～ 3 厘米的位置，腹部亦稍增大。由于子宫增大而重心在腹部，会造成背部骨骼的压力，准妈妈有腰痛的感觉。子宫压迫静脉，还会使下肢、腹部发生浮肿现象，严重的会使外阴部、下肢产生静脉瘤。这个月中，由于准妈妈体重明显增加，还可能出现贫血现象。由于激素分泌的缘故，准妈妈全身的韧带或骨骼的结合部分变得松软，会使脚跟部位常感到疼痛，手部难以握合，手脚开始产生麻木现象。准妈妈应避免长时间采取直立式的姿势，避免走路过急。

为宝宝的到来准备着，有些劳神

到了妊娠中期，准妈妈的身体、情绪一般都会很好，期待肚子里的宝宝出生后就有良好的物质准备是每一个母亲对孩子表现出的最大爱心，所以，有些准妈妈把为即将出生的孩子准备东西当成自己最大的乐趣和工作。这种想法是好的，但是我们要提醒准妈妈注意，如果不能很好地调整自己过急的心理状态，整日忙个不停，甚至连孩子 2 岁以内所用的东西都准备出来，不仅准妈妈自己得不到良好的休息，对胎宝宝更不利。

这一时期的准妈妈要努力调整心态，不要太劳神。除注意休息以外，还不能长时间坐着编织毛衣，以免压迫胎宝宝，使血液流动不畅，进而影响胎宝宝的供氧。为新生儿准备必要的用品也可由丈夫或家人代劳。准妈妈不要经常去人多的商场，因为那里的空气不好，病原体多，容易被感染或受到碰撞。

胎宝宝的第26周

第26周胎宝宝成长状态监测

与上周相比，宝宝的体重又长了200多克，大约有750克了，坐高约22厘米长。本周是胎宝宝听力和视力发育的一个重要里程碑。胎宝宝的听力系统（耳蜗和外耳感觉末端器官），在第18周开始发育，现在已经完全形成了，他将对声音越来越敏感。外界的声音通过准妈妈的子宫传进宝宝的耳朵，帮助他的耳朵发育。

现在，胎宝宝的肺部尚未发育完全，他继续在羊水中小口地呼吸，这是他在为出生后第一次呼吸空气打基础。

胎宝宝的眼睛稍微可以睁开了，并对光亮开始会有反应，听觉也开始有了反应能力，记忆意识萌芽开始出现，大脑更加发达，胎宝宝的肌肉发育较快，体力增强，越来越频繁的胎动表明了他的活动能力，随着肌肉以及体重的增加，虽然胎宝宝看起来很瘦，皱皱的皮肤会比先前来得稍平滑，因为现在胎宝宝的皮肤覆盖在没有脂肪的身体上。

从第15周直到第28周，羊水每周平均增加50毫升，在妊娠7个月底，开始累积脂肪，胎宝宝会吸吮拇指、打嗝、哭泣等等的表情以及动作，胎盘的功能之后会开始减少，羊水量也变少，若是胎宝宝现在早产，存活率也较高。

通过对胎儿脑部活动的研究显示，胎宝宝能够对外界的触摸和声响做出反应。当听到声音时，胎儿的脉搏会加快，甚至能随着音乐的节奏而摆动身体。如果准爸爸将头贴近准妈妈的腹部，则能听到胎宝宝的心跳。

开始做一段亲密的按摩对话

　　胎宝宝几乎从受孕开始就接受了一种按摩的抚慰。当他比一个铜板还小、视觉和听觉都还未发展时，他便受到一波一波妈妈子宫内羊水温柔的激荡；当他长得更大点时，他开始感觉到子宫壁强劲的附着力。

　　现在,到了怀孕的第26周,准妈妈已感觉到胎宝宝的转动和踢脚。在这个时候,胎宝宝也可以感觉到准妈妈的手通过腹壁的抚摸，并且会以缓慢和陶醉的动作回应那种放松和温暖的感觉。

　　每当感觉胎宝宝在踢脚时，准妈妈尽量温柔而爱怜地抚摸自己的腹部。准妈妈以舒适的姿势坐下或躺下，至少用约5分钟的时间来做这个动作。然后在准妈妈腰带到胸部下缘的部位以缓慢的节奏抚摩，或是用手掌在相同的部位以画圆的方式轻轻按摩。这个简单的技巧可以帮助安抚宝宝，舒缓他的动作，并向他传达母爱。

　　研究显示，怀孕期间接受按摩的准妈妈在分娩时会较为顺利，而且孩子出生后也较细心。还可以请准爸爸来为准妈妈按摩，爸爸的声音胎宝宝更喜欢哦!

运动胎教:孕妇操促进胎宝宝大脑及肌肉发育

∷∷∷胎教准备

　　对于孕中期的准妈妈来说，最适宜的运动胎教就是由孕产专家编制的孕妇体操。孕妇体操能松弛孕妇的腰部、骨盆肌肉和韧带,对婴儿将来顺利通过产道分娩、减少会阴肌肉撕裂有很大的帮助，还能预防孕妇由于身体变化和体重增加而引发的腰腿病。准妈妈在做孕妇操的同时，还能促进胎宝宝大脑及肌肉的健康发育。

∷∷∷胎教效果

　　做孕妇操可以增强准妈妈腹肌、腰背肌和盆底肌的张力和弹性，使其关节、韧带松弛柔软，有利于准妈妈正常妊娠及顺利分娩;同时刺激内分泌腺，加速血液循环，促进胎宝宝大脑和肌肉的健康发育。此外，还可以解除准妈妈的疲劳和不适，使其心情舒畅。但要注意的是，孕妇体操一般要根据准妈妈个人的体力情况和妊娠月份酌情增减，以不觉得太疲劳又达到锻炼目的为度，在睡前和早起后做比较好，以个人的需要和舒适度为准。

今天，我们来做语言胎教

No1.每日的常用语

举例：准爸爸、准妈妈早上起床后，可以和腹中的胎儿说说话："宝宝，早上好！昨天晚上睡得好吗？马上就要出去散步了哟！"

胎教提示：也可以用简单的英语跟孩子打招呼。

No2.与运动胎教相结合的语言胎教

举例：在准妈妈能感觉到明显胎动后，可以通过描述胎宝宝的形象和动作训练孩子的听力："这是宝宝的小拳头吗？昨天往左边伸，今天向右边伸，左三拳，右三拳，看来比你爸爸喜欢运动。"

胎教提示：轻轻地按压肚子，也会感到孩子的回应。

No3.互动胎教

举例：准妈妈可以为宝宝介绍家里的人和周遭的事物，例如一边指着全家福照片，一边对肚子里的宝宝说："宝宝你看，这是爸爸，这是妈妈，这是爷爷，这是奶奶。我们都爱宝宝哦！"

胎教提示：指认式的胎教会促使宝宝在出生后反应灵敏。

No4.简单的诗歌

举例：准妈妈可以静下心来，为宝宝吟唱一首孟浩然的《春晓》："春眠不觉晓，处处闻啼鸟。夜来风雨声，花落知多少？"

胎教提示：有韵律的诗歌具有稳定情绪的作用。

No5.有趣生动的小故事

举例：准爸爸每天晚上可以为准妈妈肚子里的小宝宝讲一个生动、有趣的睡前小故事，如《三只小猪》、《豌豆荚公主》、《小蝌蚪找妈妈》等，都是非常适合的素材。

胎教提示：准爸爸是故事胎教最好的"老师"，千万不要放过这个父子（女）互动的好机会哦！

加强对话胎教：刺激胎宝宝的记忆形成

胎教准备

记忆训练是根据胎宝宝具有辨别各种声音并能做出相应反应的能力，准父母通过对话胎教对胎宝宝进行记忆训练。在这一时期，胎宝宝大脑皱褶增多，间脑亦发挥功能，开始衍生出原始的情感，情绪开始出现变化。因此，继续对胎宝宝实施对话胎教，可帮助胎宝宝建立起记忆反射。

胎教实施

对话胎教可根据胎宝宝大脑发育的情况，给胎宝宝讲些较长的句子；或与胎宝宝讲些"悄悄话"，即在给胎宝宝听音乐时，准父母和着乐声悄悄对胎宝宝说话，可描述音乐的画面，也可描述生活的场景。甚至可以朗读一些温馨有趣的故事，教导一些大自然的事物和社会知识。同时，当准父母在进行"子宫对话"时，教导不同的事物最好能用不同的声音语调来说明，准父母的用心，腹中胎宝宝可是能感受到的哦!

加强游戏胎教：训练胎宝宝触觉进一步发展

胎教准备

美国育儿专家凡德卡教授提出了"胎儿体操与踢肚游戏"胎教法，就是希望通过准妈妈与胎宝宝进行游戏达到胎教的目的。

胎教实施

具体方法是：在准妈妈怀孕5～6个月能感受到胎宝宝形体的时候，即可对胎宝宝进行推晃式训练，轻轻推动胎宝宝，使胎宝宝在母腹中"踢腿"、"荡秋千"。

胎教效果

游戏胎教可结合运动胎教实施，边运动边游戏，不同的运动方式可以带给7个月的胎宝宝多种多样的刺激，以训练胎宝宝的触觉进一步发展。

胎宝宝的第27周

第27周胎宝宝成长状态监测

宝宝现在正以平稳的速度每周增加身高和体重。他现在的体重大约有900克，身高38厘米。此时，胎头上已经长出了短短的胎发，眼睛一会儿睁开、一会二闭上，他的睡眠周期非常有规律。如果怀的是女宝宝，她的小阴唇已开始发育。而男宝宝的睾丸现在还没有降下来。

胎宝宝可以感知光线、声音和气味，随着胎宝宝长得越来越结实，踢腿和敲打也越来越有力，在醒着及睡着开始变得比较有规律。胎宝宝在27周时脑部发育活跃，大脑皮质已经开始出现不是很明显的皱褶，脑部开始可以控制全身机能及活动，特别在神经及感觉神经系统上，发育特别显著，胎宝宝的视觉、听觉、嗅觉、味觉、触觉中，发育最晚的就是视觉，但是此时胎宝宝开始对光线非常敏感或是有反应，准妈妈可以感受到明显胎动。

随着准妈妈脑内贺尔蒙的分泌影响，胎宝宝也开始有日夜的区别了。胎宝宝此时味觉及嗅觉也开始发育，胎宝宝对于甜味及苦味已可以分辨，准妈妈应该会好奇那宝宝吃下去的羊水是什么味道？事实上羊水是无色透明，无味无臭的液体，如果硬是要形容的话，大约会带有淡淡的腥味。在宝宝出生后灵敏味觉及嗅觉，会开始本能地寻找妈妈母乳的味道，也就是为何需在孕期时胎宝宝的味觉及嗅觉就要发育完成的原因。

胎宝宝大脑活动在27周时已非常活跃。大脑皮层表面开始出现特有的沟回，脑组织快速增长。准妈妈可能感觉到宝宝的一些有节奏的运动，这是因为宝宝会经常打嗝。每一次通常只持续几分钟。不用担心他会因为打嗝而不舒服哦！

性格胎教应当怎样进行

准妈妈要以身作则

准妈妈要时刻注意当好胎宝宝的第一任老师，塑造宝宝良好的性格。准妈妈的情感、行为、意识都可以引起体内激素分泌异常，影响到宝宝性格的形成。如果准妈妈能够用积极的态度和心情去对待孕期所带来的种种烦恼，那么这种坚强的意志就会影响到胎宝宝，为他们出生后能有一个好性格打下基础。

准爸爸要做好辅助

准爸爸也是宝宝胎教中不可缺少的一个人，虽然不能直接地感受到宝宝的反应，但是让准妈妈保持一个好心情，也就是间接地帮助宝宝培养了好性格。准爸爸可以时常制造一些小惊喜，使准妈妈有片刻的情绪波动，并且让准妈妈的这种情绪波动影响到胎宝宝，给他们正面的感受。

准爸爸还可以悄悄地准备一些小礼物，给宝宝买一件可爱的小衣服，悄悄放在床头，当准妈妈发现时，一定会感到喜悦和无比开心，相信宝宝也会乐开了花吧。像这些有益的刺激，能为宝宝日后养成坚强、自信的性格奠定下基础。

烟气是胎宝宝的大敌

　　吸烟的危害愈发得到重视。烟雾中含有一些致畸物质，如尼古丁、焦油、辐射物和多环烃类。尼古丁及其代谢产物可以改变催乳素和孕酮的分泌，破坏受精卵的着床过程；尼古丁还能提高妊娠子宫的紧张度，增加子宫的收缩力，从而造成自发性流产的增多。有人统计，吸烟准妈妈的自发性流产率为 41%，不吸烟准妈妈仅为 28%。烟气中含有大量的一氧化碳，能使怀孕妇女血中碳氧血红蛋白含量增加，减少红细胞携氧能力，抑制或减缓氧和血红蛋白的解析与氧的释放，容易造成胎盘蜕膜基部坏死、细胞滋养层增生、胎盘毛细血管血流速度变慢，从而引起胎儿血氧过少，使胎儿的正常发育受到影响。尼古丁对胎儿交感神经系统有毒害作用，可以引起胎儿心动过速、心动过缓或心律失常，从而引起心脏先天性功能和形态的损伤。

　　有吸烟习惯的准妈妈生下的新生儿容易因呼吸困难和发育不正常而死亡。有人统计，准妈妈每日吸烟 20 支以下，死产发生率为 20%，每日吸烟 20 支以上，死产发生率为 35%。在存活的新生儿中先天性心脏病（如动脉导管未闭和法洛四联症），吸烟准妈妈是不吸烟准妈妈的 2 倍。吸烟准妈妈生下的新生儿体重可降低 90～350 克，以致个子矮小、智力发育水平低。

　　准爸爸吸烟对优生影响也不可低估。吸烟会影响精子的发育，烟气中许多化学物质能诱发精子顶体异常、精子数量减少、精子运动能力改变。每日吸烟 30 支的男子，畸形精子可超过 20%，父亲吸烟可导致新生儿畸形，吸烟愈多，其比例愈高。烟草中的尼古丁可以使男性生殖细胞（精子）形成所需要的适宜内环境遭到破坏，这样他的生殖细胞发育不良，结果会导致未来的婴儿出现形态和功能等方面的缺陷。

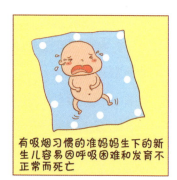

有吸烟习惯的准妈妈生下的新生儿容易因呼吸困难和发育不正常而死亡

吸烟准妈妈生下的新生儿体重可降低 90～350 克，以致个子矮小、智力发育水平低

准爸爸吸烟对优生影响也不可低估

胎宝宝的第28周

第28周胎宝宝成长状态监测

从现在开始，准妈妈已步入孕晚期了。还有两个多月就有一名新成员加入你的家庭了，是不是感到非常兴奋和期待呢？在过去的1个月里，宝宝的体重增加到1.1～1.4千克了，身长约40厘米。由于宝宝几乎充满了整个子宫，他的活动越来越少，因此准妈妈会感觉到胎动比过去减少了很多。宝宝现在还在努力地练习做一呼一吸的类似呼吸运动。

到这一周，宝宝的睫毛也已经完全长出来了。他的脂肪层在继续积累，他体内的脂肪大约占2%～3%，为出生后在妈妈子宫外的生活做准备。

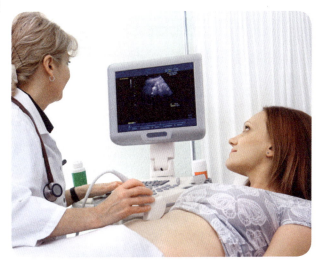

本周的大消息就是胎宝宝可以张开和闭上眼睛了，但是此时的开闭眼是反射性的眨眼，而非刻意的张开或闭上，尽管胎宝宝的肺叶尚未发育完全，但是如果万一这个时候早产，胎宝宝在借助一些医疗设备的前提下，已经可以进行呼吸，专家认为，胎宝宝从28周左右开始就会做梦了，那么他会做一些什么梦呢？谁也不知道。

但是胎宝宝大脑活动在这时是非常活跃的，大脑皮层表面开始出现一些特有的沟回，脑组织快速增殖，记得多吃鱼或补充DHA，让胎宝宝大脑健康发育，变成聪明的小宝贝。胎宝宝此时的内脏机能及形状几乎都与大人差不多了，如果此时利用超音波观察宝宝的心脏，可以看见左心室、左心房、右心室、右心房，胎宝宝此时氧气的来源还是胎盘通过脐带传递，因此肺部功能尚未健全。

强化胎宝宝的记忆训练

语言记忆

采取给胎宝宝讲故事的方法。首先准妈妈要把胎宝宝当成一个大孩子，娓娓动听地给他（她）讲故事，亲切柔和的语言可以通过大脑的语言中枢传递给胎宝宝，通过准妈妈的语言震颤使胎宝宝不断接受良好的刺激，在准妈妈创造的文化气氛中，不断地强化胎宝宝的记忆。讲故事时准妈妈最好取半卧位，也可取自己感到舒适的姿势。讲故事的时间要选在胎宝宝醒着时，每次开讲前，准妈妈先用手轻轻拍一拍胎宝宝，以确保胎宝宝清醒，然后告诉他："妈妈现在给宝宝讲故事了，你要好好听哟！"接着准妈妈就可以一边抚摸着腹壁，一边讲动听的故事。讲述时精力要集中，全身肌肉放松，语速缓慢、柔和，吐字清晰，既不能声音太高，也不要平淡乏味地读书，要带着浓浓的感情，绘声绘色地讲。这时，准妈妈的心态处于最佳状态，给胎宝宝创造了一个安静、舒适的内环境，使胎宝宝把准妈妈讲给他听的故事牢牢地记在脑子里。每次讲故事时间不宜太长，5分钟左右即可，以免引起胎宝宝的疲劳，而且周围环境一定要安静。

音乐记忆

具体做法是采用准妈妈给胎宝宝播放乐曲，每天10分钟左右，乐曲的选择可以是准妈妈平时最喜欢的曲子，也可以是针对胎宝宝选择的，如舒曼的钢琴曲《梦幻曲》，这首乐曲比较适合胎宝宝，那优美动听的旋律，充满表现力的和声语言，将准妈妈带进美的意境，使准妈妈在生理上与心理上与胎宝宝产生共鸣。胎宝宝在这诗意的乐曲旋律中打开记忆的大门，把美好的震颤收入脑海中。

强化胎宝宝的语言训练

这个阶段的胎教内容应该是有关对生活的认识能力的教育，也就是说应该进行语言的训练了。语言训练包括 5 种：日常性语言训练、形象性语言训练、动作性语言训练、理解性语言训练、系统性语言训练。

日常性语言训练

主要给胎宝宝讲一些生活中常用的语言，这类语言比较简单。最好准爸爸也要参加。例如，早晨起来爸爸对胎宝宝讲："早晨好，小宝贝（或叫他的小名），你也该起来了。"于是抚摸准妈妈的腹部。

形象性语言训练

妈妈想象着胎宝宝出生后可能看到什么，或接触什么，一面想着每一种事物的形象，一面教给宝宝。然后告诉他："我是妈妈。"语速要慢，反复数遍。妈妈教完后，爸爸也要告诉宝宝"我是爸爸"，"我、是、爸、爸"，重复数遍。

动作性语言训练

准妈妈用扩音器每讲一个字便用动作在腹部进行表示，如敲，妈妈用手指轻轻地敲打着腹壁，告诉胎儿："小宝贝，这是'敲'。妈妈在轻轻地敲你。"或者教胎宝宝"摸"字，准妈妈用手抚摸着腹壁告诉宝宝，"这就是'摸'，妈妈在轻轻地抚摸着小宝贝呢！"反复进行数次。

理解性语言训练

这类字词如："口"、"鼻"、"冷"、"热"、"红"、"白"等，一个字一个字地说，不管有多么难，只要爸爸、妈妈有兴趣、有耐心地教，胎宝宝就会愉快地接受。

系统性语言训练

父母可以自己收集或编写一些比较形象、简单，内容有趣的童谣，或者买一些配音乐的胎教儿歌磁带，这样效果更佳。

以上 5 种语言训练最好分期实施，7 个月时教给宝宝日常用语、动作性语言。8 个月教形容性语言，9 个月以后教理解性和系统性语言。

准妈妈继续补充各种营养素

胎教准备

由于孕晚期胎宝宝的生长发育到了最快的时期，营养素的需求也最多。锌是人体必需的微量元素，它直接参与人体的细胞生物代谢，锌在生命活动过程中起着转运物质和交换能量的作用，所以它对促进胎宝宝的生长发育十分重要。

碘是人体各个时期所必需的微量元素之一，它是人体甲状腺激素的主要构成成分，能影响大脑皮质和交感神经的兴奋。它直接影响胎宝宝的生长发育，因此，补碘对准妈妈来说就显得尤为重要。

我国卫生部制定的碘营养摄入标准为成人不少于 150 微克，准妈妈每天摄入不少于 200 微克，儿童不少于 90 微克。一般认为，准妈妈不少于 300 微克比较可靠。由于碘在身体中的含量过高也会产生副作用，所以准妈妈必须在医生的指导下，采用正确剂量进行适宜补充，以确保胎宝宝身体与智力的同步发育。

胎教实施

这时，准妈妈的膳食中要增加生物价值高的蛋白质，如禽、鱼、蛋、肉等，每日增加 150～200 克；每日粮谷类食品仍需摄入 400～450 克；每周两次食用动物肝脏和动物血；牛奶或豆浆每日增加到 440 毫升。此外，准妈妈的饮食仍然每天要荤素、粗细搭配，进食新鲜的蔬菜，以补充维生素，防止由于子宫逐步膨大压迫肠道而引起便秘。锌完全由食物提供，因此，补锌的最佳途径是食补。准妈妈在日常饮食中一定要注意多吃富含锌元素的食物。

人体的碘 80%～90% 来源于食物，所以碘这类物质必须从食物或其他补充剂中摄取。含碘量最丰富的食品为海产品，如海带、紫菜、海参、干贝、龙虾、海鱼等。食用时应注意烹调方式，避免碘流失。此外，碘盐的摄入是补碘的又一重要途径。治疗贫血主要是加强营养，多吃含铁较丰富的食物；对于严重贫血的准妈妈还可进行药物治疗，药物治疗主要是服用补充铁剂，以口服为宜。

补铁药物有硫酸亚铁、维血康、叶酸、维生素 C 等。若口服铁剂后胃肠反应严重，或贫血严重的准妈妈需要迅速补充铁剂纠正时，可在医生的指导下注射含铁制剂。治疗中若出现药物反应，如恶心、头痛、呕吐、腹泻等，则应停止注射。

胎教效果

准妈妈在孕中期及时补锌有助于增加子宫的收缩力，减少分娩痛苦和出血量，这样做既利于分娩又有助于产后康复。如果孕妇血锌水平正常，子宫收缩有力；反之，则子宫收缩无力，影响正常分娩。因此，准妈妈在孕中期加强补锌，使体内有一定量的锌储备，可以保证胎宝宝的正常发育，也有利于顺利分娩和产后康复。

准妈妈适时补碘有助于胎宝宝脑的正常发育，并且适时补碘还为母乳的含碘量提供了保证。如果准妈妈碘摄入不足，将直接限制甲状腺激素的分泌，其结果是影响胎宝宝的中枢神经系统，尤其是大脑的发育。

怎样开展游戏胎教

胎宝宝5个月时就能做复杂的反射动作

与胎宝宝做游戏，这一定会让很多人大惑不解。是啊，胎宝宝隔着肚皮生活在母体内，我们又怎能与他接触呢？其实，与胎宝宝做游戏是指准父母在体外对胎宝宝进行的一种运动训练，它是基于胎宝宝在母体内有很强的感知能力而实施的。近几年来，随着医学科学的发展以及超声波技术的问世，科学家发现，胎宝宝在母体内有很强的感知能力，通过超声波检查仪的荧屏，可观察到胎宝宝在母体内的活动情况：胎宝宝醒来时，伸了一个懒腰，打了一个哈欠，又用脚蹬了一下妈妈的肚子……不一会儿，胎宝宝的手碰到了漂浮在他身旁的脐带，他马上就伸手抓过来玩弄起来，还不时把它送入嘴中。科学家据此认定，胎宝宝完全有感知能力，能在准父母的训练下进行游戏活动。

PART 3
孕晚期（29~40周）胎教进行时
——巩固胎教关键期

胎宝宝的第29周

第29周胎宝宝成长状态监测

还有 10 周或 11 周就到预产期了，是不是感觉很兴奋，也有些紧张？宝宝现在有 1.3 千克了，如果他能够站起来，有 43 厘米高了。和过去相比，宝宝看上去胖了很多，这是因为他的皮下脂肪已初步形成。他的肌肉和肺正在继续成熟，他大脑的神经元细胞正在飞速地生成，因此宝宝的头部也在继续增大。现在，由于脑波运动，胎宝宝甚至能够做梦了。

每度过 1 周，胎宝宝出生时健康强壮的可能性就越大。他的脑部能指引有规律地呼吸和控制体温，即使这时早产，宝宝也不太需要呼吸协助。

胎宝宝开始对冷热有反应，也会察觉明暗的改变，此时也开始有皮下脂肪，因此胎宝宝会看起来会比较胖，皮肤开始由暗红色变为浅红色，较为平滑，虽然面部还是很像一个小老头，大脑、肺部、肾、胃等多器官也都已发育完成，胎宝宝的脑部的神经细胞也飞快地生成，胎宝宝的头部会随着时间继续增大。胎宝宝的体重已经超过 1000 克，即使胎宝宝突然早产，以现在医学技术的进步，胎宝宝几乎可以平安出生，健康长大。

Tips
专家小课堂

本周子宫底增大至肚脐上 7.5～10.2 厘米的位置上，宫高约 29 厘米。准妈妈的体重较妊娠前增加 7.6～9.5 千克。27 周以后，有些准妈妈会觉得肚子偶尔会一阵阵地发硬发紧，这是假宫缩，是这个阶段的正常现象。妊娠后期，应注意早产、胎盘异常或妊娠高血压等异常现象。

怀孕后期的运动胎教

伸展运动

站立后，蹲下，动作不宜过快，幅度不宜过大；双腿盘坐，上肢交替上下落。

四肢运动

站立，双手向两侧平伸，肢体与肩平，用整个上肢前后摇晃划圈，大小幅度交替进行；站立，用一条腿支撑全身，另一条腿尽量高价，可反复几次。

骨盆运动

准妈妈平卧在床，屈膝，抬起臀部，尽量抬高一些，然后徐徐下落。

腹肌活动

进行半仰卧起坐。准妈妈平卧，屈膝，身体缓慢抬起从平卧位到半坐，然后再回复到平卧。这节运动最好视本人的体力而定。

增强骨盆底肌肉练习

收缩肛门、阴道，再放松。

随时随地的刺激性胎教

准妈妈要始终拥有浓厚的生活情趣

　　根据研究，胎宝宝能够感知母亲的思想，准妈妈与胎宝宝之间是有信息传递的。如果母亲既不思考也不学习，宝宝也会深受感染，变得懒惰起来，这对于宝宝的大脑发育是极为不利的。因此，怀孕的母亲要始终拥有浓厚的生活情趣，保持强烈求知欲和好学心，充分调动自己的思维活动。从自己做起，勤于动脑，勇于探索，在工作上积极进取，在生活中注意观察并把自己看到和听到的事物通过视觉和听觉传递给宝宝，使宝宝不断接受刺激，促进其大脑神经和细胞的发育。

与胎宝宝一同享受日光浴

　　准妈妈可以时常带胎宝宝进行日光浴，在沐浴阳光的同时，还可以和胎宝宝好好交流交流，比如一边晒太阳，一边和腹中的宝宝对话："宝宝，今天阳光真好啊，听到小鸟在唱歌了吗？"等等。至于什么时候晒太阳，应根据季节、时间以及每个人的具体情况灵活掌握。假如是烈日炎炎的盛夏季节，就用不着专门去晒太阳了，树荫里的散射阳光足以满足准妈妈的需要。

准妈妈要始终拥有浓厚的生活情趣

如果准妈妈不思考、不运动，宝宝也变得懒惰

准妈妈勤于动脑，勇于探索，在工作上积极进取

与胎宝宝一同享受日光浴

一边晒太阳，一边和腹中的宝宝对话

树荫里的散射阳光足以满足准妈妈的需要

语言胎教进阶训练

◉ 讲故事能促进胎宝宝的语言学习能力

准父母坚持用文明、礼貌和富有哲理的语言，有目的地对宝宝讲话，能为宝宝后天的学习打下基础。准父母可以讲一些小故事以促进宝宝的语言学习能力。给胎宝宝讲故事是一项不可缺少的胎教内容，讲故事时准妈妈应把腹内的宝宝想象成一个大宝宝，娓娓动听地讲，亲切的语言通过语言神经传递给宝宝，使宝宝不断地接受客观环境的影响，在不断变化的文化范围中发育成长。讲故事既要避免尖声尖气地喊叫，又要防止平淡乏味的读书，方式可以根据准妈妈的具体情况而定，内容由准妈妈任意发挥。也可以读故事书，最好是图文并茂的儿童读物。还可以给宝宝朗读一些儿歌、散文等。故事的内容宜短小、轻快、和谐，最好选择那些色彩丰富、富于幻想的故事。内容可以选择提倡勇敢、理想、幸福、友爱、聪明、智慧等的故事。那些容易引起恐惧、伤感以及使人感到压抑的故事，则不适宜讲给宝宝听。

◉ 教胎宝宝学习语言文字

在这个月，宝宝越来越大，几乎要碰到子宫壁了。由于胎宝宝变大，母体腹壁变得较薄，所以宝宝可以听到外界的各种声音，此时对话胎教的内容可以变得广一些，不仅是和胎宝宝说话，还可以教宝宝学习语言和文字等。

准爸爸、准妈妈可以利用彩色卡片教宝宝学习语言和文字。首先从汉语拼音 a、o、e、i、u 开始，每天教 4～5 个。如果准爸爸、准妈妈想发掘宝宝的外语天赋，也可教宝宝 26 个英语字母，先教单个字母，然后教简单的单词。怎么教呢？如教"a"这个汉语拼音时，一边反复地发好这个音，一边用手指写它的笔画。这时最重要的是能通过视觉将"a"的形状和颜色深深地印在脑海里。因为这样一来你发出的"a"这一字母信息，就会以最佳状态传递给宝宝，从而有利于宝宝用脑去理解并记住它。汉语拼音韵母教完后，可以接着教声母和简单的汉字，如"大"、"小"、"天"、"儿"等，在教宝宝学习时，准妈妈要用真挚的感情，要有耐心，切忌急躁，敷衍了事。

开展联想胎教：促进胎宝宝形成意识的萌动

胎教准备

联想胎教是通过准妈妈的联想产生一种信息传输给胎宝宝，在胎宝宝身上产生作用的胎教法。所以，它可以贯穿于所有胎教方法中。8个月的胎宝宝，脑、神经系统都发育到一定程度，因此，准妈妈展开以联想为主要方法的联想胎教，可以促进胎宝宝形成意识的萌动。

胎教实施

进行联想胎教的具体方法是：准妈妈在欣赏音乐时，可以借助乐声，对乐曲所描述的画面展开联想；准妈妈在阅读文学作品、欣赏绘画作品时，可以展开场景的联想和画面意境的联想；准妈妈在大自然中可以展开对美景诗情画意的联想。

胎教效果

联想胎教要求准妈妈所听的音乐、所读的作品、所欣赏的画面是积极美妙的，准妈妈所联想的内容也必须是健康美好的。只有这样，胎宝宝才能接收到良好的意识信息，从而促进胎宝宝意识的萌芽和心智的发育。通过联想准妈妈把这些意识的信息传输给胎宝宝，对胎宝宝进行良好刺激的作用。

性格胎教三注意

俗话说"江山易改，本性难移"，就是说一旦性格形成后，要想改变那就很困难了。所以，准爸妈一定要抓住这一关键时期，争取为胎宝宝提供一个良好的环境氛围，努力避免各种不良刺激。

1. 为了让准妈妈有一个惊喜感，准爸爸要做好保密工作，在准妈妈毫不知情的情况下进行。

2. 做这些爱心小事时要选择准妈妈心情最好的时候，如果心情不佳，相信效果也不会很好。

3. 把握好度，对准妈妈精神上的刺激可不能过强，只能是小小的、短暂的、愉悦的。

充满感情地给胎宝宝讲故事

准妈妈对胎宝宝讲话或讲故事必须充满情感，声音要欢快、柔和，这样容易感染宝宝，而且要声情并茂、绘声绘色地讲述，注意追求形象化和形象美。

准妈妈在讲故事时，不能对胎宝宝只念画册上的文字，而要把每一页的画面进行描绘，仔细地讲给宝宝听。例如画册上画着金鱼，就可以对宝宝说："这叫金鱼，多有趣啊！你看，它有红红的头、红红的尾，身上的鱼鳞闪耀着金色的光芒。它在水中游起来慢悠悠的……"这样，就是把画面的内容视觉化、形象化了。胎宝宝虽然不能看到画册上画的形象或外界事物的形象，但他可以用脑感受到。准妈妈看东西时受到视觉刺激，这种刺激通过生动的语言描述视觉化，这种视觉化的语言让胎宝宝对外界事物会有一种感性认识。

另外，准妈妈要将形象与声音同时传递给胎宝宝。先在脑中把所讲的内容形象化，然后用动听的声音将头脑中的画面讲给宝宝听，这就是"画的语言"。例如讲"小猫钓鱼"的故事时，要声情并茂地描绘小猫兴冲冲地去钓鱼，以及在河边三心二意的样子，有声有色地讲述河边美丽的花草和翩翩飞舞的蝴蝶，栩栩如生地表现小猫又想抓蝴蝶又想钓鱼的不专心的心情，惟妙惟肖地表露小猫最后连一条小鱼也没有钓到的懊丧感觉。这样，胎宝宝就会和你一起进入小猫活动的世界。在进行对话胎教时，准妈妈要争取将形象、声音和情感结合起来。例如你到公园里去散步，一边走一边看，感到轻松愉快，有一种安详、宁静的情绪荡漾在心头。这时，你就要把这种感觉通过形象化的语言讲给胎宝宝听："儿童乐园里的小朋友们玩得多么高兴呀，小宝宝，你看见了吗？你听到了吗？等你长大了，你也会和他们一样，妈妈带你到这里来和他们一起笑、一起跳。"在和胎宝宝对话时，只有将形象、声音、情感三者统一在一起，才能将这种趣味和快乐传递给胎宝宝，这样胎宝宝的听觉才会感受到美好的信息，心灵才会留下美好的痕迹。

Tips 专家小课堂

有条理地进行胎教运动，可使准妈妈的孕期获得最大的舒适，使身体处于最佳状态。

胎宝宝的第30周

第30周胎宝宝成长状态监测

现在他大概有 44 厘米长、重 1.5 千克。从现在到分娩每个胎宝宝增加体重的比率会不一样。随着胎宝宝越来越大，准妈妈子宫内的羊水却开始减少，胎宝宝的位置也较为固定了，由于胎宝宝长大，准妈妈的腹壁及子宫壁都撑得很薄，外界的声音很容易传达到胎宝宝的耳里，而男孩的睾丸这时正在从肾脏附近的腹腔，沿腹沟向阴囊下降的过程中，女孩的阴蒂已突现出来，但并未被小阴唇所覆盖，那要等到出生前的最后几周。在怀孕 16 周之前胎宝宝的细胞数不停增加，但是到了孕期 17～32 周时，胎宝宝的细胞数不仅增加也会随着增大，到了孕期第 33 周以后细胞数不会再增加，转变成单细胞增大时期。

胎宝宝的重要器官——脑部在继续快速的发育，大脑和神经系统已经发达到一定的程度，大脑的发育非常迅速，皮下脂肪继续增长。胎宝宝现在在 0.85 升羊水里漂浮，有足够的空间移动，因此不必担心，他现在是否处于一个奇怪的胎位上。这周胎宝宝的眼睛可以开闭自如，大概能够看到子宫中的景象，孩子还能辨认和跟踪光源。

Tips
专家小课堂

矫正胎位

在妊娠期间，胎位也可发生变化，如果及时发现，就能适时纠正。胎位不正是难产的主要原因之一，因此在妊娠后期，通过膝胸卧位操或外转胎位术等方法进行纠正非常重要，如纠正无效，则有可能需要施行剖宫产分娩。

小天才就是这样培养的

培养胎宝宝听语言的能力

有些准妈妈会产生这样的疑问："孩子那么小，我该给他说点什么呢？"实际上，对话胎教并不是要胎宝宝对你说话，而是要培养胎宝宝"听"的意识和能力，让胎宝宝对语言有所感觉。如在孕中期和孕后期，准妈妈一般都会感觉到明显的胎动，这时可通过描述胎宝宝的形象和动作训练胎宝宝的听力，比如说："这是宝宝的小拳头吗？昨天往左边伸，今天向右边伸，左三拳，右三拳，看来比你爸爸喜欢锻炼。"

准爸爸也可以选一首浅显的古诗、一首明快的儿歌，一段动人的童话讲述给胎宝宝听。一般来说，胎动在晚上进行的比较多，这时，准妈妈可以对胎宝宝说："宝宝，你看，满天的星斗多美啊！"准妈妈丰富、生动的语言，承载着浓浓的爱意，容易唤起胎宝宝对外界的好奇心，对胎宝宝的智力发展起到积极的促进作用。

教胎宝宝识别图形

首先，准妈妈可以教胎宝宝认识正方形，要找出身边呈正方形的实物来进行讲解。"和卡片上的图形一样的东西在哪儿呀？"先提出问题，然后和胎宝宝一起寻找，"有了，坐垫、桌子。"这时可以拿起一个正方形物体，一边讲"这是正方形"，一边用手描摹图形的轮廓，通过这种"三度学习法"进行胎教。学完正方形、长方形、正三角形、圆形、半圆形、扇形、梯形、菱形等平面图以后，再告诉胎宝宝什么是立方体、长方体、球体等。在学习这类图形时，最系统的教具可以说是积木，准妈妈可以把积木和日常生活用品联系在一起，穿插着讲给宝宝听。

教胎宝宝识别图形

准妈妈可以找出身边呈正方形的实物来进行讲解

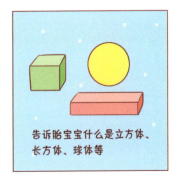

告诉胎宝宝什么是立方体、长方体、球体等

运动胎教：促进胎宝宝肢体的活动发展

胎教准备

到了妊娠8个月，尽管准妈妈已经感到行动不便，医生也可能嘱咐准妈妈要注意行动的安全，以免发生早产，但这不等于说，准妈妈在这段时间不能运动。其实，准妈妈进行一些舒缓的运动是非常有利的，比如散步，可以避免难产。散步是准妈妈锻炼心脏血管的最佳方式之一，不仅可以让准妈妈保持健康，还不会给膝盖和脚踝带来伤害；准妈妈在散步的同时，胎宝宝也会加大胎动，可以促进胎宝宝肢体的活动。

胎教实施

准妈妈可以每天早晚到户外散步。散步时间和距离没有一定的要求，最好以准妈妈自己感觉舒适而不疲劳为宜；散步时要避开拥挤、嘈杂的公共场所，最好选择幽静、空气清新的地方，地面要平坦，绕开坡地和台阶，注意安全；散步时要穿舒适的软底鞋，冬天注意保暖，夏天注意防暑，盛夏和严冬最好不要进行室外散步。

准妈妈进行散步时可以选择交替散步法。所谓交替就是快慢结合，首先从慢走开始，利用慢走热身，10分钟左右即可。之后，步伐稍微加快，1～2分钟即可。再之后，快步行走近似小跑，2分钟即可。如此循环4～5次，其中，自第二次开始，慢走减为5分钟，结束时，慢走5分钟，放松身体。这样可以锻炼腿部肌肉力量，有助于准妈妈自然分娩。

胎教效果

准妈妈散步时，边呼吸新鲜空气，边欣赏大自然美景，可以提高心肺和神经系统的功能，促进新陈代谢，使腿肌、腹壁肌、心肌都得到一定的锻炼；散步过后，准妈妈会产生轻微适度的疲倦，有助于增进食欲和睡眠，还可以变换心情，消除烦躁和郁闷，改善自己的心情。此外，准妈妈散步运动，可以使动脉血大量增加，促进血液循环，对身体细胞的营养，特别是心肌细胞的营养有良好的作用。并且，在散步中，肺的通气量增加，呼吸变得深沉，能增强准妈妈和胎宝宝的健康。

胎宝宝的第31周

第31周胎宝宝成长状态监测

胎宝宝的体重达到约 1.5 千克，身长约 45 厘米，胎宝宝的主要器官的初步发育差不多完毕，肌肉也越来越发达，头部也开始可以微微地转动，这时胎宝宝的肺部和消化系统已基本发育完成，身长增长减慢而体重迅速增加。这周胎宝宝的眼睛时开时闭，他大概已经能够看到子宫里的景象，也能辨别明暗，甚至能跟踪光源。如果用一个小手电筒照射腹部，胎宝宝会转过头来追随这个光亮，甚至可能会伸出小手来触摸。

随着胎宝宝的快速增长，他的活动空间也越来越小，胎动也变少了。每小时他大概会动 10 次左右。宝宝能够把头从一侧转向另一侧，眼睛时开时闭。宝宝在本周又增长了一个新本领，他会辨认颜色啦！

他还将在皮下积蓄一层脂肪，为出生做准备。宝宝脸部的皱纹减少了很多，他的胳膊和腿都变得丰满起来。宝宝的肺部和消化系统已基本发育完成，从现在起，身高增长趋缓而体重迅速增加。

Tips
专家小课堂

这时准妈妈的子宫底已上升到了横膈膜处，距肚脐约 11 厘米，子宫底高度约 31 厘米。准妈妈的体重较妊娠前大概增加了 8.5～10.5 千克。准妈妈会感到呼吸更加困难，喘不上气来，吃下食物后也总是觉得胃里不舒服。但 2～3 周后这种情况会有所缓解。有些准妈妈的皮肤变得敏感，腰部附近瘙痒，皮下组织增厚。

胎宝宝需要温暖的阳光

　　明媚的阳光可以给我们带来好心情、好运气。准妈妈由于腹内胎宝宝的生长发育，以及自身的代谢变化，需要比正常人更多的钙、磷等营养物质。常常看到一些准妈妈抱怨腿部抽筋，要求医生为她们开一些钙片服用。其实这样做是舍近求远，因为太阳光简直就是取之不尽的营养宝库。只要准妈妈尽可能参加一些户外活动，常晒太阳，就能从阳光中增加体内的维生素D，以便摄取到所需要的更多的钙、磷等宝贵营养物质。

　　在阳光下散步、小息是很轻松、舒服的。春夏季节尽量少穿一些衣服，让身体尽量多地暴露在日光下。当然，什么时候晒太阳，应根据季节、时间及每个人的具体情况灵活掌握。例如，盛夏季节，烈日炎炎，完全不必专门晒太阳，因为此时室外活动多，树荫里的散射阳光、马路上的行走就足以满足准妈妈的需要了。一般来说，春秋季以每天9～16时外出为宜，冬季以10～13时外出为宜，此时阳光中的紫外线最为充足。有些人喜欢在室内隔着玻璃晒太阳，其实这样做并不能算是晒太阳，因为阳光中的紫外线不能透过玻璃进入室内。

　　阳光的照射可使人增加维生素D的合成。不仅如此，阳光与身高密切相关。据研究，人脑底部的松果体对阳光变化十分敏感，往往会根据外界阳光的强弱来调节褪黑激素分泌量的多少。婴儿及准妈妈受光照的密集度与褪黑激素之间有一种相互作用的关系。也就是说，如果准妈妈光照足，体内褪黑激素分泌充足，将有利于胎宝宝的生长发育，将来就可能长得更高些，这可以说是最经济的后代增高法。

树荫里的散射阳光足以满足准妈妈的需要

阳光的照射可使人增加维生素D的合成

婴儿及准妈妈受光照的密集度与褪黑激素之间有一种相互作用的关系

强化光照胎教：刺激胎宝宝视觉产生反应

准妈妈每天可定时在胎宝宝觉醒时用手电筒（弱光）作为光源，紧贴腹壁照射胎宝宝部位。为了让胎宝宝适应光的变化，结束前可连续关闭、开启手电筒数次，以利于胎宝宝的视觉健康发育。胎教实施中，准妈妈最好将自身的感受详细地记录下来，如胎动的变化是增加还是减少，胎宝宝受到光照刺激后动作的轻重，是肢体动还是躯体动等。通过一段时间的训练和记录，准妈妈可以总结一下胎宝宝对刺激是否建立起特定的反应或规律。另外，光照时可以配合对话胎教，这样，综合的良性刺激对胎宝宝更有益。在进行光照胎教时需注意光源不能太强，照射时间也不宜过长，每次5分钟左右。准妈妈要注意：不要在胎宝宝睡眠时施行胎教，这样会影响胎宝宝正常的生理周期，必须在有胎动的时候对胎宝宝进行胎教。

综合进行对话、语言及触压胎教

胎教准备

由于胎宝宝到了8个月已经有了意识的萌芽，所以继续实施对话及运动胎教，以进一步触动胎宝宝心智发育。

胎教实施

给胎宝宝实施对话胎教最好以讲故事或教胎宝宝日常用语为主要方式，故事要选择生动有趣的，可以是准妈妈给胎宝宝讲，也可以是准爸爸对着准妈妈的腹壁对胎宝宝讲。

问候胎宝宝："你好！""早晨好！""睡得香吗？""愉快吗？"赞美胎宝宝："真听话！""真是妈妈的乖宝宝！""真好！""爸爸妈妈真爱你！""宝宝你真棒！"

期盼胎宝宝："快快长大！""长得高高的！""眉毛像妈妈，眼睛像爸爸！""善解人意像妈妈！"

准妈妈还可以对胎宝宝进行系统性语言诱导。比如，散步时准妈妈可以对胎宝宝说："这是一片青草地，妈妈在散步。"感到胎动时说："宝宝又淘气了！又踢妈妈了。"一边说，准妈妈一边可以在腹部轻轻地推动胎宝宝，和他做游戏。

加强饮食胎教：继续补充维生素、蛋白质和矿物质

胎教准备

孕晚期，准妈妈要继续补充维生素，尤其是维生素 B_1、维生素 B_6、维生素 B_{12} 等 B 族维生素。孕晚期除了要增加优质蛋白外，还可增加一些豆类蛋白，如豆腐、豆浆以及豆制品。同时，妊娠 8 个月的时候，准妈妈要继续补充胎宝宝生长需要的钙、镁等矿物质。镁是人体必需的矿物质，准妈妈每日镁的摄入量约需要 450 毫克。

胎教实施

准妈妈在饮食中要加强摄取钙质，每日达到 800 ～ 1500 毫克的摄入量。可以吃一些奶制品、绿色蔬菜、甲壳类食物及各种植物的种子，如花生、松子、芝麻等，要多喝一些骨头汤，因为骨头汤里的含钙量较高；同时，准妈妈要注意户外活动，多晒太阳，从而增进钙的吸收；必要时可以在医生指导下补充钙片。

镁是叶绿素的主要成分，因此，准妈妈日常饮食中要经常进食绿色蔬菜，如青菜、莴苣等；此外海产品、骨头汤、瓜果，以及花生、芝麻、大豆、麦麸、麦胚及牛肉、猪肉等都含有镁，这些食物都要多吃；同时，在烹饪时尽可能多用粗制海盐，因为精盐在加工过程中会失去大量的镁元素。

胎教效果

孕晚期，准妈妈补充足够的维生素不仅可以帮助准妈妈缓解压力、营养神经，更有助于准妈妈消除孕晚期疲劳，对身体易疲乏的准妈妈尤其有益；准妈妈和胎宝宝的骨骼、牙齿的基本物质都来源于钙，准妈妈在妊娠晚期补充足够的钙，可以避免因缺钙发生腿脚抽筋；人体内近 98% 的镁存在于骨骼、牙齿和软组织中，所以准妈妈孕晚期及时补充镁元素，有助于胎宝宝骨骼和牙齿的发育。

加强语言胎教：胎宝宝思维深入发育

胎教准备

8个月的胎宝宝耳朵、眼睛、皮肤的末梢神经感觉逐渐发达，大脑也有了一定的功能，所以加强对胎宝宝的语言胎教，可以促进胎宝宝思维的深入发育。

由于男性的声音低沉浑厚，所以胎宝宝特别喜欢准爸爸的声音，因此，我们建议准爸爸要多多参与到胎宝宝后期的语言胎教中，这也是准爸爸可以运用的最主要的训练方法，这样不仅能加强准爸爸对胎教的参与，还能增进夫妻之爱、父子之情。

胎教实施

准父母可以用问候、聊天、朗读、唱歌、讲故事等种种方式与胎宝宝沟通；准父母可以向胎宝宝重复一些简单的字，如手、脚、水、奶、尿、天、地等；此外，还可以用诱导性的语言向胎宝宝描述一些事物。8个月的胎宝宝

有明显的听觉和感受能力，不仅能对准父母的言行做出一定的反应，还能在脑子里形成记忆。给腹中的胎宝宝进行语言胎教，就是要使胎宝宝不断接受语言的信息，训练胎宝宝在空白的大脑上增加语言的"音符"。准父母不仅可以和胎宝宝说话、唱歌，准爸爸也可以隔着准妈妈的腹壁给胎宝宝讲故事。

胎教效果

准父母用优美的语言和胎宝宝对话，反复进行，可以促进胎宝宝大脑的发育。准父母通过语言把胎宝宝体外的世界描述给他听，激发胎宝宝的良好情绪，培养他的美感，发掘胎宝宝身上潜在的能力，为胎宝宝出生后学说话打下基础，使胎宝宝在出生后在听力、记忆力、观察力、思维能力和语言表达能力方面都大大超过未受语言胎教训练的孩子。

胎宝宝的第32周

第32周胎宝宝成长状态监测

胎宝宝的体重达到约 1.8 千克，身长约 46 厘米，胎宝宝的脚指甲及手指甲都已长好了，皮下脂肪也较为丰富，皱纹也较少了一点，由于胎宝宝占满了子宫，胎宝宝的活动力可能没有先前这么剧烈，这是由于宝宝日渐长大茁壮，羊水也会比以前少得多，但是也是可以感受到胎宝宝的胎动，如果发现胎宝宝的活动减少，请马上打电话给医生，胎宝宝的各个器官继续发育完善，肺和胃肠功能已接近成熟，已具备呼吸能力，能分泌消化液。胎宝宝喝进的羊水，经膀胱排泄在羊水中，这是在为他出生以后的小便功能进行锻炼呢。

现在，是不是见到小宝宝的心情越来越迫切了？其实，小宝宝也在为出生做着最后的准备，他在努力地成长哦！他可能已经长出了满头的头发或者说绒毛。通过 B 超可以看到宝宝的皮肤变得比以前透明和粉红，因为脂肪层在皮肤下面沉积了。

Tips
专家小课堂

在欣赏音乐时，还需要加入准妈妈丰富的感情色彩。诗情画意，浮想联翩，在脑海里形成各种生动感人的具体形象。例如碧空万里的蓝天、悠悠飘浮的白云、彤红美丽的晚霞、连绵起伏的青山翠竹、清澈见底的小河流水，还有那夜色中宁静的月光，摇篮边年轻的母亲，摇篮内健康、聪明、惹人喜爱的宝宝……胎教中的"音乐形象"，将使准妈妈和胎儿沉浸在无限美好的艺术享受之中。音乐播放的时间不宜过长，以 5～10 分钟为宜，每天定时播放几次。注意音量适宜，不要太大也不要太小，更不要把录音机贴在腹部皮肤上，以免影响到胎儿。

系统性地对胎宝宝进行语言胎教

胎宝宝长到 8 个月时，已经是一个能听、能看、能"听懂"话、能理解准父母的有生命、有感情、有思想的"小人"了，准父母和宝宝谈话绝不是什么"对牛弹琴"。准父母和腹中的胎宝宝讲话，是一种非常积极的胎教手段。

宝宝通过听觉、感觉来感受父母的声音和语调，感受来自父母深深的爱，用语言来刺激胎宝宝的听觉神经系统及其大脑，丰富宝宝的精神世界，对宝宝大脑的发育是十分有益的。

准父母最好是将针对日常生活的内容和表达感情的话语加以简化，如"宝宝，爸爸妈妈都爱你""宝宝，今天的饭好香哟"等。经常重复说给宝宝听，以加深宝宝对这些话的印象，促进其记忆力和理解力。准父母也可系统性地给胎宝宝进行语言胎教，选择一个固定的时间（如晚上睡觉前）和宝宝说话，时间长短大体相对不变，每次 10 分钟左右，对话内容要在一段时间内重复，以加深宝宝对一些简单句子的理解。

在进行语言胎教时，准妈妈不要对语言胎教理解得太狭隘，以为语言胎教就是"让宝宝学会一样东西"，然后就像在学校里给宝宝们上课那样，对宝宝进行僵化死板的"授课"，这样会把宝宝当成被动的学习工具，要知道宝宝也会不喜欢的。首先，要把胎宝宝当成一个有生命活力的、有选择能力的宝宝来对待，所以实行语言胎教的内容和方法都要活泼生动、简明。准妈妈进行语言胎教还应该采用一种能与宝宝互动的形式，即准妈妈说话时必须是兴致勃勃的，选的文学阅读材料也是鲜活的、能引起自己兴趣的。

针对日常生活的内容和表达感情的话语加以简化

语言胎教

准妈妈教理解得不要对语言胎

准妈妈进行语言胎教还应该采用一种能与宝宝互动的形式

胎宝宝需要适当的运动刺激

胎宝宝的正常发育需要适当的运动刺激。运动可以促进血液循环，增加氧的吸入，加速羊水循环，并能刺激宝宝的大脑和感觉器官、平衡器官以及循环和呼吸功能的发育。准妈妈可根据自己的身体情况,做以下的 12 种胎教运动:早晨散步、足尖运动、踝关节运动、搓脚心运动、膝胸卧位、骨盆韧带运动、盘腿坐、盆底肌肉运动、站立、行走、手指健脑操及腹式呼吸。其中早晨散步是最适宜准妈妈的运动。准妈妈可在绿树成荫、环境幽静的公园、田野、树林以及河畔等处散步，这些地方空气清新，空气中负离子较多，准妈妈在散步时可吸进较多的氧气，既可改善和调节大脑皮层和中枢神经系统的功能，又能增强对疾病的抵抗力;既有防病功效，又有利于宝宝发育。

准爸爸要多陪妻子去散步

阳光、运动、新鲜空气对于准妈妈来说都很重要。散步是十分适合准妈妈的运动方式之一，准爸爸可以每天清晨或傍晚陪准妈妈出去散心

足尖运动

踝关节运动

搓脚心运动

膝胸卧位(此动作要谨慎少做)

骨盆韧带运动

盘腿坐

对胎宝宝进行抽象立体的胎教

怀孕8个月时，宝宝已具有了初步的意识萌动，所以此时可以为宝宝进行较抽象、较立体的美育胎教。美育胎教要求准妈妈通过听、看，体会生活中一切的美，将自己对美的感受通过神经传导输送给宝宝。

听

主要是指听音乐，这时准妈妈在欣赏音乐时，可选择一些富含主题、意境饱满的作品，比如贝多芬的《月光奏鸣曲》、肖邦的《英雄》、维瓦尔迪的《四季》等，这些乐曲都有较鲜明的主题和性格，能促使人们美好情怀的涌动，也有利于宝宝的心智成长。

看

主要是指准妈妈要阅读一些优秀的作品和欣赏优美的图画。准妈妈要选择那些立意高、风格雅、个性鲜明的作品阅读，尤其可以多选择一些中外名著。比如，中国现代作家朱自清和俄国作家屠格涅夫的散文；中国古代诗词及外国诗人普希金、雪莱等人的诗歌；西方著名作家雨果、托尔斯泰和中国现当代的著名小说等。准妈妈在阅读这些文学作品时，一定要边看、边思、边体会，强化自己对美的感受，这样宝宝才能受益。有条件的话，准妈妈还可以看一些著名的美术作品，比如中国的山水画、西方的油画等。在欣赏美术作品时，调动自己的理解力和鉴赏力，因此而产生的美的体验一定会传导给胎宝宝。

体会

指贯穿听、看活动中的一切感受和领悟，也指准妈妈在大自然中对自然美的体会。准妈妈在这个阶段也要适度活动，到环境优美、空气质量较好的大自然去欣赏大自然的美，这个欣赏的过程也就是准妈妈对自然美的体会过程。准妈妈通过饱览美丽的景色而产生出的美好情怀，可以促使宝宝脑细胞和神经的发育。

怎样开展联想胎教

胎宝宝和准妈妈心灵情感相通

大量研究表明，胎儿时期，胎宝宝和准妈妈之间由于血脉相连，会有心灵和情感的相通，准妈妈和胎宝宝分别通过不同的途径传递彼此的情感信息。比如，准妈妈心情愉快、恬静时，胎宝宝在腹中就会表现得安静；反之，如果准妈妈盛怒、发火，胎宝宝在腹中就会表现得躁动不安。准妈妈在孕期情绪和心情的好坏直接影响了胎宝宝出生后的性格，准妈妈所传递的情感信息对胎宝宝至关重要。所以，准妈妈和胎宝宝之间的这条情感通道，提示我们不能忽略对胎宝宝进行联想胎教。

联想胎教的内容很重要

由于联想对胎宝宝具有一定的"干预"作用，准妈妈的联想内容十分重要。在日常生活中，少数准妈妈由于怀孕后的身体不适而出现对胎宝宝怨恨的心理以及产生不好的联想感受，这时胎宝宝在母体内就会意识到准妈妈的这种不良感受，从而引起精神上的异常反应，在这种情况下发育的胎宝宝出生后大多数会有情感障碍，出现感觉迟钝、情绪不稳、易患胃肠疾病、体质差等现象。因此，准妈妈必须在妊娠期间排除不良的意识和联想，尽量多想些美好的事情，比如名画、美景、乐曲、诗篇等所有美的内容，将善良、温柔的母爱充分体现出来，通过各个方面来爱护和关心胎宝宝的成长。

准爸爸要帮准妈妈坚定信念

准妈妈在进行胎教时，由于隔着肚皮和胎宝宝交流，胎儿的每一点、每一滴变化准妈妈都无法看见，也就很难知道自己所做的一切对胎宝宝到底起多大作用。于是，有的准妈妈实施过一段时间的胎教后，自我感觉效果不佳，热情大大降低，常常半途而废，胎教自然不会成功。准爸爸一定要帮准妈妈树立持之以恒的信心，让她坚定信念，同时，准爸爸也努力参与到胎教中，和准妈妈一起坚持做下去。准爸爸要告诉准妈妈，胎教的过程也是她自身磨炼性情、提高修养的过程，胎教提倡的首先是准妈妈的自我修身养性，然后才是对胎宝宝施以积极的影响，

胎宝宝的第33周

第33周胎宝宝成长状态监测

现在胎宝宝体重大约有 2 千克，身长约为 48 厘米。这时胎宝宝皮下脂肪已较前大为增加，皱纹减少，身体开始变得圆润。在未来的 6 周，胎位会慢慢的改变至头位，不仅是为出生做准备，也可使营养、血液回流至头部，使脑部快速发育，甚至胎宝宝头部已开始降入骨盆。头骨也开始变硬，但是头颅还是非常脆弱且分离，中间还有空隙，这是为了在之后分娩时好通过产道，缓冲对狭窄产道的挤压，这时胎宝宝皮下脂肪已较前大为增加，皱纹减少，身体开始变得圆润。胎宝宝的呼吸系统、消化系统发育已近成熟。

宝宝已经为分娩做好了准备。大多数宝宝的胎位应该已经是头位了，即头在下，臀部在上。并且宝宝的头可能在今后的 6 周里下沉至骨盆并开始压入子宫颈。这个姿势不仅为出生做准备，还可以使血流至他正在发育的脑部。另外，他的头骨还相当软，没有完全闭合，每块头骨之间有空隙，这种可松动结构可以使宝宝的头在经过相对狭窄的产道时有伸缩性。

Tips
专家小课堂

本周准妈妈的子宫底在肚脐上约 13 厘米处，宫高约 33 厘米。准妈妈的体重较妊娠前增加 9.3 ～ 11.5 千克，子宫、腹部增大，准妈妈的行动变得笨重迟缓，行卧起坐尤应当心。越靠近后期，准妈妈出现下肢水肿的现象会越重，用手指按压脚踝稍上的位置，凹陷下去的地方需要一段时间才能平复，这是正常的，如果水肿发展至大腿以上，则是病理现象了。此时阴道分泌物较多，仰卧时腰背痛较明显。

告诉你，胎宝宝真的会做梦

胎宝宝的做梦也再次说明，准妈妈在怀孕过程中能把她所想、所闻、所梦见到的一些事情，变成思维信息，通过一定的途径不知不觉地传给胎宝宝，对胎宝宝进行影响和教育，这是有一定科学道理的。这种教育和影响对于胎宝宝的成长也是很有必要的。反过来也告诉我们，准妈妈的言行要自重自爱，乐观开朗，不要有消极情绪，更不要去观看那些暴力、枪战、恐怖、色情、悲剧等文艺作品（特别是影视），以免在大脑皮质中留下那些恐怖、紧张、血腥的画面，给胎宝宝带来不利影响。胎宝宝做梦的能力是大脑皮质逐步发育完善的必然结果，大脑的兴奋和抑制始终在交替活动中，只是我们还无法了解胎宝宝做梦的内容罢了。

继续音乐胎教：促进胎宝宝情绪的进一步发展

胎教准备

鉴于 9 个月的胎宝宝有了意识，所以这一阶段的音乐胎教主要是促进胎宝宝情绪的进一步发展，进一步刺激胎宝宝的心理和智力的发育。准妈妈可以选择自己欣赏音乐，也可以选择让胎宝宝"听"音乐的形式。

胎教实施

9 个月的音乐胎教在选乐曲时要选择那些注重抒发作曲家内心情感、充满深切的情感关怀、旋律流畅、意境深远的作品，尤其要选择一些有思想深度、能激发准妈妈思考，对胎宝宝益智有利的音乐作品。准妈妈在进行音乐胎教时，一定要注意体会音乐的意境，必须对自己的情绪有所掌控，千万不能在欣赏音乐时开小差。

胎教效果

如果让胎宝宝听音乐，切记不可选择高频部分声压较大、音乐力度较强的作品，如法国钢琴家理查德·克莱德曼改编自贝多芬《命运交响曲》的现代钢琴曲《命运》、柴可夫斯基的《悲怆交响曲》等，这些都不太适合胎宝宝听。有很多实例证明，经过进一步的音乐胎教，胎宝宝的情绪会有一个发展，心智也一定比没有经过胎教的宝宝要成熟。

胎宝宝的第34周

第34周胎宝宝成长状态监测

宝宝现在有 2.3 千克，坐高约 30 厘米，身长约 49 厘米。宝宝的中枢神经系统正在发育，肺部已经发育得很成熟了。宝宝的脂肪层正在变厚，这些脂肪层在宝宝出生后会帮助他保持体温。宝宝在本阶段会经常睡觉，这是因为他脑部正在飞速地发育。

胎宝宝的肺部已经发育完成，全身开始长皮下脂肪，皮肤呈现有光泽的颜色，之后的每周胎宝宝都会持续的增加皮下脂肪，这是为了出生后能够自行调节体温。此时胎宝宝已经做好准备，属于头朝下的头位，头部已经进入骨盆，之后医生会开始注意胎位是否正常，这关系到是否可以正常自然分娩，如果准妈妈是初产妇，那么这时胎宝宝的头部大多已降入骨盆，紧压在子宫颈口。而曾经生产产妇的胎宝宝入盆时间会较晚一些，有的产妇胎宝宝在分娩前才会入盆。

胎宝宝的脑部也持续地发育，睡眠的时间也较长，从上周起胎宝宝脑部开始快速发育，此时已有上亿个神经细胞，神经细胞与神经细胞所连结的突触也发育完全，胎宝宝的脑部也越来越有许多的皱褶。

为抵御感染，胎宝宝的免疫系统正在迅速发育。胎宝宝的手指末端非常小，但是指甲锋利。皮肤变得更加粉红，并且不再褶皱，表面仍能见到大量的胎儿皮脂。尽管全身的其他骨骼都在硬化，但颅骨的骨缝却依然较宽，这样能使胎宝宝的头部在阴道娩出时更加顺利。由于子宫里空间越发局促，胎宝宝不能继续在羊水里漂浮，动作也比以前更加粗放而缓慢了，姿势也变为头朝下"倒立"了。

感官刺激胎教

妊娠第9个月的胎教

胎宝宝到了 9 个月大，可让胎宝宝通过自己的腹壁，享受一些阳光。在晴朗的日子里，最好到公园散散步。散步时，可将手放在腹上，轻轻地和胎宝宝说："宝宝，你知道现在的阳光多好吗？"适量的光线和妈妈温柔的声音，对即将出生的胎宝宝而言，是一种良性刺激。除了充分利用阳光进行胎教外，准妈妈这个月一定要做好分娩的准备。同时要防止便秘。

这时已接近整个妊娠的尾声，面临最后的"冲刺"，准妈妈在做好胎宝宝教育的同时，要积极进行分娩前准备。要特别注意精神应激因素对妊娠的影响，尤其是那些高危准妈妈，往往忧虑胎宝宝是否健康，能否顺利分娩。如果情绪高度紧张，容易导致心理上的不平衡，甚至使整个安胎、养胎与胎教的过程功亏一篑。因此，要求准妈妈要保持乐观的精神状态，全身心地期盼着与小宝宝见面。

情绪反映

9 个月大的胎宝宝脑功能虽未完全成熟，可是部分功能已经非常发达。对于外界的刺激，不仅会传递至身体各感觉器官，也可通过脸部显现喜欢或讨厌的表情，这就是胎宝宝已有"情绪"反应的证明。从羊水镜中，可以清楚地看到胎宝宝的表情，有时像在微笑，有时像在皱眉，有时像是在哭泣。

情绪反映

到了妊娠第 9 个月，如果使用强光照射准妈妈腹部，胎宝宝为了避免受到光线刺激，会将脸转到一旁，或合上眼睑。在准妈妈腹内，胎宝宝的视神经和视网膜都尚未成熟，强光对胎宝宝而言，的确太刺眼了，会成为一种非常不舒服的刺激。而弱光会使胎宝宝有眨眼的动作，并且会感兴趣地将头部转向光源的位置。室内不太刺眼的光线随着昼夜转换而周期性变化，可给予胎宝宝脑部适度的明暗周期的感觉，刺激脑部的发育。但并非用光线刺激胎宝宝就会生出聪明的孩子。对胎宝宝而言，他最喜欢的亮度为透过妈妈腹壁进入子宫的微弱光线。

准妈妈的营养胎教

牛奶营养丰富，尤以钙的含量高，且特别易被人体吸收，所以是孕期的保健佳品，尤其是孕晚期。准妈妈适量多喝牛奶，胎宝宝受益多多。

据测定，在一瓶227克装的消毒牛奶中，含蛋白质相当于55克鸡蛋，含脂肪相当于385克带鱼，含热能相当于120克猪肝，含钙相当于500克菠菜，含磷相当于300克鸡肉，含维生素A相当于125克活虾。

牛奶具有阻止人体吸收食物中有毒的金属铅和镉的功能，能减小胎宝宝吸收这类有毒物质的风险；酸奶和脱脂奶更可增强免疫功能，防止孕期感染；牛奶中含有丰富的钙质和有利于钙吸收的维生素D，能有效地补充母体钙质，增强骨骼和牙齿，减小胎宝宝缺钙风险；牛奶中的钾更可使动脉血管壁在血压高时保持稳定，降低准妈妈妊娠高血压时的危险性；牛奶中的镁能使心脏和神经系统耐疲劳；碘和卵磷脂能大大提高大脑工作效率；酪氨酸能促进快乐激素——血清素大量生长，促使准妈妈保持良好体力、脑力和情绪；牛奶中的锌能促进胎宝宝大脑发育。

临睡前喝一杯牛奶，既可以补充营养，又能使准妈妈情绪稳定，促进睡眠，减少发生失眠的可能，有利于胎宝宝的发育成长。

牛奶是孕期的保健佳品，尤其是孕晚期

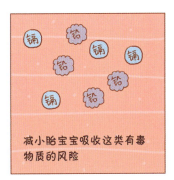

减小胎宝宝吸收这类有毒物质的风险

减小胎宝宝缺钙风险 增强骨骼和牙齿

降低准妈妈妊娠高血压时的危险性

促使准妈妈保持良好体力、脑力和情绪

展开美育胎教：最初的心智训练

胎教准备

9个月的胎宝宝已有初步的意识萌动，所以对胎宝宝心智发展的训练以较抽象、较立体的美育胎教法为主。美育胎教要求准妈妈通过听、看，体会生活中一切美好的事物，将自己对美的感受通过神经传导输送给胎宝宝。听主要指听音乐；看主要指阅读一些优秀的作品和欣赏优美的图画；体会既指贯穿听、看活动中的一切感受和领悟，也指准妈妈在大自然中对自然美的体会。

胎教实施

看出"美意"准妈妈要选择那些立意高、风格雅、个性鲜明的作品阅读，尤其可以多选择一些中外名著来阅读。比如，中国现代作家朱自清和俄国著名作家屠格涅夫的散文，中国古代诗词及外国诗人普希金、雪莱等人的诗歌，西方著名作家雨果、托尔斯泰的作品和中国现当代的著名小说等。准妈妈在阅读这些文学作品时一定要边看、边思、边体会，强化自己对美的感受，这样胎宝宝才能受益。有条件的话，准妈妈还可以看一些著名的美术作品，比如中国的山水画、西方的油画。

体会出"美感"准妈妈在这个阶段也要适度走动，可以到环境优美、空气质量较好的大自然中去欣赏大自然的美，这个欣赏的过程也就是准妈妈对自然美的体会过程。

胎教效果

准妈妈选择主题较鲜明的美术作品和音乐作品，能促使自我美好情怀的涌动，也有利于胎宝宝的心智成长。在欣赏美术作品时，准妈妈要调动自己的理解力和鉴赏力，由此而产生的美的体验一定会传导给胎宝宝。准妈妈通过欣赏美丽的景色而产生出的美好的情怀，可以促使胎宝宝脑细胞和神经系统的发育。

胎宝宝的第35周

第35周胎宝宝成长状态监测

宝宝的身长达到了 50 厘米左右，体重 2.5 千克。宝宝从脚趾到头发，他已经完成了大部分的身体发育。他的两个肾脏已经发育完全，肝脏也能够代谢一些废物了。他的神经系统和免疫系统仍然在发育，体内的脂肪也在增加。准妈妈可能会感到他的活动量小了，这是因为宝宝的身体逐渐增大，现在已经不是在羊水里漂浮着了，也不太可能再拳打脚踢了。

胎宝宝皮下脂肪增多，身体圆滚滚的。堆积的脂肪从怀孕中期的 2% 增至目前的 12% ～ 15%，在胎盘中，铁的传递只在一个方向发生，从准妈妈传给宝宝大部分的铁在妊娠末 3 个月储存在宝宝的肝里。为了保证铁的充分吸收，储存起来的铁会在宝宝出生后前 4 个月内补充母乳或奶粉中的铁含量不足。

胎宝宝现在已不是呈现漂浮的状态，虽然在紧缩的空间，但是胎动还是不会少，如果胎动减少，请就医。

Tips
专家小课堂

宫内感染的预防

① 准妈妈做好孕前检查，一旦发现可能引起宫内感染的疾病，应先治愈后再妊娠。

② 预防病毒性疾病，准妈妈在孕前应进行风疹疫苗、乙肝疫苗的预防接种。

③ 做好围产期保健，发现胎宝宝受病毒感染或畸形可做人工流产或终止妊娠，准妈妈的产道存在巨细胞病毒等可考虑剖宫产。

④ 妊娠末期，严禁性生活，注意休息、情绪和营养。当准妈妈发现有阴道流水时应及时到医院检查，以便采取及时有效的防治措施。

孕晚期的胎教注意事项

　　孕期已经接近尾声，胎宝宝已基本发育成熟，因此本周可以将各种胎教方法轮流实施，但良好的胎教效果还是取决于坚持，不妨抽几天再次复习一下前面学习过的知识，另外，准妈妈还可以多和宝宝一起欣赏音乐，胎教的时间可适当延长，内容也可适当增加。

　　这个阶段，准妈妈不妨在音乐胎教的时间段选择安静的环境，闭上眼睛，展开丰富的想象，静静地聆听，那些柔和、节奏舒缓、优美动听的音乐（比如古典）可很好地舒缓准妈妈因分娩临近而产生的烦躁和紧张心理，与胎宝宝一起投入，进入艺术氛围。

　　本周开始，如果对海鲜产品不过敏，得到医生的允许后，准妈妈可以适当吃一些营养丰富的海洋食物，这类食物被营养学家称为高价营养品，富含脂肪、胆固醇、蛋白质、维生素 A 和维生素 D，还可以提供丰富的矿物质，如镁、铁、碘等元素。

　　准妈妈的腹壁上现在能清楚地触到胎宝宝的头、背和四肢，准妈妈和准爸爸可以隔着妈妈的肚皮轻轻地抚摸胎宝宝的头部，有规律地来回抚摸胎宝宝的背部，也可以轻轻抚摸他的四肢，轻柔有序的抚摸将有利胎宝宝感觉系统和神经系统及大脑的发育，每次数分钟，要注意胎宝宝的反应，好及时做出回应。

　　保持平和、欢乐的心态直接关系到宝宝的健康与分娩，准妈妈现在要多和老公聊聊天，同时还要学习一些必要的分娩知识等。

　　美育是净化胎敦氛围的必要手段，大自然、绘画、书法、雕塑以及戏曲、影视文艺作品等，多接受一些美的艺术熏陶，可以令胎教效果更好。

准妈妈可以适当吃一些营养丰富的海洋食物

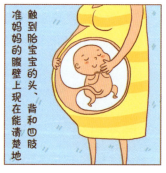

触到胎宝宝的头、背和四肢准妈妈的腹壁上现在能清楚地

关系到宝宝的健康与分娩保持平和、欢乐的心态直接

促使胎宝宝身心全面发育

胎教准备

第9个月的胎宝宝已渐成熟，可以继续对胎宝宝进行对话、语言、运动、光照等全方位的胎教，全方位的胎教刺激可促使他的身心全面发展。

胎教实施

在综合实施这些对话、语言、运动及光照胎教时要进一步加强，比如对话内容可以更复杂些，可讲故事、谈话、讲画册、教儿歌等；语言胎教可增加外语的播放；运动胎教以帮助胎宝宝做体操等较大的"运动"训练为主；光照胎教则建议准妈妈直接到大自然中去迎着太阳走，让太阳柔和自然的光源照射在准妈妈腹部，给胎宝宝以自然光的刺激。

准妈妈可以选择舒缓散步法，也就是首先放一些轻松舒缓的音乐，然后按节奏行走，步伐不要太大，自我感觉轻松舒适就好；同时，双臂自然在身侧摆动，幅度不必太大，配合深呼吸（将充足的空气从鼻孔吸入肺部，由嘴部呼出）。这种散步方式可以扩张肺部，锻炼分娩时需要的呼吸技巧；或者还可以在此基础上，添加肢体动作，达到活动全身的目的。比如每做完一个循环，双腿微张至臀宽，手臂抬至与肩同宽，手掌向前伸展，然后匀速下蹲3～5次；一手叉腰，另一只手臂前伸，上半身向手臂叉腰一侧转，同时匀速下蹲。这一过程做3～5次，做完换了方向继续做。

准妈妈看到大自然中的景物时，也可以教胎宝宝数数，轻轻拍打一下腹部说："1"，轻轻拍打两下腹部说："2"。注意拍打轻柔但要清晰，发出的声响要注意节奏，要按一个均匀的节奏规律进行。每次数数都要从1开始，数数不能太多，声响不能太大。教胎儿数数，不能操之过急，要循序渐进。

胎教效果

通过准妈妈对胎宝宝进行综合的胎教训练，可以让胎宝宝在腹内通过视觉、触觉、听觉等来立体感觉"外面的世界"，可以帮助他开启对未来世界认识的萌动意识。

为后期胎教创造良好的宫外环境

多走入大自然

准妈妈选择散步的地方也很重要，尽量不要去人群密集的地方，最好在大自然中行走。这样就可以一边接受阳光中紫外线的消毒，一边吸入树木放出的大量氧气；同时还能感受到大自然的鸟语花香，借助自然界中的鸟鸣蝉歌来调节中枢神经系统，从而放松精神，修身养性。

此外，我们生活的大自然中充满了神奇、美丽和温馨，准妈妈常常走进大自然，不仅可以从中领悟到诗一般的奇观，还能感受到自然美，这些美的感受不断地在大脑中汇集、组合，经过准妈妈的情感通路传递给胎宝宝，使他也能受到大自然的间接陶冶，这也是促进胎宝宝智力开发的重要基础。

国外曾发生过这样一件令人不可思议的事情。一个3岁的孩子竟能说出从未见过的异国风光，而且人们发现他的"乱说一通"竟然和实际非常相似，这不得不令人质疑。后来经调查才得知，他的妈妈在怀孕期间曾到那个国家旅游过，正是准妈妈的感知变成思维的信息传递给了胎宝宝。可见，大自然是最好的胎教环境。

胎宝宝的第36周

第36周胎宝宝成长状态监测

宝宝大约已有 2.8 千克重。宝宝的肺已经完全成熟，但仅靠自身的力量还不能呼吸。覆盖宝宝全身的绒毛和在羊水中保护宝宝皮肤的胎脂正在开始脱落，皮肤变得细腻柔软，变得越来越漂亮了。

宝宝的四肢会自由地活动，手碰到嘴唇时，会吸吮自己的小手，已经有了很好的吸吮能力，宝宝会自由地把眼睛睁开或闭上。宝宝的骨骼已经很坚硬了，为了能够顺利地通过产道，宝宝的头骨保持着很好的变形能力，会根据需要调整自己的头形。

这周胎宝宝的指甲又长长了，可能会超过指尖，胎宝宝不时的吸吮手指，这是在未出生后吸吮动作做准备。两个肾脏已发育完全，他的肝脏也已能够处理一些代谢废物，肺部已发育成熟，但是仅靠自己的力量还无法呼吸，胰脏发育也近成熟，开始分泌胰岛素，此时期如果准妈妈产生高血糖，胎宝宝也会高血糖，分泌大量的胰岛素，容易导致胎宝宝过重，造成生产时的困难。

这时每当胎宝宝在准妈妈腹中活动时，他的手肘、小脚丫和头部可能会清楚地在准妈妈的腹部突现出来，这是因为此时的子宫壁和腹壁已变得很薄了。而且因此会有更多的光亮透射进子宫，这会使胎宝宝逐步建立起自己每日的活动周期。

Tips
专家小课堂

准妈妈会觉得子宫已胀大到肋骨位置，大得不能再大了。别担心，从本周起准妈妈的体重不会大幅增加了。乳腺有时会有奶汁排出，这叫做初乳，应轻轻用软布或棉花以清水拭擦保持清洁。有些准妈妈此时会出现反胃、胸口郁闷的感觉。从现在起应每周做 1 次产前检查，平时准妈妈也要密切注意胎动情况。

让胎宝宝感受光线

怀孕第 36 周后，当胎宝宝处于觉醒状态时，通过腹壁用光照射胎宝宝的脸，在 B 超显像仪上即可见到胎宝宝的眼睑、眼球活动及头部会回转做躲避样的运动。这样对准妈妈腹部直接进行光线照射，有时会使胎宝宝感到不快。此时，如果胎宝宝不背过脸去，用电光一闪一闪地来照射准妈妈的腹部，胎宝宝的心搏数就会出现明显的变化。在准妈妈腹内，胎宝宝的视神经和视网膜都尚未发育成熟，强光对胎宝宝而言有点刺眼，胎宝宝会将脸转到一旁或闭上眼睑。而弱光则会使胎宝宝十分感兴趣地将头转向光源的位置。怀孕第 37 周以后，这种反应逐渐明显。实验证明，光照胎教不仅可以促进胎宝宝对光线的灵敏反应及视觉功能的健康发育，还有益于孩子出生后动作行为的发育成长。

胎宝宝第 36 周，各项生理功能都齐全了，还可以将光照胎教与数胎动及对话胎教结合起来进行。当胎宝宝睡醒时，用手电筒的微光照射准妈妈的腹部，以训练胎宝宝昼夜规律，即夜间睡眠，白天睡醒，从而促进胎宝宝视觉功能的健康发育。准妈妈可定时训练，如每日照射腹部 3 次，同时告诉小宝宝，现在是早晨或中午为你数胎动的时间。应该注意的是，光照时，切忌用强光照射，且时间不宜过长。

妈妈进行日光浴，胎宝宝能感受到光线的强弱

当胎宝宝处于觉醒状态时，通过腹壁用光照射胎宝宝的脸

见到胎宝宝的眼睑、眼球活动及头部会回转做躲避样的运动

对准妈妈腹部直接进行光线照射，有时会使胎宝宝感到不快

强光

用电光一闪一闪地来照射准妈妈的腹部，胎宝宝的心搏数就会出现明显的变化

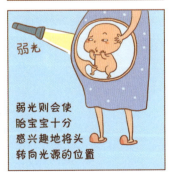

弱光

弱光则会使胎宝宝十分感兴趣地将头转向光源的位置

准妈妈身体负担越来越重

● 准妈妈肚子像一个倒置的梨子

这时的准妈妈子宫呈倒梨状，在它的顶部，也就是子宫最上面的部分称为子宫底。子宫底配合胎宝宝的成长逐渐变大，而子宫底的位置也逐渐往上升，子宫底升到最高位置大约是在第9个月的时候，此时已升到心窝附近而直接压迫到胃了。

由于子宫底已经上升到心窝底压迫到胃，会造成准妈妈食欲不振，体重亦有急速增加的倾向。除了胸部好像被什么东西顶住的感觉之外，身体也变得很难弯曲，浑身没劲而且不想动。特别是上下楼梯会显得格外笨拙，步行也变得很容易跌倒。所以，此时准妈妈要不慌不忙，慢慢行走。

● 准妈妈身体负担越来越重，有点着急了

准妈妈怀孕至第9个月时，身体负担变得很重，不仅行动不便，也容易疲倦，因此一些准妈妈便会出现心情焦虑的现象，希望早一点把孩子生下来，卸下负担。然而十月怀胎、一朝分娩是急不得的事，如果准妈妈无法排遣这种情绪，无疑会影响胎宝宝的心智发育。

这时，准爸爸要努力帮助准妈妈调整心理和情绪，做好准妈妈的思想工作，陪妻子愉快地度过分娩前的最后一段日子，和妻子一起把养胎坚持到底，共同走完孕期最后的时光。此外，准妈妈分娩前行动不便，准爸爸还要多方照料，体贴入微，每日陪准妈妈活动、散步，以利于准妈妈的宫缩，但要注意，不能让准妈妈太疲劳。

双语环境使胎儿的大脑接收到的信息更丰富。教日语字母和英文字母的方法是一样的。可以从字母的写法、笔画、形状各个方面教授。在教授时，要注意发挥嘴巴、手指、眼睛的合作作用，争取让胎儿对一个字母有一个完整清晰的认识，这样有利于胎儿用脑去理解这个字母并记住这个字母。

怎样开展美育胎教

美育胎教包括音乐美育、自然美育和感受美育

音乐美育。音乐美育是指对胎宝宝进行音乐美的培养,以此来达到胎教的目的,它主要通过准妈妈的心理和生理两种途径来实现。

从心理方面讲,音乐能使准妈妈心情愉悦,产生联想,从而使情绪达到最佳状态,再由神经系统将这一信息传递给腹中的胎宝宝,使其深受感染;同时,安静舒缓的音乐也可以给胎宝宝创造一个悠闲的环境,使躁动不安的胎宝宝安静下来,让他意识到世界是多么和谐美好。从生理方面讲,悦耳的音乐能激起母亲自主神经系统的活动,自主神经系统控制着内分泌腺,使其分泌出许多激素,这些激素经过血液循环进入胎盘,使胎盘的血液成分发生良性变化,有利于胎宝宝体内健康化学成分增多,从而激发胎宝宝大脑及各系统的功能活动。

自然美育。大自然是美的最高境界,准妈妈多到大自然中去欣赏美丽的景色,让胎宝宝接受自然美的积极作用和熏陶,帮助胎宝宝促进大脑细胞和神经的发育。

感受美育。准妈妈如果有优雅的气质、饱满的情绪和文明的举止,就能感受到来源于自身的一种美。这种感受确立了准妈妈的审美观,并能将这种审美观传递给胎宝宝,使胎宝宝在母体内也得到美的熏陶。

美育胎教和联想胎教结合运用

进行音乐美育要求准妈妈多听美妙的音乐,多展开联想。进行自然美育要求准妈妈多走进大自然,在感受自然美的同时激发起情绪的愉悦、寻找精神的享受。在我们生存的这片土地上,不管是神奇辽阔的草原、挺拔峻峭的高山还是幽静神秘的峡谷、惊涛拍岸的河海,无不开阔着我们的胸襟,启迪着我们的思考,给我们带来美的享受和精神的升华。准妈妈在大自然中感受到这一切时,要将提炼过的感受传递给胎宝宝,使胎宝宝也能感受到大自然的美丽;同时,准妈妈经常走入大自然,吸收新鲜空气,也有利于胎宝宝的大脑发育。

进行感受美育要求准妈妈在孕期不仅要有健康的妊娠生活,还要适当丰富自己的精神生活,多看书、旅游、欣赏等,通过感受这些美好的行为来增加准妈妈的情趣,丰富其对美的感受,陶冶自身的情操,并通过这种方式传递给胎宝宝。

正视分娩前的负面情绪

稳定情绪

怀孕后的女性情绪较为脆弱，尤其是进入分娩期的妈妈更会出现不同程度的情绪紧张。准妈妈因为心理上害怕分娩、疼痛、出血，经常处于焦虑不安和躁动的灰色心理中。持久的情绪紧张还会形成恶性循环，容易出现心跳加快、血糖增高、心慌、恶心、食欲减退、身体颤抖等不良反应。准妈妈可以通过以下几点来克服不良情绪：1.准妈妈需要了解一些怀孕、分娩的常识。2.临产入院的准妈妈更应充满信心，保证充足的睡眠及饮食，吃些易消化、高营养的食物。3.临产时排除杂念，在宫缩时放松全身，做深呼吸。4.在宫缩间歇时休息，尽量让自己处于平静安适的状态。

克服分娩阵痛

准妈妈分娩前会有疼痛的反应，这是产生恐惧的根源。多数情况下经过助产人员的精心护理、安慰和鼓励，准妈妈可以克服分娩引起的疼痛。但是，部分准妈妈需要镇痛剂或麻醉才能舒缓情绪，也可以用一些方法缓解这些痛楚。

让身体保持舒适。助产人员或是家人要帮助准妈妈采取最舒适的体位，可以侧卧身体，把关节处微微屈曲；需要平躺的时候，再帮助准妈妈抬高床头；经常按摩一下背部或是翻翻身体也能松弛肌肉，让准妈妈有舒适感。

减轻焦虑。指导准妈妈认识分娩的生理过程，耐心倾听准妈妈的诉说，家人要陪伴其身旁，不断给以鼓励，及时肯定准妈妈正确使用呼吸及松弛技巧，减轻准妈妈对自己处理能力的焦虑。

指导准妈妈，取得配合。给准妈妈准备一些如何应对分娩期可能遇到的不适的资料，有助于准妈妈临产时控制自己的反应；在准妈妈进行各种检查或护理前，告诉她为什么这么做，要做些什么，这样也能减轻焦虑，降低疼痛的强度。

应用护理技巧。准妈妈过于紧张会增加疼痛的感受，需要家人不时地跟她聊聊天、回忆一下以前的快乐日子或是一起憧憬宝宝降临后的美好未来，这些都能分散她的注意力，缓解疼痛。触摸或是腹部按摩的方法也能减轻准妈妈的紧张心理，减轻阵痛。

胎宝宝的第37周

第37周胎宝宝成长状态监测

宝宝现在有 3 千克左右，身长 50 厘米左右。胎宝宝体内的脂肪增加到约 8%，到出生时约 15%。每位胎宝宝之间当然会有个体差异，有的胖一点，有的瘦一点，只要 2.5 千克以上的胎宝宝都是正常的，从这星期开始胎宝宝满足月了（37～42 周称为足月，37 周前称为早产，42 周后称为过期妊娠，但是若怀着双胞胎 40 周即为过期妊娠，37 周为足月）。

大部分的胎宝宝都长出头发来了，约有 3～4 厘米长，手脚肌肉都已发达，骨骼也变硬，因为皮下脂肪的累积，胎宝宝看起来又圆又结实，胎宝宝大致上都发育得差不多了，除了皮下脂肪的累积外，其他的生长会慢很多，在胎位上，如果还是在臀朝下的话，胎宝宝自行转成头位的机会就很小，如果医生无法改变胎位，那么很有可能会进行剖腹生产，以保证准妈妈及胎宝宝的健康安全。

宝宝现在正在练习呼吸，因为身体逐渐长大，空间太小，他已经无法做运动了。他在子宫的时间越长，就有越多的时间愉快地在安静的子宫里发育他的脑部。如果宝宝是男孩，他的睾丸将会下垂成为阴囊。

Tips
专家小课堂

现在准妈妈的子宫底在肚脐上约 16 厘米处可以触及，宫高约 37 厘米。这时胎儿在母腹中的位置不断下降，下腹坠胀，不规则宫缩频率增加。由于子宫压迫，准妈妈常感到尿意和便意，便次增加，阴道分泌物也更多了。有些准妈妈的乳房还会分泌少量乳汁，为哺乳做好准备。如果此时还是胎位不正，应做好剖宫产的思想准备。准妈妈的睡眠质量或许会受影响，注意多休息。这段时间准妈妈尤应特别留意是否有下腹部痛、阴道分泌物带血等症状的出现，这些都是临产的征兆。

准妈妈大腹便便、身体笨重，情绪有些反复

准妈妈身体非常笨重，动作十分吃力

此时，准妈妈身体变得非常笨重，即使只是轻微的活动也会显得相当困难，动作十分吃力。准妈妈的体重增加十分迅速，同时下肢、手、腰部等处也很容易浮肿。在分娩前7～14日，准妈妈会感觉到胎宝宝似乎在急速下降，同时开始发生尿频、腰部酸软、慵懒、肚子发胀，有时还会有不规则的子宫收缩。这一时期也是产道软化和子宫颈短缩的时期。若是初产，则会在此时感到好像要开始临产前的子宫收缩；若是经产，则子宫颈短缩，子宫口开大的倾向增强，因此，此时千万疏忽不得。

准妈妈情绪有些反复

随着胎宝宝一天天临近生产，准妈妈的身心负担越来越重。准妈妈在期待宝宝出生的同时，会担心分娩是否疼痛、选择顺产还是剖宫产、宝宝生下来是否健康、奶水是否充足、如何养育宝宝等问题。这种紧张的心理负担如不加以及时的疏导，就会产生忧郁的心理障碍。忧郁主要表现为情绪不好，常为一点点小事而感到委屈甚至落泪，烦躁焦虑，睡眠不好。这时，预防准妈妈产生忧郁的心理显得尤为重要。当准妈妈在孕末期出现忧郁心理时，准爸爸及家人对此要有足够的认识，尽量早做心理准备，主动排遣准妈妈的忧郁情绪。尽量打消不必要的担心，将所担忧的问题尽早解决，消除准妈妈对生产的恐惧和紧张。在准妈妈情绪不稳时，准爸爸要全力照料好妻子的生活，尽量耐住性子顺应妻子，以宽容来包容妻子。只要丈夫和妻子共同努力，克服不利于生产的恶劣情绪，就一定能够平安度过分娩的关口，迎来健康可爱、活泼聪颖的小宝宝的诞生。

这一时期，胎宝宝生长发育基本完成，对营养的需要减少，但准妈妈为了应对分娩时的剧烈疼痛、疲劳和体力消耗，必须抓紧进行大量的体能储备。孕妇应吃一些可以提高体力的食物，但要注意不可吃得太多，热能和脂肪不宜太高，否则将会引起孕妇肥胖和胎儿过大，造成难产。

胎宝宝的第38周

第38周胎宝宝成长状态监测

　　胎宝宝的体重达到约 3 千克左右，身长约 51 厘米，胎宝宝已具备了在外界生活的能力，多数的胎宝宝会在预产期早或晚两周出生，胎宝宝的头在准妈妈的骨盆腔内摇摆，周围有骨盆的骨架保护，很安全。这样也腾出了更多的地方生长他的小手臂、小腿、小屁股，虽然肺部和脑部都已发育的可以运作，但是直到童年时期还是会持续成长。现在，宝宝的指甲已经长到了手指和脚趾的末端，头发长到了 2 厘米左右。这时候宝宝的发质与遗传的关系不大，主要是和准妈妈孕期的营养有关。胎宝宝的皮肤变得光滑。

Tips
专家小课堂

　　现在准妈妈肚脐和子宫底之间的距离有 16 ～ 18 厘米，宫高为 36 ～ 38 厘米。胎头下降后，准妈妈胃部的压迫感减轻，呼吸也顺畅了，食欲好转，时有饥饿感。因为胎头进入了骨盆，准妈妈感觉胎动会减少。几乎每天都有无痛性的、不规则的宫缩，导致腹部出现强烈紧绷感。阴道里白色透明的分泌物增多，并且常有尿意。准妈妈现在应该适当活动，充分休息，密切关注自己身体变化，留意临产征兆的出现，随时做好入院准备。

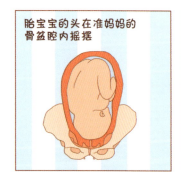

胎宝宝的头在准妈妈的骨盆腔内摇摆

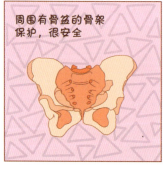

周围有骨盆的骨架保护，很安全

这些物质及其他分泌物也被胎宝宝随着羊水一起吞进肚子，形成胎便，胎宝宝的皮肤变得光滑

孕晚期抚摩胎教要谨慎

当准妈妈可以在腹部明显地触摸到胎宝宝的头、背和肢体时，就可以增加推动散步的练习。准妈妈平躺在床上，全身放松，轻轻地来回抚摸、按压、拍打腹部，同时也可用手轻轻地推动胎宝宝，让胎宝宝在宫内"散散步、做做操"。

此种练习应在医生的指导下进行，以避免因用力不当或过度而造成腹部疼痛、子宫收缩，甚至引发早产。每次 5 ～ 10 分钟，动作要轻柔自然，用力均匀适当，切忌粗暴。如果胎宝宝用力来回扭动身体，准妈妈应立即停止推动，可用手轻轻抚摸腹部，胎宝宝就会慢慢地平静下来。

抚摩时要注意胎宝宝的反应，如果胎宝宝是轻轻的蠕动，说明他很喜欢，可以继续进行；如胎宝宝用力蹬腿，说明胎宝宝感觉到不舒服，那准妈妈就要停止抚摩。

手抚摩肚皮的方向最好固定为从下到上，否则胎宝宝会随着手势来回翻动，造成脐带绕颈的危险。

进行抚摸胎教时要注意，一般在临近预产期不宜进行抚摸胎教；有不规则子宫收缩、腹痛、先兆流产或先兆早产的准妈妈，不宜进行抚摸胎教，以免发生意外；曾有过流产、早产、产前出血等不良产史的准妈妈，也不宜进行抚摸胎教，可用其他胎教方法替代。

抚摸胎教应有规律性，每天 2 次，坚持在固定的时间进行，这样胎宝宝才能心领神会地在此时间里做出反应；进行抚摸胎教时，要注意室内环境舒适，空气新鲜，温度适宜。随着产期的临近，各种产前检查更是要加强，因为随着孕期的结束，胎盘也会老化，对胎宝宝的各种营养和氧气的供给会不足，因为危险反倒是比孕期的早、中阶段更高，因此更加要注意对胎宝宝的监控。

胎宝宝用力蹬腿，说明胎宝宝感觉到不舒服，那准妈妈就要停止抚摩

临近预产期不宜进行抚摸胎教

每天2次抚摸胎教坚持在固定的时间进行，这样胎宝宝才能心领神会地在此时间里做出反应

准妈妈侧重情绪胎教

调整心态

妊娠反应是孕期正常的生理反应，会给准妈妈平添许多烦恼。准妈妈在面对这些反应的时候，必须及时调整心态，否则很容易影响心情，并产生烦躁、易怒等不良情绪，情绪大幅度波动还会在一定程度上加重妊娠反应，这些不良情绪对胎宝宝的健康和先天性格的形成都有很大的影响。

克服忧虑

对许多准妈妈来说，忧虑是比较常见的一种心理状态，她们常常担心自己和胎宝宝的健康，也会因此而浮想联翩，特别是对身患疾病的准妈妈，她们常担心胎宝宝受到自己身体的影响或服药的影响而发育不良。其实，这种忧虑是大可不必的，准妈妈只要积极地进行产检，并听从医嘱服药，胎宝宝就能健康发育。

消除疑虑

有些准妈妈认为，胎教只是"隔着肚皮说话"，不会起到任何作用，因而对胎教的作用产生了怀疑心理，从而打断了胎教的连续性。这种想法是错误的，不仅容易引发疑虑、烦躁、焦急等不良情绪，而且还会影响到胎宝宝。

避免对分娩的恐惧

恐惧是怀孕后最容易出现的一种心态。许多人认为分娩是一道生死大关。但事实上，随着医疗技术的提高，因难产致死的概率越来越低，准妈妈完全可以相信医生，相信科学技术，即使发生意外，也能采取及时的医疗措施来保证母子安全。

开展情绪胎教：给胎宝宝带来美好情绪

胎教准备

由于临近生产，准妈妈免不了心理紧张，情绪抑郁，这对胎宝宝很不利。这时，准妈妈就要尽量调整好自己的心态，培养良好的情绪，从而将美好的情绪传递给胎宝宝，给胎宝宝健康平稳的生产创造一个宁静安谧的身心环境。

胎教实施

准妈妈在最后一个月给胎宝宝进行情绪胎教，是为了给予胎宝宝有益的情绪影响，所以准妈妈的情绪胎教主要是要坚持每天听几首优美宁静的乐曲、念几首美妙的好诗歌、欣赏几幅意境悠然的画作、读几本意义深远的好书。不要看恐怖、紧张、色情、斗殴类电视、电影、录像和小说。

准妈妈要努力做到胸怀宽广，乐观向上，多想想宝宝远大的前途和美好的未来，避免烦恼、惊恐和忧虑；准妈妈要坚持饮食起居有规律，按时作息；准妈妈可以把生活环境布置得整洁美观，赏心悦目，还可挂几张漂亮宝宝的挂图，天天看，想像腹中的宝宝也是同样的健康、可爱；准妈妈可以多欣赏花卉盆景和大自然美好的景色，多到户外呼吸新鲜空气。

此外，准爸爸也要帮助准妈妈卸下心理负担，加倍爱抚、安慰和体贴妻子，尽可能使妻子快乐，化解不良情绪，共同营造一个温馨、和谐、充满爱心的临产环境；多给准妈妈做美味可口的食物，补充营养。

胎教效果

情绪胎教就是要求准妈妈通过阅读诗书，欣赏音乐、书画及美景来怡情养性，平和自己紧张不安的情绪，营造温馨宁静的身心氛围，从而达到对胎宝宝有益的影响，让自己和胎宝宝一起进入到最后的待产期。最后的情绪胎教可以帮助胎宝宝做好临产的准备，帮助胎宝宝进行情绪管理。

让胎宝宝进入良好的临产状态

胎教实施

语言胎教可进行一些对话性的内容，比如对即将出生的宝宝发出问候语，母胎相互的鼓励和安慰等，为宝宝平安地来到人间做最后的准备。

准妈妈每天起床后可以对胎宝宝抚摸、说话。准妈妈可以问候他："早上好，宝宝。"当然，别忘了多多地赞美他，例如："宝宝好安静呀""宝宝真聪明"等等。每次5～10分钟。接下来准妈妈可以听听音乐，放松心情，进食富含营养的早餐。注意，不要忽略营养胎教，它是胎教的重要组成部分。如果在家里休息待产，准妈妈可以带着愉悦的心情朗读一些优美的散文、诗歌，选择些好听的故事讲给胎宝宝听。要多多关爱胎宝宝，多和他说话。准妈妈要以愉悦的心情和胎宝宝对话，并且要始终保持平和、宁静、愉快和充满爱意的心情，让胎宝宝感觉到幸福、安心。

在对话、朗诵的同时，可以配上背景音乐，或者给胎宝宝听旋律轻盈明快、使其心绪稳定的乐曲；准妈妈也可以每天哼唱几首自己喜爱的抒情歌曲或优美而富有节奏的小调等，对胎宝宝进行听觉训练。天气晴朗的话，准妈妈可以出门做些轻微的散步活动。散步的时间也很重要，最好选在清晨或傍晚。散步时最好请准爸爸陪同，这样可以增加夫妻间的交流，也便于准爸爸对胎宝宝实施胎教。由于临近分娩期，准妈妈不要散步太长时间，感觉有些累的话，准爸爸可以让准妈妈坐在宽大舒适的椅子上，准爸爸坐在距离准妈妈50厘米的位置上，然后对着准妈妈的腹部对胎宝宝说："乖孩子，爸爸就在旁边，你想听我对你说什么吗？"随后，准爸爸应该用平静的语调开始对胎宝宝说话，随着说话内容的展开，再逐渐提高声音，不要一下子发出高音，以免惊吓胎宝宝。

胎教效果

临近分娩期，准妈妈的胎教训练要适可而止，散步是这个时期最好、最安全的胎教方法。早晨在林间散步，空气清新，可改善和调节准妈妈大脑皮层及中枢神经系统的功能，增加抵抗力，有防病保健之功效，更有利于胎宝宝的健康发育。临近分娩期，准妈妈如果在散步中出现晕眩、恶心或疲劳等情况，应立即停止运动；如发生腹痛或阴道出血等情况，要及时到医院检查。

胎宝宝的第39周

第39周胎宝宝成长状态监测

胎宝宝所有器官已发育成熟，现在还在继续长肉哦，胎宝宝现在体重大约有3.3～3.4千克，身长约53厘米，身上储备了很多脂肪，将会有助于他出生后的体温调节。一般情况男宝宝会比女宝宝略重一点，进入倒数两星期，持续累积脂肪，好让出生后可以自行控制体温，所有器官大致上都已发育且定位，而肺是最后一个成熟的器官，胎宝宝在出生后几个小时内才可以建立起完整的呼吸模式，胎毛几乎完全消失，胎宝宝已经呈现头下脚上的头位，大腿紧贴着身体，膝盖靠近鼻子，胎宝宝已经做好准备，到外面的世界来透透气了。

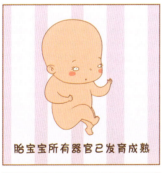

胎宝宝所有器官已发育成熟

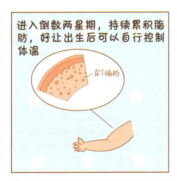

进入倒数两星期，持续累积脂肪，好让出生后可以自行控制体温

胎毛几乎完全消失

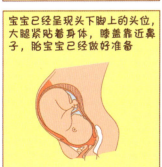

宝宝已经呈现头下脚上的头位，大腿紧贴着身体，膝盖靠近鼻子，胎宝宝已经做好准备

到外面的世界来透透气

分泌物变成黑色的胎便，在他出生后的一两天内排出体外

孕晚期适宜加强视觉胎教

绘画胎教

　　视觉胎教法中的绘画胎教，准妈妈自己动手作画吧！在画纸上将自己的感情表达出来并不是一件容易的事情。做美术作业就像接受心理治疗一样，可以达到释放内心情绪的目的，这种能够缓解压力的活动所起到的胎教效果比鉴赏画作高出数倍。准妈妈所画的并不是要拿给别人欣赏的作品，所以不一定要把它画得非常完美。比起作品完成的好与坏，更应该关心的是，在作画的时候自己是否做到了一直保持镇定，以及是否有与胎宝宝共同参与的感觉。如果准妈妈平时就经常进行艺术鉴赏，这种习惯在进行胎教时就可以提供很大的帮助。准妈妈在生活中不仅要学会从普通的事务中发现美，还要想象如何用图画将这种美表现出来。在进行视觉胎教时要尽可能多的接触不同的色彩和素材。

图形胎教

　　此时胎宝宝的感官都已发育成熟，视觉、听觉、触觉等都已具备，准妈妈可以进行图形教育，用鲜艳的彩色硬纸，剪成几个不同颜色的正方形、长方形、三角形、圆形的图片，准妈妈深情地告诉胎宝宝："宝宝，你看妈妈手里拿的黄颜色的正方形，正方形是4个边一样长，4个角相等，都是直角，你看咱家的餐桌是正方形的，再看电视机也是正方形的。宝宝，你再看这个，这是绿颜色的长方形，长方形是两个边长两个边短，4个角也都是相等的直角。你看客厅里放的茶几，书房里的写字台，它们的桌面都是长方形的。"然后把三角形和圆形也都如此讲一讲。胎宝宝边听边受母体脑电波的刺激，就会初步记得这几个形状的特点，达到胎教的目的。

图形胎教

剪几个不同颜色的正方形、长方形、三角形、圆形的图片

书房里的写字台，桌面是长方形的

调整好分娩心理

随着产期的临近，大多数准妈妈内心忐忑不安，过多地去想象分娩时的疼痛，担心分娩出现不顺利，忧虑宝宝不健全，甚至有的准妈妈还会担心胎宝宝的性别等，以至于使自己终日处于惶恐不安之中，这种不良心态对于即将出世的胎宝宝是十分不利的。

焦虑不安会影响分娩

准妈妈的焦虑不安将导致母体内部激素的改变，对胎宝宝产生不良的刺激。伴随着焦虑和恐惧而来的神经性紧张，往往会让准妈妈产生许多不适，使得自身肌肉紧张、疲惫不堪，并且会导致分娩时子宫收缩无力、产程延长及滞产等现象，造成难产，出现胎宝宝发生宫内窒息，使胎宝宝因缺氧而致敏感的大脑细胞受到伤害，进而影响出生后的智力，甚至危及胎宝宝的生命。所以，准妈妈临产期间，要避免产生焦虑情绪。

掌握知识，正视分娩恐惧

准妈妈分娩前的心理准备十分必要。准妈妈首先要了解分娩的知识，做到心中有数。准妈妈还要调整好自己的心态，让自己充满自信和自豪感，强化自己的幸福，要想到在你的一生中，创造一个新的生命是多么幸福和快乐的事情。

幸福和快乐的感觉能让准妈妈的身体和精神处于最佳状态，让她远离紧张和忧郁。同时，准妈妈也要相信自己是完全能够胜任这个使命的。只有这样，当阵痛开始时，准妈妈才会想到，这正是腹内的小生命为奔往光明世界、冲破层层阻力时向自己发出的第一声求援。这时，作为母亲怎能不会充满信心和爱心地迎接孩子的到来呢？

胎宝宝需要新鲜的空气

空气与阳光一样,是大自然赐于人类起码的生存条件。新鲜空气中氧气含量高,有害物质少,能有效地提高人体血液中的含氧浓度；另外,新鲜空气中的负离子浓度,特别是森林、草坪附近的空气中负离子浓度更高,使人头脑清醒,有助于人体的健康,而对准妈妈自身的代谢及胎宝宝的生长发育有着更为重要的作用。孕晚期的准妈妈更要严格遵守这些规则,为胎宝宝积蓄更多的新鲜空气。

首先,要把家庭小环境的空气污染治理好。家庭中的废气来源首推厨房,应在厨房安装抽油烟机,在卧室安装排气扇。做菜尽量少起油锅,少用炒、煎、炸等烹调方法,多用蒸、煮、炖等烹调方法。

其次,劝告其家人及客人不要在室内吸烟。室内每天早晚应及时开窗换气,晚上尽量开窗睡觉；如在冬季必须关窗时,可于清晨起床后打开窗户换换空气。

再次,孕期要尽量避免去影院、车站、商店、闹市及交通要道等空气污浊的场所,可以在每天清晨及傍晚到附近公园或树林、草地等空气清新的地方散步,如果条件允许,还可以在周末来一次郊游,到大自然中呼吸新鲜空气,以弥补室内生活新鲜空气的不足。

有些家庭在夏季和冬季经常使用空调器制冷或取暖,但一定要注意应间断使用,切忌长时间在密闭门窗的条件下连续使用。因连续使用易使室内负离子减少,导致空气浑浊,使人感到头晕胸闷,嗯喉干燥不适。尤其是在夏天,产妇害怕中暑,更是整日打开空调,这是十分要不得的,易得"空调病"。应定时打开窗户更换新鲜空气。如果室内气温不是太高的话,尽量使用电风扇促使空气流通,一样可起到降温作用。不过电扇不要直对人吹,以免受凉得病。提示准妈妈,应保持卧室、家居中空气的清新,以保证胎宝宝脑部发育的正常需要。

Tips
专家小课堂

准妈妈要做好入院准备,随时留意见红、破水、阵发性腹痛等临产征兆,特别需要注意的是避免胎膜早破,使阴道中的细菌侵入子宫,给胎儿带来危险。一旦发现阴道有水流出,应立即去医院。

胎宝宝的第40周

第40周胎宝宝成长状态监测

40周的宝宝即使还没有出生的迹象，也不用担心。比预产期推迟两周出生都是正常的。现在，胎宝宝所处的羊水环境也有所变化，原来的羊水是清澈透明的，现在由于胎宝宝身体表面绒毛和胎脂的脱落，及其他分泌物的产生，羊水变得有些浑浊，呈乳白色。胎盘的功能也逐渐退化，直到胎宝宝娩出即完成使命。

胎宝宝的内脏和神经系统功能都已发育健全，手脚肌肉也都很有力，指甲和头发会继续成长，因此在出生后的宝宝都会先用婴儿用手套包住，避免宝宝自己抓伤了，胎宝宝的神经系统可以对准妈妈的感受进行反应，能够敏锐的感受到准妈妈的思考及心情，因此妈妈要保持放松且开心的心情，让胎宝宝也能在准妈妈的肚子中开心等待出生的日子。

准妈妈临产前的心理调适

此时的气氛似乎显得有些紧张，准妈妈既盼望宝宝早日降生，又对分娩的痛苦有些恐惧。但分娩是必需的，准妈妈要避免高度紧张、恐惧、焦虑，保持高度的自信和稳定的情绪，振作精神，并充分信任医生，做好精神准备。在日常生活中，准妈妈可以通过以下方法来转移注意力，保证良好的心理状态，迎接分娩时刻的到来，这对胎宝宝也是非常有益的。心理调适方法如下：

正对分娩的不正确认识

生育能力是女性与生俱来的，绝大多数的女性都能顺利地自然分娩，若存在一些骨盆狭窄、胎位不正等问题时，现代医学技术也可以顺利地解决，最大限度地保证母子平安。若准妈妈患有产前并发症也大可不必担心，只要及时治疗，及时请教医生，采取可靠的防护措施对于顺利分娩也是没有问题的。

学习分娩的有关知识

准妈妈可以参加医院组织的"产前综合课程"或向有经验的人学习分娩的相关知识，增强对生育健康宝宝的自信心。

做一些转移注意力的事情。

临产前做一些有利健康的活动，如编织、绘画、唱歌、散步、集邮、钓鱼等。准妈妈不要整日躺在床上，把注意力集中在对未来的担忧上。

准妈妈在保证良好心态的情况下，还要注意充分休息，密切关注自己的身体变化，即临产征兆的出现，随时做好入院准备。

参加医院组织的"产前综合课程"

做一些转移注意力的事情

如编织、绘画、唱歌、散步、集邮、钓鱼等

准妈妈不要整日躺在床上

在分娩过程中如何进行胎教

　　胎教自始至终贯串于整个孕期，甚至分娩时也有一定胎教要求。分娩时产妇阵痛得很厉害，心里万分紧张，分娩是否顺利直接关系到母子的生命安危。除了医生和护士应该说一些安抚产妇情绪的话，使产妇精神松弛外，还可以播放一些柔和的轻音乐，让产妇的紧张情绪得到缓解，有足够的安全感和归属感，只有这样产妇才能有足够的心理准备，充满自信心地迎接分娩这一过程。播放的音乐最好选平时胎宝宝听惯的、熟悉的，这样分娩才会更为顺利。现在有的医院的产房没有播放音乐的规定和设备，有的医生可能还没有认识到播放音乐的作用。平时进行胎教的孕妇不妨向医生提出播放音乐的要求，并希望配合。如征得医生同意，自己可以带 MP3 播放。产妇分娩时播放音乐，这也是在产房中创造一种审美氛围。它除了可以使产妇产生安全感，还可以产生美感和幸福感，这样能减轻阵痛，对即将诞生的孩子充满希望和怀有喜悦之情，并对自己完成怀孕任务、进入为人母的新阶段感到由衷的高兴。现在有些医院让准爸爸陪着分娩的准妈妈，这一方面可以让丈夫缓解妻子的紧张情绪，增加妻子的安全感，并给妻子以精神的安慰，另一方面也是完成丈夫胎教的最后任务。

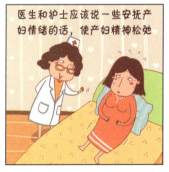

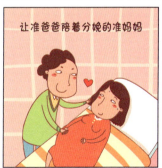

准爸爸进行情绪胎教很重要

准妈妈怀孕以后，由于各种生理变化以及身体负担日益加重，心理会产生很大的变化。这时,准妈妈的情绪往往很脆弱,爱生气。如果准妈妈长期受到情绪压力，出生后的婴儿不仅体重轻，喜爱哭闹，而且往往会发生消化功能失调，这种孩子长大后对环境适应性差。因此，准爸爸在准妈妈妊娠期间要加倍体谅妻子，更多地关心和爱护妻子，使妻子保持情绪稳定，心情愉快，让妻子多体会家庭的温暖，避免妻子因受刺激而产生愤怒、恐惧、忧伤、惊吓等不良情绪。为了保证妻子情绪稳定，丈夫要学会调节妻子的情绪，可以多和妻子谈心，适当地和妻子开开玩笑，陪妻子多参加社交活动和进行短途旅游，让妻子的感情更加丰富，情绪更高。

丈夫除了要帮助妻子调节好情绪外，自己也要保持良好的心理状态，要以自己良好的情绪去影响妻子，切忌惹妻子生气，应经常陪妻子散步、听音乐，把妻子从不安的情绪中解放出来。

10月胎教日记要点：全面总结胎养胎教

经过10个月的胎教，充满爱心的准父母想必已记满了厚厚的一本胎教日记。"十月怀胎"对于女性来说，是一次珍贵而难得的经历。在此期间，一个女人从妊娠和胎教过程中尝到的辛劳、喜悦和对生命的感觉更是她一生中其他任何经历所无法给予的。因此，为孩子的健康和聪颖付出了一腔心血的准爸爸和准妈妈，此时再翻开自己饱含爱心写就的胎教日记时，心中该是多么激动和感慨啊！这本蕴涵了他们所有爱心和希冀的胎教日记，又是多么珍贵啊！因此，这本记载了准父母怀孕前后的幸福、忧虑、感受、希望、遐想的日记，正是送给孩子的第一份人生礼物。这个礼物既是与胎宝宝进行心灵沟通的过程，又是准父母对创造生命的一种深刻感受，还是夫妇爱心的见证，更是孩子对自己人生第一步的永久的甜蜜回忆。在10个月的时光中，胎教日记里记录下了准父母的各种感受、准妈妈的生理变化、胎宝宝的反应……它在记录准父母对胎宝宝进行胎教的同时，也是准父母对胎教的一次全面学习。

下篇

初生～1岁 育儿篇

宝宝的第1个月

认识新生宝宝

胎儿皮脂

新生宝宝的皮肤外覆盖着一层白色、黏稠样的物质，称为胎儿皮脂。胎儿皮脂主要分布于独立的部位，如面部和手部。不同的医院对胎儿皮脂的处理方法不同，有的医院认为胎儿皮脂是一种对抗小型感染的天然屏障，无须处理。而有些医院会在出生后就给婴儿擦去皮脂。最近几年普遍认为没有必要擦去婴儿的皮脂，不仅是因为皮脂具有保护作用，而且还因为皮脂可以在几天内被皮肤吸收。但是，如果皮脂过多地积于皮肤褶皱内，最好还是加以清理，以防对皮肤产生刺激。

头型与囟门

囟门位于宝宝的头顶，为骨骼尚未结合好的部位。一般在宝宝 2 岁后才能全部结合。孩子囟门的皮肤比较硬，但是请注意不要用力压这个部位。宝宝囟门的作用在于经过产道时，保证柔软的头骨可以重新排列，以适应产道。

眼睛

大多数宝宝的眼睛由于正常生产时的挤压，看起来有些肿大，一般几天内即可消失。另外，不要把宝宝眼睛的分泌物当作正常现象，宝宝可能患有中度的感染，俗称粘性眼，应该找医生处理。切记不要随便给宝宝使用眼药水或药膏。

生殖器官与乳腺

男宝宝和女宝宝在出生时的生殖器与身体的其他部位相比，都比较大。睾丸或阴部发红，可能有感染。这是正常的，是母亲的激素通过胎盘影响胎儿血液所致，严重时还会引起女宝宝的白带和阴道内流出少量的血液。这同样也是正常现象，几天后会自然恢复。男宝宝和女宝宝的出生时的乳房都较大，有时可能会有少量的乳汁产生，这也是由于母体中激素作用于胎儿所致，稍后会自然恢复正常。所以不要给宝宝挤奶头，乳房肿胀会在几天内自然消失。

新生宝宝需要做的检查

● 第一次检查："阿氏评分"

阿氏评分是检查宝宝身体状况的标准评估方法，也是宝宝出生后接受的第一次检查，一般在出生后立刻进行。**时间：**出生后 1 分钟、5 分钟和 10 分钟分别评估。

● 第二次检查：足跟血化验

时间：新生儿出生进食 48 小时后。在新生儿出生进食 48 小时后，由脚跟采取少量的血液滴在特制的滤纸片上，待阴干后封袋寄至筛检中心检查，可检验先天性甲状腺低功能症、苯酮尿症、高胱胺酸尿症及半乳糖血症。

● 第三次检查

时间：出生后 28 天。

身高及体重：这是了解宝宝生长发育的重要指标。足月新生儿身高在 47 ～ 53 厘米，体重在 2550 克以上，平均 3000 克左右。
头部：观察头颅的大小和形状，轻抚宝宝的头皮，以感觉骨缝的大小、囟门的紧张度、有无血肿。
眼睛：将红球放在距双眼 30 厘米左右的地方，水平移动红球，观察宝宝的双眼能否追视红球。
耳朵：足月新生儿耳廓发育好，耳廓直挺。
颈部：有无斜颈，活动是否自如，用手指由内向外对称地摸两侧，以感觉有无锁骨骨折。
胸部：观察胸部两侧是否对称，有无隆起，呼吸动作是否协调，频率应在 30 ～ 45 次 / 分，有无呼吸困难。用听诊器听肺部的呼吸音。
腹部：先看有无胃蠕动波和肠型，然后用手轻轻抚摸，感觉是否腹胀及有无包块。脐部有无脐膨出，残端有无红肿及渗液。
臀部：皮肤是否光滑，注意是否存在脊柱裂。
生殖器及肛门：注意有无畸形，男婴的睾丸是否下降至阴囊。
四肢：有无多指或并指（趾），双大腿能否摊平，以了解有无先天性髋关节脱位。

了解新生宝宝的需求

肚子饿了

一般宝宝饥饿时，哭声都会很宏亮，同时小脑袋不停的来回活动，小嘴做着吸吮的动作，不停地寻找乳头。当把乳头送到宝宝的嘴边时，哭声马上就停止，会急不可待地衔住乳头，满意地吸吮着，吃得非常认真，很难被周围的动静打扰。而且吃饱后会安静入睡，或是满足地四处张望。

尿布湿了

宝宝在睡觉的时候突然大哭起来，这时首先要检查是不是尿布湿了，如果是尿布湿了，换块干爽的，宝宝就会安静下来。

感觉冷、热

一般宝宝感觉冷时，哭声会较弱，并且身体紧缩、手脚冰凉、面色苍白，这时把宝宝抱在温暖的怀中或加盖衣被，宝宝感到暖和了，就会不哭了。

如果看到宝宝哭得满脸通红、满头是汗，一摸身上也是湿湿的，大多是因为衣服穿得太厚或是铺盖太厚，那么要减少衣服或铺盖，宝宝感觉舒服了，就会不哭了。

做梦了

有时候，尿布并没有湿，可能是因为宝宝做梦了，或者睡得不舒服需要换一个睡姿。这时，妈妈可以拍拍宝宝，然后给宝宝换个睡姿，宝宝就会接着睡了。

想要人陪

有的时候，宝宝没有尿湿尿布，也不在睡觉，冷热也适合，但是宝宝还是哭，这时候可能是因为宝宝觉得没人理他，所以这时抱着哄哄他，宝宝就会停止哭闹了。

生病了

有的时候，父母感觉宝宝在无缘无故不停地哭闹，用什么办法也不管用。这时候，要注意宝宝是不是生病了，用手摸一摸宝宝是不是发热，注意观察宝宝的精神状况以及吃奶的状况。一旦发现有异样，这就表明宝宝可能生病了，要尽快请医生诊治。

宝宝吃、睡、味觉、嗅觉

养成吃和睡的规律

吃是新生儿生活中的头等大事，其次就是睡觉了。多数新生儿，不管是在白天还是晚上，每2～3个小时就要吃一次。宝宝睡觉也是断断续续的，而且宝宝之间的差别也很大。一天24小时里，宝宝可能有16～17个小时在睡觉，通常会分成大概8个"小觉"。为了降低宝宝猝死综合征的风险，要确保宝宝是仰卧睡觉。到满月时，宝宝可能已经养成了一套吃和睡的规律，但不要强迫他遵守规律。

味觉和嗅觉

新生儿的味蕾数量似乎比成年人多。他对甜和苦这两种味道的感知与生俱来，但对咸味食物的反应要在5个月之后才有。宝宝生下来就会使用他的嗅觉，而且能够找出气味是从哪里来的：留意观察，当他闻到难闻的气味时，他是怎样把小脑袋扭开的。研究表明，5天大的新生儿会转向溢满了母乳的垫子，这表明他们能闻到母乳的味道；而且，几天后，他们会表现出对自己妈妈乳汁的偏爱。利用他的嗅觉，宝宝可以蹭着找到妈妈的乳房。

吃是新生儿生活中的头等大事，其次就是睡觉

一天24小时里，宝宝可能有16～17个小时在睡觉

只要宝宝表现出饿了，妈妈就应该随时喂他

新生儿的味蕾数量似乎比成年人多

宝宝生下来就会使用他的嗅觉，而且能够找出气味是从哪里来的

利用他的嗅觉，宝宝可以找到妈妈的乳房

宝宝排便状况及行为发育

▦ 宝宝的大便

　　一开始，刚出生的宝宝排出的是黏稠、墨绿色的胎粪，这是他还在妈妈的子宫里时肠道积累的东西。当宝宝开始吃奶，并排净胎粪后，他的大便就会开始变成黄色。不过，如果是母乳喂养，宝宝大便的颜色会随着妈妈吃的东西而变化；如果是吃配方奶，则会随着吃配方奶的数量和种类而变化。另外，宝宝大便的颜色还跟宝宝体内水分的多少有关。刚出生的宝宝每天可能要大便 8 ～ 12 次之多，但只要他每天至少能大便一次就应该是正常的。

▦ 行为发育

　　在这么小的时候，宝宝本能地认识人脸和表情动作，有时甚至能够模仿。你可以试试凑近宝宝的小脸，伸几次舌头或扬几次眉毛，然后看看宝宝会不会模仿你的动作。即使宝宝现在还不能模仿你的表情，他也在仔细观察，并且在学习。就算你逗了宝宝半天，他好像一点反应也没有，也不用着急。宝宝可能只是困了或累了，需要休息一会儿。

▦ 多让宝宝趴

　　小宝宝每天睡觉时间很长，为了减少宝宝猝死综合症（SIDS）的风险，最安全的睡觉姿势就是平躺着。随着宝宝逐渐长大，他醒着的时间会越来越多，当宝宝醒着的时候，要让他多趴趴。宝宝每天都应该趴一会儿，这样有助于加强他的颈部肌肉。所以妈妈应该从现在起，就让宝宝逐渐习惯趴着的姿势，否则宝宝长大一些后，可能就不愿意趴了。

新生宝宝的皮肤护理

刚出生的宝宝全身皮肤覆盖一层薄薄的黄白色胎脂，对皮肤具有一定的保护作用，没有必要全部擦掉，待24小时之后，体温稳定，皮肤干燥后就可以洗浴了。

全身洗浴最好每天1次，不仅可以去除皮肤的污垢，还可以清除皮肤上的细菌，防止皮肤感染。

皮肤皱褶多的地方容易受损，比如颈部、腋窝、肘内侧弯曲处、大腿内侧、阴囊内侧、肛门周围等处皮肤之间接触密切，局部散热不良，尤其是在炎热的夏季，出汗较多，再加上活动时皮肤互相摩擦，非常容易造成皮肤损伤。因此，在给宝宝做皮肤清洁时，应重点清洗这些皱褶处皮肤，为了保持褶皱部位的干燥，可用小纱布或专用扑粉海绵在皮折处擦抹少许爽身粉，目的是吸收汗液，干燥皮肤。

清洁面部时，要用小块的湿毛巾轻轻擦洗颜面部，最好不用水直接洗，以免水流入宝宝的眼睛、耳朵和口中，引起眼结膜炎和外耳道炎，或吞入口腔，损伤消化道器官。

有的宝宝头垢比较多，用一般温水很难清洗干净，需要使用专用的宝宝润肤油。用法是在宝宝洗头前将润肤油涂抹到有头垢的部位，反复按摩使头垢软化，然后再用温水清洗就可以了。

每次大便之后要用温水清洗臀部，清洗擦干后，夏季用一些爽身粉，冬季用一些宝宝专用护臀膏涂抹在臀部，防止臀部皮肤受到尿液和粪便的刺激。

平时洗浴或穿脱衣服的时候一定要检查全身皮肤，特别是背部、臀部、皮肤皱褶部位等，如发现红肿、皮疹、局部发炎等异常应尽快到医院就诊。

新生儿皮肤娇嫩，所以一定要使用对皮肤无刺激的洁肤用品。使用前可将浴皂或浴液先涂擦在洗澡者的手或上臂，如无不适感，再涂到新生儿的皮肤上。目前市场上销售许多不同种类的婴幼儿洁肤和护肤用品，可仔细慎重挑选。

让宝宝趴着及学会自我安慰

让宝宝趴着

当宝宝醒着的时候，别忘了让他趴着待一会儿。宝宝睡觉的时候应该采取仰卧的姿势，但他每天也需要趴一段时间，来锻炼他颈部的肌肉。这会帮助他支起胸部、翻身、坐起来和爬行。而且，经常让他趴一会儿，也能够避免宝宝由于总是仰卧，而使后脑勺变平。

到本月结束时，宝宝趴着的时候，可以把头抬起来一小会儿了，也许还可以左右转转。把你的脸正对着宝宝的脸，逗引着他抬起头来看你。你也可以把一条毛巾或卷起来的小包被垫在他的胸前，帮助他开始试着支撑起胸部。这样，要不了多久，他的神经系统和对肌肉的控制能力就会发育成熟，他原先笨拙的动作也会变得更加流畅。

自我安慰

宝宝喜欢并且需要吸吮，所以，不要限制他。事实上，你可能已经发现，安抚奶嘴能够很神奇地帮助宝宝安静下来。美国儿科学会建议，在宝宝白天午睡和晚上睡觉时使用安抚奶嘴，因为有证据显示，安抚奶嘴可以减低宝宝猝死综合征（SIDS）的发生。当安抚奶嘴或你的手指不在宝宝身边时，宝宝也能够找到自己的拇指或其他手指来嘬，安慰自己。

请记住，宝宝是独特的

所有宝宝都是独特的，他们会按照自己的节奏达到每一个成长里程碑。发育指南只是向你介绍宝宝有潜力做到哪一步——也许他现在还做不到，但很快就会做到的。如果宝宝是早产儿，他通常需要多一点时间来达到各个成长里程碑。

Tips
知识补给站

如何坚持母乳喂养？

坚持母乳喂养成功的四要素是：妈妈要有给宝宝喂奶的意识和准备；妈妈在孕期要做好母乳喂养的准备；早吸吮和母婴同室。

新生儿的皮肤

　　刚出生的宝宝皮肤外观不尽相同，这与宝宝出生时的孕周有关。早产儿的皮肤较薄，看上去透明，可能还覆盖着一层细软的绒毛——胎毛。他们身上可能还有一层胎脂，这是一种白色的奶酪状物质，可以保护羊水中宝宝的敏感皮肤。宝宝出生的孕周越往后，他身上的胎毛和胎脂就越少，但通常出生后几天内会有脱皮的现象。大概 30%～40% 的宝宝出生时会有粟粒疹，那是长在他们脸上的看上去像小粉刺一样的白色或黄色小点点。粟粒疹通常在 3～4 周内就会自行消失，不需要特别治疗。如果宝宝身上有小脓包，破了以后皮肤上有深棕色的印记，可能是黑色素沉着脓包疹，这是一种在黑人宝宝身上较为普遍的新生儿皮疹。这也不需要治疗，宝宝 3～4 个月大时皮肤上的印记就能消失。

　　大多数宝宝身上都会有胎记，胎记形状、大小、颜色各异，可能出现在宝宝身上的任何部位。有些类型的胎记可能在宝宝出生后几天或几周才出现。大部分胎记是无害的，许多会在几年内自行消失，也有的会跟随宝宝终生。

母乳是新生宝宝最好的营养品

　　1.母乳含有宝宝生长所必需的营养物质，而且各种营养素的比例搭配适宜，容易被宝宝吸收。比如母乳中钙、磷含量虽不高，但比例合适，易于吸收，因此母乳喂养发生缺钙的情况较人工喂养的宝宝少。母乳所含的蛋白质以乳清蛋白为主，易被宝宝吸收。母乳所含的乳糖在宝宝的消化道中经微生物作用可以生成乳酸，对宝宝的消化道可起到调节和保护作用。母乳所含的脂肪颗粒小，含不饱和脂肪酸多，均有利于宝宝消化吸收。

　　2.母乳是宝宝得到的第一次被动免疫。母乳中含有大量的免疫球蛋白，尤其是初乳中含有大量的抗体，可以有效减少宝宝患上腹泻、肺炎、流感感染等疾病的可能性。

　　3.母乳中除了富含易吸收的蛋白质、脂类，还含有丰富的牛磺酸，这些都是宝宝大脑发育不可缺少的营养物质，对宝宝脑神经系统发育起着重要作用。

　　4.母乳经济、方便、卫生，温度恒定，近乎无菌。

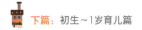

鲜牛奶和奶粉的调配方法

鲜牛奶的调配：奶水比例：1个月以内的宝宝按照鲜牛奶：水 = 2：1的比例调配，1个月以后的可按3：1、4：1至纯牛奶逐渐喂养。目前，市场所售的鲜牛奶质量不一，有的已被稀释，如果再按比例加水，可能达不到所需营养，使宝宝发生营养不良，所以只要小宝宝能适应也可以喂纯牛奶。通常是配制好的100毫升鲜牛奶中加5～8克糖（约半汤匙）。鲜牛奶需用小火煮沸3～5分钟，改变酪蛋白性质，便于宝宝吸收。

全脂奶粉的调配：全脂奶粉是用纯牛奶浓缩而制成的干粉。经过加工后，牛乳中的酪蛋白颗粒已经变得细软，较易消化，适合婴儿喂养。奶水比例有两种方法：按容量配制和按重量配制。推荐用按容量配制，比较方便，好量取，即1平匙奶粉加4匙温开水，这样配制出的奶相当于纯牛奶。然后，按100毫升纯牛奶加5～8克糖的比例加糖即可。调配好后，可以直接喂哺。

配方奶粉的调配：配方奶粉的品牌较多，根据包装上标注的不同年龄段宝宝奶粉用量和调配方法，喂前仔细阅读即可。

人工喂养和混合喂养

🥚 人工喂养

如果母亲因疾病及其他原因不能母乳喂养，或者宝宝因乳糖不耐受综合征等疾病，而完全用其他乳类或代乳品喂养宝宝时称为人工喂养。人工喂养首选鲜牛奶及牛奶制品，还有一些地区用鲜羊奶及其他代乳品。

鲜牛奶：鲜牛奶的成分不同于人乳，其蛋白质含量高，但大多是酪蛋白，不好消化，糖含量低。另外，在鲜牛奶储运过程中污染机会较大，所以鲜牛奶必须调配后才能给宝宝吃。哺喂初生婴儿时，一般要加水稀释，降低酪蛋白浓度；然后加热，改变酪蛋白性质，凝块变小，容易消化，同时，煮沸还能起消毒作用；最后加糖，以提高牛奶中糖类含量，提高供给热量。

鲜羊奶：鲜羊奶的营养价值比鲜牛奶要高一些，酪蛋白含量较低，容易消化。但是鲜羊奶铁含量低，也缺少叶酸，容易发生营养性贫血，所以单纯用羊奶喂养的宝宝，每天必须服用叶酸10毫克。

配方奶粉：营养学家根据母乳的营养成分，以牛奶为主要原料，从大豆中提取大豆蛋白和油脂，重新调整搭配奶粉中酪蛋白与乳清蛋白、饱和脂肪酸与不饱和脂肪酸的比例，来弥补牛奶中酪蛋白含量高不易消化的缺点，除去部分矿物盐的含量，加入适量的营养素，包括各种必需的维生素、乳糖、精炼植物油等物质，比较适合婴儿食用。

混合喂养

如果母乳分泌量不足或因工作原因白天不能哺乳，需加用其他乳品或代乳品喂养的称为混合喂养。混合喂养虽然比不上纯母乳喂养，但总体还是优于人工喂养。所以，即使母乳分泌不足也不能放弃母乳喂养。加用其他乳品或代乳品调配同人工喂养，另外，混合喂养还需要特别注意以下几点：

1.每天母乳喂养应按时，即先喂母乳，再喂其他乳品，这样可以保持母乳不断分泌。因为母乳量少，宝宝吸吮时间长，易疲劳，所以每次哺乳时间不超过10分钟，然后再喂其他乳品。补喂的其他乳品量多少，可以通过观察宝宝吃完奶后，能否坚持到下一喂养时间。

2.如果母亲乳汁分泌不足，又因工作原因白天不能哺乳，可在每日特定时间哺喂，最好不要少于3次，这样既保证母乳充分分泌，又可满足宝宝每次的需要量。其余的几次可完全用其他乳品代替，这样每次喂奶量较易掌握。

新生宝宝的特别护理

冷热护理

新生宝宝刚出生时，由于外界环境的温度和子宫内的温度有一定差异，加之自身的体温调节中枢发育不完善，所以体温极其不稳定，随着外界环境温度的变化而变化。若温度过高，新生宝宝体温也升高，易发生脱水热；若温度过低，新生宝宝体温也会降低，易引起感冒或其他疾病。所以，给予新生宝宝恰当的保暖是十分重要的。

室内温度一般以 18～22℃为宜，相对湿度以 50% 为宜，并保持恒定，这样可以维持新生宝宝体温在 36～37℃。室内要保持空气新鲜、清洁，经常要开窗换气。如果在炎热的夏季，要特别注意室内通风。冬季的空气干燥，要保持室内空气湿润，以防新生儿呼吸道黏膜干燥而引起呼吸道疾病。

注意要适当调节衣服和被褥的穿盖。宝宝在吃奶或哭闹时都容易出汗，这种情况下应适当减少被褥。

睡眠护理

新生宝宝在出生后除哺乳时间外，几乎全处于睡眠状态，睡眠的数量和质量某种程度上决定这一时期宝宝的发育良好与否。因此，应保证充足的睡眠。睡眠时不能处于饥饿状态，睡前最好大小便，卧室要安静、清洁、通风，但不能有穿堂风。有条件的话，室内温度尽量控制在 21～24℃之间，湿度为 60%～65%。

正常情况下新生宝宝每天大约有 18～22 小时是在睡眠。新生宝宝睡眠不安是常遇到的问题。当遇到这种情况应该怎么办呢？

首先看睡眠不安发生的时间，是在白天还是夜晚。有的宝宝白天睡觉很好，可是到了夜晚就哭闹不睡了。对这样的宝宝可以让他白天少睡一些，使他疲劳，晚上自然就能睡得好一些了。

其次要仔细分析一下宝宝睡眠不安的原因，针对形成的原因去采取相应的处理措施。注意一下室内温度是否过高，是否给宝宝包裹的太多，太热就可能导致宝宝睡不安稳。这时宝宝鼻尖上可能有汗珠，摸摸身上也会潮湿，需要降低室温，减少或松开包被，宝宝感到舒适了自然就能入睡。如果摸一下宝宝的小脚发凉，则表示宝宝是由于保暖不好而睡不安,可加盖棉被或用温水袋放在包被外保温。大、小便使尿布湿了,宝宝不舒服也睡不踏实,应及时更换尿布。母乳不足,宝宝没吃饱则会影响睡眠,就要勤喂几次,以促进乳汁分泌,让宝宝吃饱。

如果上述情况都不存在,而妈妈在孕期有维生素 D 和钙剂摄入量不足的情况,新生宝宝可能有低钙血症,在疾病的早期也表现睡觉不踏实,可给宝宝补充维生素 D 和葡萄糖酸钙以纠正。如果除睡眠不安还伴有发烧、不吃奶等其他症状时,应去医院请大夫检查诊治。

皮肤护理

新生宝宝皮肤娇嫩,容易损伤,因而接触动作要轻柔,衣着要宽松,质地要柔软,不宜钉扣子或用别针。要用温水擦洗皮肤皱折处,每次大小便后清洗,并用毛巾擦干。但由于新生宝宝皮肤角化层薄,具有较高的吸收及通透能力,故为宝宝涂药或洗浴时应避免使用含有刺激性及易吸收的药物或肥皂,以防宝宝中毒或过敏。

脐带护理

在脐带未脱落时,每天用 75% 的酒精擦洗脐部一次,然后用消毒纱布盖上,不要把宝宝放盆内洗澡。脐带脱落后,可以不用纱布,但必须保持脐部干燥清洁。如发现脐部有红或有脓性分泌物,应进行消炎处理。

口腔护理

在新生儿期,宝宝容易患鹅口疮,为了预防发病,所以每次喝完奶后,最好让宝宝喝口水,以冲掉口腔中残留的奶液。如宝宝吃奶后就入睡,不易喂水,可以每天早晚用清洁口腔专用湿巾或消毒棉棒沾水,轻轻在宝宝口腔里清理一下。注意此时期宝宝的睡液腺发育不足,睡液分泌少,黏膜细嫩而干燥,易受损伤,护理时动作一定要轻柔。

为宝宝选尿布

纸尿裤

优点： 吸水性较强，宝宝便后刺激小，宝宝的哭闹现象减少，宝宝还可以自由活动。特别是晚上，可以省去更换尿布的次数，保证母子睡眠质量。纸尿裤为一次性使用，极大减少细菌传播的机会。同时节省了洗尿布的时间，外出使用方便。

缺点： 费用较高；有些宝宝可能会有过敏现象。

传统尿布

优点： 布尿布用棉布做成，对宝宝的皮肤无刺激，还能避免"尿布疹"。可重复使用，经济实用。使用传统尿布，方便家长定时给宝宝把尿、把屎，可以让宝宝尽早养成良好的大小便习惯。

缺点： 清洗麻烦，费时；容易弄脏衣物、被褥；外出使用不方便。

推荐使用方法： 白天在家，多使用布尿布，晚上或外出时使用纸尿裤。

尿布的使用和清洁

方型尿布的使用方法

首先把尿布的右下角对左上角折叠成三角形，一手把宝宝的双脚轻轻提起，另一直手将三角形尿布的底边平塞入宝宝臀下，底边放至腰间，再把宝宝两腿间的尿布下角经双腿间，裹住宝宝的屁股，折叠到宝宝下腹部，一手轻按着这一角，另一手分别将两侧尿布角折起，盖在下腹部中间的尿布角上，很自然形成一个"三角形"内裤，可以轻轻将结合处往里挽一下，这样可以固定住尿布，或者事先在尿布角上缀上布条以供固定时使用。注意，千万不能使用别针固定尿布。

布尿布的清洁

洗尿布时，都要保证漂洗干净，不要残留洗涤剂或消毒剂，否则不仅会降低尿布的吸水性，还会刺激宝宝娇嫩的皮肤。晾晒尿布要选择在通风处晾干晒透。布尿布在使用5～6次后要进行一次消毒处理。可以用消毒液消毒，或者在天气好时，直接放到太阳下暴晒。

为新生宝宝洗澡的技巧

为宝宝洗澡前，要将居室温度调节到 24～28℃，准备好洗浴用品，包括澡盆、毛巾、婴儿香皂、婴儿洗发水、润肤露等，还要事先准备好宝宝换洗的衣物，将水温调在 38～40℃之间，妈妈可以用肘部试一下水温，只要稍高于人体温度即可。也可以购买一个水温计，使用起来非常方便。

洗澡前，妈妈要亲切地注视着宝宝的眼睛，告诉他："要洗澡了，很舒服哦！"然后给宝宝脱去衣服，裹上浴巾。采用夹抱法，将宝宝的身体轻轻夹住，一手托住宝宝的头颈部，并用拇指、中指从宝宝耳后向前压住耳廓，盖住耳孔，以防止洗澡水流入耳内。先擦洗宝宝的面部，最好用专用小毛巾或者消毒棉球沾湿，从眼角内侧向外轻拭双眼，然后擦洗嘴、鼻、脸及耳后。接着用水将宝宝头发打湿，以少许洗发水洗头部，然后用清水洗干净，揩干头部。头和面部就洗好了。

如果宝宝的脐带还没有脱落，不宜将宝宝直接放入浴盆中浸洗，此时要用毛巾蘸水，擦洗腋部及腹股沟等皮肤褶皱处，注意不要将脐部弄湿。如果不小心弄湿了脐部，也不必担心，用消毒棉签蘸 75% 的酒精擦拭即可。

如果宝宝的脐带已脱落，就可以把宝宝放入浴盆内，以一手扶住宝宝头颈部，另一只手顺序洗宝宝的颈部、上肢、前胸、腹部，再洗后背、下肢、外阴、臀部等处，尤其注意宝宝皮肤皱褶处要特别注意清洗。

全部清洗完毕后，将宝宝用大毛巾包好，轻轻沾干水珠，注意保暖，在颈部、腋窝和大腿根部等皮肤皱褶处可涂上润肤液，天热时，可以扑婴儿爽身粉。

为宝宝洗澡不仅是要保持皮肤清洁，避免细菌侵入。另外更重要的是可以通过水对皮肤的刺激加速血液循环，促进新陈代谢，增强机体的抵抗力，还可通过水浴过程，使宝宝全身皮肤触觉、温度感觉等感知觉能力得以训练，有利于宝宝心理、行为的健康发展。

温馨提示：新生宝宝洗澡的时间，一般在 3～5 分钟之间，时间不宜过长，因为小宝宝容易疲倦。另外，如果时间久了，小宝宝也易受凉。

宝宝的第2个月

2个月宝宝的基本发育状况

身高

新生儿出生时平均身高约 50 厘米左右，到 2 个月时，男宝宝平均身高为 56.9 厘米（52.3 ～ 61.5 厘米），女宝宝平均身高为 56.1 厘米（51.7 ～ 60.5 厘米）。这个月宝宝的身高不受遗传影响，虽然存在个体差异，但差异比较小。影响身高的因素多为营养、疾病、环境、睡眠、运动等。

体重

2 个月宝宝的体重水平已远远突破了传统水平，几乎较出生时的体重增长近 1 倍，男宝宝平均 5.1 千克（3.84 ～ 6.36 千克），女宝宝平均 4.8 千克（3.67 ～ 5.92 千克）。但这只是平均数值，宝宝的体重增长很大程度上取决于个人的差异。一定要参考宝宝的出生体重，宝宝每月增长 800 ～ 1000 克为正常。另外，这个时期的宝宝体重增长还有一个显着的特点：呈阶梯性、跳跃性的不均衡增长。

头围

宝宝的头围是大脑发育的直接象征，反映脑和颅骨的发育程度，关系和影响着宝宝今后智力发展的好坏。宝宝刚出生时，平均头围为 34 厘米。到第 2 个月时，男宝宝平均头围为 38.1 厘米左右，女宝宝平均头围为 37.4 厘米左右。然而头围的增长并不是每个月都呈平均增长的。

胸围

宝宝的胸围反映了胸廓生长发育的情况。胸围的测量是用软尺，从前面经宝宝的两个乳头，齐着肋骨绕胸一周，取其吸气和呼气两个数的平均值。一般出生时，宝宝的胸围比头围小 1 ～ 2 厘米。2 个月时，男宝宝的平均胸围为 37.3 厘米左右，女宝宝的平均胸围为 36.5 厘米左右，分别比刚出生时增加了 6 ～ 7 厘米。

前囟

这个月宝宝的前囟大小与新生儿期没有太大区别，对边连线在 1.5～2 厘米。每个宝宝的前囟大小存在个体差异，只要不大于 3 厘米，不小于 1 厘米都是正常的。正常情况下，前囟平坦，张力不大，可看到一直在跳动。如果前囟过于凹陷或是过于突出均属异常，过于凹陷可能是脱水，过于突出可能是颅内压增高。

视觉

到第 2 个月时，宝宝眼睛比以前更加清澈，眼球的转动更加灵活，对周围环境更为警觉，有更多、更明显的应答，会四下观看，视力也明显增强，但仍然不能看清楚 30 厘米以外的物体。而在视力范围内感兴趣的物体，宝宝不仅能注视静止的，还能追随物体而转移视线，注意的时间也逐渐延长。

听觉

到了第 2 个月时，宝宝双耳敏感度较刚出生时有了一个飞跃，会对近旁约 10～15 厘米处的响声产生反应，头会转向声源。不仅如此，还能区别人的语言声和非语言响声，以及不同的语音。如家人的脚步声、开门声、放水声、碰撞声，以及窗外的车喇叭声、雨声等。宝宝最喜欢听爸爸妈妈对自己说话，并能表现出愉快的表情。当宝宝哭闹时，妈妈如果哄他，既使声音不高，宝宝也会很快地安静下来；如果宝宝正在吃奶时听到爸爸或妈妈的说话声，便会中断吸吮动作；宝宝对突如其来的响声会表现出惊恐和不愉快，还可能会因此受到惊吓而啼哭。

嗅觉

到了第 2 个月时，宝宝已经可以依靠嗅觉能力来辨别母亲的奶味，寻找母亲的乳头。能区别母乳香味，对刺激性气味表示厌恶，会有目的地逃避。在大多数环境，宝宝都有机会练习嗅觉，如母乳味、母亲的香水味、家里的做饭味等。除非宝宝显得对异味特别过敏，否则这些都是锻炼宝宝嗅觉和认识环境的好机会。

味觉

本月的宝宝最喜欢有甜味的水，而对咸的、酸的、或苦味的水会做出不愉快的表情，表现出明确的厌恶。

本月喂养方法

母乳喂养

母乳喂养的喂养原则为按需哺乳。到了第 2 个月，宝宝吃奶的动作已经练习得很熟练了，吸吮的力量也增强了，基本可以一次完成吃奶，比较上个月，吃奶间隔时间也会有所延长，一般 2.5 ～ 3 小时一次，一天 8 ～ 9 次。但是，因为每个宝宝的情况不同，每天具体要喂几次，要根据宝宝的反应，这个月的宝宝比新生儿更加知道饱饿，吃不饱就不会满意地入睡，即使睡着了，也很快就会醒来要奶吃。

人工喂养

到了第 2 个月，采用鲜奶或配方奶粉喂养的宝宝，这个月就可以喂全奶了，不再需要稀释。每次喂奶量在 80 毫升～ 120 毫升之间。每个宝宝都有个体差异，不能完全生搬硬套，食量少的婴儿不吃到标准量也可以，食量大的婴儿可以吃到 150 毫升，但是最好不要喂 150 毫升以上。如果喝了 150 毫升后，宝宝还是哭闹，就在 30 毫升左右的温水中加入一些白糖喂给婴儿。那么，这个月宝宝到底应该吃多少？可以根据宝宝的反应，只要宝宝吃就喂，宝宝不吃就停止。不要宝宝一哭闹，就认为是宝宝饿了，反复往宝宝嘴里塞奶头，只要宝宝把奶头吐出来了，就证明宝宝吃饱了。

混合喂养

混合喂养时，母乳少，宝宝吸吮困难。牛乳含有较多的糖分，加上奶嘴容易吸吮，宝宝吃起来省力，所以混合喂养的宝宝容易喜欢吃牛乳而放弃吃母乳。因为妈妈乳汁少，宝宝吃完没多长时间，就又要奶吃，会影响宝宝睡眠，妈妈也很疲劳，所以容易放弃母乳喂养。

无论怎样，妈妈一定要坚持母乳喂养，因为这个月的宝宝仍然是以母乳为最佳食物，母乳是吃得越空，分泌得越多。另外，不能因为奶少，就憋着攒够宝宝一顿吃，因为母乳不能攒，如果奶受憋了，就会减少乳汁的分泌，所以，如果有了就喂宝宝吃，慢慢的或许就够宝宝吃了。

第2个月宝宝的重点能力训练

运动能力训练

抬头训练：坚持每天竖抱抬头、俯卧抬头练习。宝宝经过不断的训练，到这个月末宝宝俯卧时，不但可以抬起头观看眼前吸引他的玩具，而且下巴也能短时间离开床，双肩也可以抬起来，颈部张力也增强了。

转头训练：这个训练需要爸爸妈妈配合。妈妈或者爸爸将宝宝脸朝前抱着，背靠胸腹部，另一个人在一人背后时而向左、时而向右伸头呼唤宝宝的名字，或摇动带响玩具，逗引宝宝左右转头。

抓握训练：本月妈妈仍要坚持经常抚摩宝宝的双手，促进宝宝的抓握反射。还可以拿一个易于抓握的玩具放到宝宝的手心，宝宝会马上抓住玩具，这时妈妈可以用手握住宝宝的小手，帮助他坚持握紧的动作，也可以让宝宝练习抓住大人的手指。另外，还可以准备一些质地不同的易于抓握的玩具，让宝宝的小手抓握毛线、橡皮、皮革、棉布、塑料等不同质地的玩具，以促进感知觉的发育。

言语能力训练

本月宝宝模仿意愿出现，爸爸妈妈要在宝宝情绪很好的时候，多同宝宝对话。对话时想象着宝宝可以听懂你的话，你也可以听懂宝宝的话。爸爸妈妈可以抱着宝宝，与宝宝面对面，使宝宝能看得清楚口型与表情。试着对宝宝发单个韵母a(啊)、o（喔）、u（呜）、e（鹅）的音，并对宝宝做各种表情，使宝宝逐渐模仿面部动作或微笑。也可以与宝宝说话，逗着宝宝笑一笑，再拿一些带响、能动的玩具，边摇晃边逗他玩一会儿，以刺激他发出声音。总之，尽量多和宝宝说话，开发宝宝语言学习能力。

认知与社交能力训练

本月继续上月的训练，在宝宝床的上方25～50厘米处，悬挂色彩鲜艳的玩具，如各种彩色气球、摇铃、旋转风铃等，经常变换位置和排列方式，以免引起宝宝斜视。这样做可以有效的促进宝宝视觉发育。如有可能，花色品种也最好不时变换一下，增加对宝宝的吸引力。每次喂完奶或者宝宝清醒时，可以抱起宝宝，引导宝宝观察眼前出现的人或物，继续上个月的训练，向宝宝介绍周围的物品。

本月宝宝健康特别护理项目

哭闹

　　小宝宝不会说话，哭闹是与他人交流的一个重要方法，在宝宝的世界里，哭不是消极的，它开始有了积极的意义。到了第2个月时，宝宝哭闹时候多了，哭声也响亮了。除了饿了、尿了、病了，或是感觉到冷了、热了，如果宝宝想要哭闹，如果总是让宝宝躺着看房顶，宝宝就会觉得寂寞，就会大声哭，希望妈妈爸爸抱抱他，带他看看周围的东西。经过了第1个月的了解，爸爸妈妈应该掌握了一些宝宝哭闹的原因，有一部分爸爸妈妈因为怕惯坏宝宝，同时认为宝宝不会有太多的感受，而不去抱他，让他尽情去哭，这是不对的。这时的宝宝开始有了丰富的情感，他也会感到失望，如果一味的让他哭不去管他，对他的心理发育也会产生不良影响。所以爸爸妈妈一定要尽快学会诠释宝宝的哭所表达的意思，并学会同宝宝认真交流。

溢乳

　　宝宝在新生儿期就有溢乳现象，到了第2个月可能会更加严重，可能会出现大口的漾奶。很多爸爸妈妈都会被这种情形吓到，这是为什么呢？因为这个月的宝宝吸吮力增强了，但胃容量并没有明显增大，加上满月后的宝宝活动能力也增加了，每天的觉醒时间延长，所以更易发生溢乳。宝宝出现溢乳时爸爸妈妈不要太慌张，首先初步判断是生理性的还是病理性的。

　　生理性溢乳的宝宝吐奶前没有异常表现，突然漾出一口奶，可能是刚刚吃进去的奶液，也可能是成豆腐脑样的奶块，但不会混有绿色的胆汁样物。宝宝漾奶后一切正常，精神较好，照样吃奶。即使每天都漾奶，宝宝生长发育也正常。

　　病理性溢乳的宝宝吐奶前会有异常表现，比如有痛苦表情，或哭闹，或来回来去地翻腾、挣扎，小脸可能会憋得发红。有时会伴有腹泻、发热、腹胀等异常表现。

　　生理性溢乳一般不需要治疗，记住每次喂奶后把宝宝竖着抱起来拍嗝，让宝宝把吃奶时吸入的空气排出来。如果宝宝始终不打嗝，也不能一直拍下去，只要持续竖抱10～15分钟，也可减少溢乳发生。减少宝宝溢乳要注意，不要在宝宝大声哭泣后马上喂奶，那样会增加溢乳的发生。

湿疹

湿疹是一种常见的、由内外因素引起的一种过敏性皮肤炎症。宝宝 1～2 个月时，脸上和头上经常出现小红疙瘩或者像粉刺样的浮皮，而且被太阳晒后，症状还会加重，有的甚至在手指、脚趾、足底等地方出现小的丘疹或水疱，这就是人们常说的婴儿湿疹。

婴儿湿疹大多是因为天生对牛奶、鸡蛋、鱼等过敏而引起。这一时期的湿疹可以不用特殊处理，爸爸妈妈只要每天多给宝宝清洗皮肤，尤其是湿疹处，并擦无刺激的润肤霜，让宝宝的皮肤保持充分清洁与滋润。

给宝宝洗澡时，要尽量少用肥皂，因为一般肥皂的去油脂力较强，会把皮肤表面的油脂洗掉。洗澡时水温也要控制在 39℃左右。爸爸妈妈们要注意，不要觉得宝宝喜欢洗澡就多洗一会儿，洗澡的时间长短也有讲究：时间太短，皮肤还来不及吸收水分；时间太长，皮肤又会被泡得更加刺痒。所以最佳时间是大约 10 分钟。洗完澡以后，用毛巾把身体沾干，不要用毛巾揉擦。最后，再给宝宝擦上护肤品，保持皮肤的滋润。

发生湿疹很大一部分原因是源于宝宝体内的问题，所以是不能完全避免的。湿疹可能会持续几个月，所以其带来的不适症状（如瘙痒）也会持续很长时间，所以爸爸妈妈一定要把宝宝的手指甲剪短、锉光，防止宝宝抓挠时皮肤被抓伤的机会，减少皮肤受到感染的可能性。晚上可以给患了湿疹的孩子戴一双白棉布连指手套，防止他在睡觉的时候不自觉地抓挠。也可以咨询医生后使用一些安全的止痒药。

头部奶痂

宝宝的新陈代谢很快，头皮皮脂腺分泌物和脱落的头皮较多，如果宝宝在新生儿期时，爸爸妈妈怕宝宝受凉，没有给宝宝洗头；或者虽然洗头了，但是没有使用婴儿洗头水，仅仅用清水冲一下，或只是用湿毛巾轻轻沾几下。这样宝宝的头部（通常在前囟门周围），甚至眉间，就会慢慢地积起奶痂，颜色发黄，越积越厚，甚至还有龟裂现象发生。另外，湿疹如果护理不当也会形成奶痂。

虽然头皮奶痂会随着年龄增长而自愈，但这期间宝宝会因痒、痛而烦躁，从而影响消化、吸收和睡眠。如果宝宝抓挠奶痂，会抓伤皮肤，造成奶痂感染破溃。

宝宝长了奶痂，爸爸妈妈千万不要用手硬抠，更不要用梳子去刮。最简便的方法就是用植物油或者婴儿按摩油清洗。因为油脂可以使奶痂变得松软，从而易于清洗。如果使用植物油如橄榄油、香油等，为保证清洁，要先将植物油加热消毒，放凉后使用。清洗时，先将植物油涂在头皮奶痂表面，等1小时～2小时，奶痂变松软后，再用温水轻轻洗净。不要急于一次弄干净，每天清洗1次，清除一点，慢慢弄净即可。如果宝宝伴有湿疹，奶痂可能弄不掉，不用担心，随着月龄的增长，会逐渐减轻的。奶痂的预防首先就是做好宝宝的卫生清洁。宝宝出生后每天都要洗澡，并且要认真洗头，预防湿疹。宝宝居室温度要适宜。衣被不可太厚，避免毛线、化纤直接接触皮肤。户外活动避免阳光直晒头面部。

枕秃

大多数人包括有些医护人员，一看到宝宝头部枕后头发脱落，首先就会解释是宝宝缺钙引起的。实际上，并不是所有的枕秃都是由缺钙引起的。小宝宝新陈代谢旺盛，爱出汗，而且每天24小时基本都是仰卧着睡觉，如果宝宝使用的枕头过硬，宝宝整天在枕头上蹭来蹭去的，就会把枕后的头发磨掉了，形成枕秃。现在生活条件好了，宝宝因为缺钙引起的枕秃少见了，而更多是因为磨蹭出现枕秃。因此，爸爸妈妈不要一看到宝宝有枕秃，就担心宝宝缺钙，而盲目给宝宝增加钙的摄入量。一旦盲目补钙，血钙浓度过高，可能会影响其他元素的吸收，出现其他新的问题。

睡眠不踏实

宝宝过了满月后，很多爸爸妈妈发现宝宝睡觉不踏实了，凭着以往的知识，开始担心宝宝是不是缺钙了。

实际上，情况不都是想象那样。满月过后的宝宝，睡眠时间开始减少，探索周围世界的时间开始增加，听、看、嗅等感知能力增强，因此对外界刺激更加敏感，如果周围环境不好，宝宝就会睡眠不踏实。到了这个月，宝宝的运动能力也增强了，觉醒时肢体活动增多。不仅如此，就在宝宝做梦时也会出现躁动，睡觉过程中肢体会出现各种各样的动作，但宝宝始终还是处于睡眠状态，即使梦中哭几声，拍几下很快就入睡了。有时宝宝会睁开眼睛看看周围，如果发现妈妈在身边，会很快闭上眼睛接着睡；如果发现妈妈不在身边，会大声哭起来，这时妈妈如果立即过来拍拍宝宝，他会马上停上哭闹，很快入睡。如果宝宝饿了，到了吃奶的时间，只要给宝宝吃奶，宝宝就会立刻安静下来。

小便次数减少

新生宝宝可能十几分钟就会小便一次，但是到了第2个月后，宝宝小便的次数会明显减少，可能只是在每次醒后排尿，或者喂奶前后排尿。虽然排尿次数减少，但尿的总量并没有减少，甚至还会增加。

大便与肠胃炎

如果是纯母乳喂养的宝宝，到了第2个月，大便次数一般同新生儿时期差不多，有些宝宝还会比新生儿时期大便次数还多。通常宝宝每天大便6次以下算正常，极少数宝宝一天的大便次数会达到10余次，甚至每块尿布上都有一点大便，比小便还勤，很多爸爸妈妈见状都很着急，认为宝宝得了肠胃炎，事实上这种情况大多也不是异常的。

纯母乳喂养儿的大便，在未添加辅食前，大便呈黄色或金黄色，稠度均匀如药膏状，或混有一些颗粒，偶尔稀薄而微呈绿色，有酸味但不臭。如果宝宝平时大便次数较多，但宝宝一般情况良好，体重不减轻而照常增加，就不需要吃药。如果宝宝大便性质不好，大便带水，或突然大便次数增加，就要看医生了，看是否有乳糖不耐受或其他问题。

夜哭

说到宝宝夜哭，带过宝宝的妈妈，都会感觉那段日子很难熬。但是，基本每个宝宝都会出现夜哭，因为这对于宝宝来说是非常正常的现象。出现较早的宝宝在出生后2～3周就开始了。夜哭的宝宝普遍表现为白天睡得很好，到了晚上开始闹人，而且有的宝宝非常难哄；

有时还越哄越哭，把爸爸妈妈折腾的精疲力尽。有的宝宝夜哭会持续1～2小时，哭得面部涨红，非常用力，好像什么地方特别痛似的。有的宝宝因为肠道胀气产生不适，也会哭闹，而有的宝宝就是喜欢晚上哭，也找不出什么原因。每到这个时候，爸爸妈妈首先要确定宝宝没有任何问题，比如发烧。其次，不要抱着宝宝使劲摇晃，过分哄，在地上不停地走动。而且此时急躁的爸爸妈妈如果互相发脾气，宝宝会越哭越厉害，因为此时的宝宝已经能够感觉到爸爸妈妈的语气，对愤怒和抱怨的语气很反感。因此，宝宝如果没有异常，只是单纯地闹人，爸爸妈妈一定要心平气和地对待哭闹的宝宝，使宝宝平静下来。

和宝宝的交流

跟宝宝一起玩耍

陪宝宝一起玩，是带领他渐渐进入这个新奇而陌生世界的最好方式。有强烈对比图案的玩具和有娃娃脸的图书，都能引起宝宝的兴趣。为宝宝准备一块挂满可爱玩具的游戏垫，让宝宝去看、听、拍，这样能锻炼他的胳膊、手，以及手指的协调能力，同时，让他躺着的时候更有趣些。你可以挨着宝宝躺在地板上，陪他一块儿玩。现在宝宝能够兴致勃勃地抓东西了，但他的手眼协调能力还不能让他抓住你在他面前晃过的东西。宝宝要到大约 4 个月时才能掌握这个本领。眼下，你还需要把玩具放到他的手里。你也许没有想到，你的小手指可能是宝宝最喜欢的"玩具"呢！

发现自己的四肢了

刚出生时，宝宝不知道自己身上长着胳膊和腿。可现在不一样了，他开始探索自己的身体。宝宝最先发现的是自己的手和脚。为了提高他的兴致，你可以把宝宝的小手臂高举过头，然后问："宝宝，宝宝有多大？"；或者一边给宝宝唱"一二三四五，上山打老虎"，一边数宝宝的脚趾头。这些活动都可以激发宝宝对自己身体的兴趣。试着在宝宝面前晃动他的双手，让他能够看见和感觉到自己的手。

这时候，宝宝调节自身体温的能力还不强，他的血液循环系统还不完善。要记住，宝宝身体热量的一部分是通过手和脚散发出去的。所以天气凉的时候，要注意把他的小手和小脚都盖好了。

跟宝宝说话

现在，宝宝可能会用一些自己特殊的声音来表达自己的感情了。有少数宝宝甚至会尖叫或笑了。别忘了要随时用宝宝的话来响应他，而且要对着他的脸说。这时的宝宝很喜欢你盯着他看。

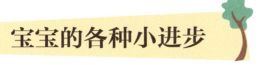

宝宝的各种小进步

伸出小手抓东西

现在，大部分时间里，宝宝已经能够张开小手了——他准备张开手去感知这个世界。在宝宝更小的时候，宝宝抓东西的动作基本上是出于本能，即便他想松开，也做不到。虽然宝宝还不能真正去抓东西，但是他能握住放在他手中的物品了。而且，一旦握住了，他就不轻易地松手。宝宝也开始尝试着拍打物品了。所以，请把危险的物品放到小家伙够不着的地方。

宝宝开始学习啦

刚出生的宝宝会在短时间内保持安静和清醒。这是他学习的好机会：在前3个月里，宝宝的大脑大概要长5厘米。利用这些宝宝安静的这些时光，更好地亲近宝宝——陪他说说话，给他唱唱歌，为他讲讲墙上的图画。尽管这时宝宝这时可能还插不上话，但其实他正在学习呢！找些新的不同质感的材料让宝宝的小手去感受，让宝宝看看新的环境，听听新的声音（当然都应该是适合宝宝的）。这些都是宝宝学习的好机会。

目光能追随物体了

现在，宝宝的双眼已经能持续地追随物体，并能更自如地盯着移动的东西看了。你可以在宝宝的面前，水平地晃动过一个拨浪鼓，或者一个色彩鲜艳的塑料勺子，然后再试着上下移动，这应该能吸引宝宝的注意力。实际上，可能要再过3个月，宝宝的目光才能很流畅地追踪垂直运动的物体，再过6个月，他的视线才能随物体斜线移动。你也可以跟宝宝玩对视的游戏，把你的脸靠近宝宝的脸，然后再慢慢地左右移动你的头。通常，宝宝的眼睛会盯着你的眼睛看。

自我表达

虽然宝宝还不能说话，但他的小脸已经能够告诉你许多东西了。他正在尝试着不同的面部表情，如撅着嘴、挑眉毛、张大或眯起眼睛、皱眉头等。宝宝可能正试着告诉你些什么——也许是需要换纸尿裤了，也可能只是在摸索他刚发现的小技能。

应该给宝宝剪指甲吗

当然应该给宝宝剪指甲。虽然宝宝的指甲可能比你的更软、更有韧性，但你也要知道，它们非常锋利！新生宝宝的胳膊腿会随意挥舞，而他自己又几乎不能控制，如果不及时剪指甲，很容易会抓伤自己或你的脸。宝宝的手指甲长得非常快，你一周可能需要给他剪好几次。不过，他的脚趾甲就不用剪得这么频繁了。

最好在宝宝睡觉的时候，给他剪指甲。你可以在宝宝推车的筐里放一套指甲刀，这样就能趁宝宝在宝宝车里熟睡的时候，给他剪指甲了。另一个剪指甲的好时候，是在他洗完澡之后，因为那时候他的指甲最软。

一定要保证给宝宝剪指甲的时候，光线充足，能看清楚。用宝宝剪刀或宝宝专用指甲刀压住宝宝的手指肚，让指甲露出来，以防剪到皮肤。剪的时候，一定要牢牢抓住宝宝的手。

给宝宝剪手指甲的时候，要沿着指尖的弧度剪，而剪脚趾甲时，则要直着剪。然后用指甲锉磨去尖锐的棱角。事实上，如果你有耐心，宝宝的指甲也不是很长，根本就不用剪，直接用指甲锉把它们磨到合适的长度就行了。

如果你打算在宝宝醒着的时候给他剪指甲，就让别人帮忙抱着宝宝，在你剪的时候，不要让他动得太厉害。也可以让别人吸引他的注意力，这样他就会让你好好抓住他的手给他剪，并把指甲磨好了。

有的爸爸妈妈是靠自己咬来给宝宝修指甲的。但这样做，也许会把爸爸、妈妈嘴里的细菌传到宝宝手指上可能出现的小伤口上。而且大人可能会看不清自己的动作，更何况，宝宝的指甲跟大人的牙齿比起来太小了。

宝宝的指甲比你的更软、更有韧性

宝宝的手指甲长得非常快，一周可能需要给他剪好几次

在推车里放一套指甲刀，趁熟睡给他剪指甲

宝宝的第3个月

3个月宝宝的基本发育状况

身高

到了 3 个月时，宝宝的身高比初生时增长了约 1/4，比第 2 个月增长 3.5 厘米左右。男宝宝平均身高为 60.4 厘米左右，正常范围为 55.6 ～ 65.2 厘米。女宝宝平均身高为 59.2 厘米左右，正常范围为 54.6 ～ 63.8 厘米。

体重

第 3 个月仍是宝宝体重增长比较迅速的一个月。平均每天可增长 40 克，一周可增长 250 克左右，一个月可增长 0.9 ～ 1.25 千克。男宝宝平均体重为 6.16 千克左右，正常范围为 4.72 ～ 7.6 千克；女宝宝平均体重为 5.74 千克左右，正常范围为 4.44 ～ 7.04 千克。

头围

相对于身高和体重的增长，宝宝的头围增长速度比较慢。到 3 个月时，头围比第 2 个月增长约 1.9 厘米。男宝宝平均头围为 39.7 厘米左右，正常范围为 37.1 ～ 42.3 厘米；女宝宝平均头围为 38.9 厘米左右，正常范围为 36.5 ～ 41.3 厘米。

胸围

由于胸部器官发育较快，因此 3 个月的宝宝胸围也增长较快。本月宝宝的胸围实际值开始达到或超过头围。男宝宝的平均胸围为 39.8 厘米，正常范围为 37.1 ～ 43.4 厘米；女宝宝平均胸围为 38.7 厘米，正常范围为 35.1 ～ 42.3 厘米。

前囟

这个月宝宝的前囟大小与上个月没有太大区别，不会明显缩小，也不会增大。由于前囟门处没有颅骨，要注意保护。

视觉

3 个月的宝宝视力已经发育完全，眼睛更加协调，两只眼睛可以同时运动并聚焦。能看 4～7 米远，注视、追视（眼睛追着一个物体看）、移视（眼睛由一个转向另一个物体）都已经较完善地发展起来。开始对颜色产生了分辨能力，对黄色最为敏感，其次是红色，橙色，表现为见到这三种颜色的玩具很快能产生反应，对其他颜色的反应要慢一些。

听觉

随着月龄的增长，宝宝的听觉能力也逐步提高。到 3 个月时，宝宝已具有一定的辨别方向的能力，听到声音后，头能顺着响声转动 180°，并表现出极大的兴趣。能区分大人的讲话声，听到妈妈的声音会很高兴，同时会发出声音来表示应答。因此，在日常生活中，爸爸妈妈应多和孩子说话，适当让孩子听一些轻松愉快的音乐，将有利于孩子的听觉发育。

嗅觉

宝宝的嗅觉与 2 个月时一样，能辨别不同气味，并表示自己的好恶。宝宝特别喜欢妈妈的气味。而遇到不喜欢的味道会退缩，回避。此时，爸爸妈妈千万不要吝惜宝宝认识新气味的机会：在初春的草地上，能闻出青草的味道；在秋天的树林里，能闻出树皮的味道；如果经过一家面包房，不妨进去，让宝宝闻闻新鲜出炉的面包的味道。

味觉

到了第 3 个月时，宝宝在味觉方面已经积累了相当丰富的经验了。如果拿酸的水果给宝宝吸吮，宝宝会皱起小眉头，嘴巴张大。对于一些更加讨厌的味道，甚至会用啼哭来抗议。

运动能力

3 个月的宝宝，已经可以根据自己的意愿将头转来转去了，同时眼睛随着头部的转动而左顾右盼。当扶着宝宝的腋下和髋部时，宝宝能坐着，头会向前倾并与身体呈同一角度。当移动身躯或转头时，头偶尔会有晃动，但基本稳定。将宝宝脸朝下悬空托起胸腹部，宝宝的头、腿和躯干能保持在同一高度。当宝宝趴在床上时，能抬起半胸，用肘支撑上身，头已经可以稳稳当当地抬起。

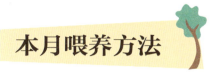

本月喂养方法

母乳喂养

只要妈妈的母乳比较充足，就应该继续坚持纯母乳喂养。不过这个月宝宝吃奶的时间可能会延长一些，根据宝宝的实际情况，两次喂奶时间间隔拉长 1 小时，夜间喂奶时间延长到六七个小时，只要宝宝不醒就不要叫醒宝宝吃奶。因为在入睡阶段，宝宝消耗的能量比较少，吃饱了奶后宝宝睡六七个小时不会有问题。对于每次吃奶量较小的宝宝，不要刻意延长喂奶时间间隔，只要宝宝想吃就给宝宝吃，如果宝宝把乳头吐出来了、转过头不吃了，就不要硬给宝宝吃。

人工喂养

到了第 3 个月，宝宝的食欲更好了，食量也会有所增加，可以将原来每次 120 ～ 150 毫升，增加到每次 150 ～ 180 毫升，甚至可以达到 200 毫升。不过，对于胃口比较大的宝宝，也不能无限制地添加奶量。一般每天吃 6 次的宝宝，每次 160 毫升；每天吃 5 次的宝宝，每次 180 毫升。对于食欲较好的宝宝，这个月可以添加一些蔬菜汤，一天 10 毫升左右。

混合喂养

宝宝又长大了，原本母乳分泌不足的妈妈，更担心自己的母乳不够宝宝吃。请妈妈一定要记住，6 个月前母乳是宝宝最佳的食品，过量添加奶粉，会影响母乳摄入。母乳喂养还是按需喂养。奶粉的喂养量，如果按照上个月的喂养量，宝宝每周体重增长在 200 克以上，就表明喂养充足。如果按照上个月的奶量，宝宝一次就喝完，好像还不饱时，下次冲奶就增加 30 毫升，如果吃不了，就再减下去，最多不要超过 180 毫升。

哺乳妈妈用药需谨慎

哺乳期妈妈服用的药物，大多可以通过血液循环进入乳汁中，经过宝宝的吸吮，药物又会进到他们的身体里。所以，哺乳期妈妈不能自作主张，自我诊断，自己给自己开药吃，需要用药时，应向医生咨询，必须在医生的指导下，采取合理用药原则，否则对宝宝的身体会造成很大的损害。注意，哺乳期间是不能吃避孕药的。

第3个月宝宝的重点能力训练

运动能力训练

抬头训练：方法同第 2 个月，坚持每天竖抱抬头、俯卧抬头练习。俯卧抬头训练时，要使宝宝头部能稳定地挺立达 45°～90°，前臂和肘部要支撑上半身，将胸部抬起，眼睛正视前方。

大脑统合训练：宝宝在练习俯卧抬头时，爸爸妈妈继续第 2 个月的方法，用手抵住宝宝的足底，让宝宝练习爬行。

翻身训练：注意宝宝刚吃完奶，不能练习翻身，要在两次喂奶中间，宝宝精神状况较好的情况下进行。如果宝宝有侧睡的习惯，学翻身比较容易。练习时将宝宝放置于硬板床上，衣服不要穿太厚，取侧卧位；把宝宝左腿放在右腿上，在宝宝的右侧放一个宝宝喜欢的玩具，再将宝宝的左手放在胸腹之间，爸爸妈妈轻托宝宝左肩，轻轻在背后向右推就会转向右侧。

如果宝宝平时喜欢仰卧，可以将宝宝的左腿放在右腿上，握住宝宝的左手，同时用另一只手轻轻刺激宝宝的脊背，使宝宝主动产生翻身动作，翻至侧卧位，进一步至俯卧位。宝宝如果自己翻不过来，爸爸妈妈可以稍稍给予帮助。只要坚持每天练习 2～3 次，每次训练 2～3 分钟，一般到 3 个月末宝宝就会自己翻身了。

抓握训练：这个月宝宝抓握练习难度会增加。因为宝宝到了这个月双手的活动能力更强了，可以在胸前互握玩耍。这时可以在宝宝看得见的地方（小床上或者其他家里可以悬挂东西的地方）悬吊小气球、小灯笼、小手绢或者触碰可以发出声音的玩具，扶着宝宝的手去够取、抓握、拍打。每天数次，每次 3～5 分钟。

温馨提示：妈妈还要持续每天给宝宝做婴儿被动体操。

言语能力训练

听力训练：用可以发出声音的玩具（比如电动小熊玩具、拨浪鼓、橡皮鸭子），在距离宝宝前方 30 厘米处逗引，当宝宝注意到响声时，对宝宝说："宝宝，看小熊在这儿呢！"让宝宝盯着小熊，张开小手抓小熊。然后，变换方位，妈妈拿着玩具躲在宝宝的背后逗引，让宝宝自己找发出声音的地方，可以将玩具分别慢慢移到宝宝能看到的左方或右方逗引，观察宝宝的眼、耳和手的动作，训练宝宝对声源方向的反应。

模仿发声训练：这个月的宝宝已经可以咿呀学语了，所以爸爸妈妈更要经常和宝宝说话，逗引宝宝发出声音。在与宝宝交流时，要仔细倾听并重复宝宝发出的声音，将宝宝发出的声音转换成字，如"啊、啊"变成"妈妈"，每发一次重复音节就停顿一下，要反复用口型和发音引导宝宝模仿，使宝宝无意识的语言变得有意识。

认知与社交能力训练

追视训练：2个月以前的宝宝只能追视水平移动的物体，但是到了第3个月，宝宝就可以追视上下垂直移动的物体了。在天气较好的时候，爸爸妈妈要多带宝宝进行户外活动，让宝宝观察户外活动的物体，比如摇动的树叶、飞来飞去的蝴蝶、上串下跳的小猫。如果在家里爸爸妈妈可以配合滚动皮球，或者在不同的方向逗引宝宝，让宝宝的视线不断转移。

身体运动训练：在宝宝精神状态很好时，可以在宝宝的床栏杆上吊一个响铃，然后用松紧带一头拴着响铃，另一头拴在宝宝的手腕上。爸爸妈妈可以先拽一拽松紧带使栏杆上的响铃发出声音，宝宝听到响铃的声音会很兴奋，然后全身使劲动，这时宝宝发现因为自己的动作使得响铃不断作响，而且是在动手腕的时候响得声最大，宝宝慢慢学会只动手腕就将响铃摇响。过1～2天，爸爸妈妈可以将松紧带拴在宝宝的脚踝上，宝宝就会经过多次尝试让脚踝带动响铃发出声响。

温馨提示：在给宝宝做响铃的训练时要注意，爸爸妈妈如果要离开宝宝一会儿，而宝宝身边没有人看护时，必须要解开松紧带，以防宝宝在活动时将松紧带缠住肢体而妨碍局部血液循环。

触摸训练：继续上个月的触摸训练，每天让宝宝用小手触摸各种材质的玩具，比如木质、纸质、塑料制品、毛线制品等。

交往能力训练：这个月的宝宝见到大人会很高兴，会微笑着想同大人交流。爸爸妈妈应该在宝宝情绪愉快时，也用愉快的表情和口气，逗引宝宝"说话"，或者出声的笑。一旦宝宝主动发声，也许是"呃、啊"或者是"咯、咯"的笑声，爸爸妈妈都要鼓励或称赞宝宝，用拥抱或者抚摸表示鼓励，同时爸爸妈妈要你一言、我一语地同宝宝"对话"，诱导宝宝搭话或出声的笑。

帮你了解以及解决宝宝的睡眠问题

了解睡眠周期

睡眠是人体一种主动休息的过程，是恢复体力所必需的行动。人体的睡眠可以分为四个周期：入睡期、浅睡眠期、深睡眠期、延续深睡眠期。人体睡眠过程，呈现节律性，由深睡眠和浅睡眠交替反复进行，直到清醒。在深睡眠期，人的大脑皮层细胞处于充分休息状态，对稳定情绪、平衡心态、恢复精力极为重要，而且此期间一般的动作或者响声通常不会惊醒睡眠者。

新生儿与婴儿时期的睡眠

人类的正常睡眠，一般是由浅睡眠期到深睡眠期再到浅睡眠期，这样反复几个周期构成，宝宝也同样。宝宝在新生儿与婴儿时期的睡眠时间长，浅睡眠和深睡眠各占 50%。婴儿的睡眠不太能分清昼和夜，浅睡眠期到深睡眠期周期很短，而且次数多，特别是在新生儿期。随着婴儿的成长和脑神经的发育完善，婴儿的总睡眠时间相应减少，渐渐会养成夜里长睡白天小睡的节律，浅睡眠期到深睡眠期的周期也相应延长，深睡眠时间占总睡眠时间的比例相应提高。

不同月龄宝宝的睡眠要求

3 个月以内的宝宝，每天应该睡 18 小时左右，白天平均睡 4 次，每次 2 小时左右，晚上要睡 10 ～ 11 小时。宝宝每天基本除了吃奶、换尿布、玩一会儿，剩下的时间都是在睡觉。

4 ～ 6 个月的宝宝，每天应该睡 16 小时左右。这一时期，宝宝视觉能力、运动能力等有了提高，白天的睡眠时间会减少，平均 2 次，一般上午一次 1 ～ 2 小时，下午一次 2 ～ 3 小时。

7 个月以后的宝宝，总的睡眠时间为 14 ～ 15 小时，但是宝宝的睡眠时间以及睡眠质量个体差异逐渐明显。白天一般也还是上午、下午各睡一次，每次 1 ～ 2 小时；晚上的睡眠情况不尽相同，有的宝宝夜间要吃奶，有的宝宝夜间会尿 2 ～ 3 次，有的宝宝不论吃奶还是换尿布，都会很快入睡，但是有的宝宝会出现哭闹，不易入睡。

保证宝宝优质睡眠的秘诀

1. 创造舒适的睡眠条件：舒适的睡眠条件对保证宝宝优质睡眠很重要。大多爸爸妈妈在宝宝出生前睡房的各种硬件就准备好了，舒适的小床、被褥，柔和的灯光，通风良好。有了舒适又温馨的睡房，在每次宝宝入睡前要确认睡眠环境舒适、安全，如果房间过于闷热、宝宝衣服穿太多或太紧、给宝宝的棉被盖太厚等，都会使宝宝感到不舒服。

2. 保证宝宝白天充分的活动：只有保证白天让宝宝充分活动，身体能量得到消耗，同时控制白天的睡眠时间，到了晚上宝宝才会觉得累而想睡。如果是不会爬的小宝宝，爸爸妈妈可以多帮宝宝做一些婴儿体操。等宝宝会爬、会走后，宝宝自己的活动能力增强，可进一步减少宝宝白天的睡眠时间。

3. 辨识宝宝的困倦，及时把宝宝抱上床：宝宝犯困时，会有一些特征性的表现，如揉眼睛、打哈欠、哭闹等。妈妈要尽快掌握宝宝的困倦表现，在宝宝想睡觉时，及时将宝宝轻轻放在小床上，有的宝宝需要哄，有的宝宝能自己进入梦乡。

4. 宝宝没有睡意不要上床：很多妈妈觉得把宝宝放到床上，会让宝宝进入睡眠状态，但是经常事与愿违，没有睡意的宝宝会拒绝睡觉，甚至同妈妈发生抗争，让宝宝对床产生不好的印象。如果宝宝还没有睡意，可先陪宝宝在别处玩耍一会儿，等略有倦意时再进入卧室。

5. 固定睡眠仪式：首先妈妈要根据宝宝的具体情况把睡眠的时间确定下来。每天晚上都在同一时间将宝宝带入卧室，之后可以通过睡觉前刷牙、洗屁股、洗脚、讲故事、听音乐、唱儿歌等就寝仪式，帮助宝宝睡眠。一旦这些仪式固定下来，宝宝就会提前进入准备睡眠的理想状态。

6. 家人一起配合营造睡觉气氛：如果在宝宝睡觉时，家中依然吵吵闹闹、灯火通明，宝宝也很难有想睡的感觉。所以到了宝宝睡觉的时间，全家人都要一起配合，关电视、大灯，轻声细语，各自回房，让家中静悄悄的，让宝宝意识到"大家都要睡觉，真的到了睡觉时间了，不能再玩了"。

7. 半夜醒来自行入睡：基本没有一觉睡到天亮的宝宝，半夜宝宝都会因为小便、喝水、做梦等原因醒来，有的还会轻微哭闹。除非是疾病因素，否则碰到宝宝半夜哭醒时，不要直接抱起来哄，此时用手轻拍宝宝的身体来安抚即可，让宝宝自己重新入睡。其实，半夜醒来只是睡眠周期的转换，并非是真正睡醒了，所以不要将宝宝抱起来哄。

247

给宝宝做翻身训练

1. 由仰卧翻向侧卧

宝宝 3 个月时可以开始训练由仰卧翻向侧卧。开始训练时，要在宝宝的左侧放一个颜色鲜艳的玩具，再把他的右腿放到左腿上，将其一只手放在胸腹之间，家长用手托住宝宝一侧的手臂和背部，缓慢推向另一侧，使其侧卧。重点练习几次后，家长不必推动，只要把宝宝的腿放好，用玩具逗引，宝宝就会自己翻过去。宝宝 4 个月时，家长可以将玩具放在宝宝身体的一侧，逗引他抓玩具，宝宝可以顺势自动翻成侧卧位。

2. 由仰卧翻到俯卧

让宝宝仰卧在大床上，拿一个有趣的新玩具逗他，当他想抓时，将玩具向左侧或右侧移动，这时宝宝的头也会随着转动，伸手时上肢和上身也跟着转动，最后下身和下肢也转动，全身就翻了过来。开始时家长可以助他一臂之力，但主要还是鼓励宝宝自己翻身。当他翻过来了，就要给以鼓励，抱抱他或亲亲他，然后把他放回原位，让他重新再翻。

3. 由俯卧翻到仰卧

如果宝宝翻身翻得非常好之后，就可以让宝宝练习俯卧翻身。练习俯卧翻身时，一开始家长必须对宝宝进行保护。让宝宝俯卧，放一个他喜欢的玩具在他够不着的地方，摇动玩具发出声音，吸引宝宝翻过身来抓玩具；或者拿玩具在宝宝头上慢慢晃过，鼓励他随着玩具的移动翻身。宝宝完成动作后，可以把玩具给他玩一会儿作为奖赏。

4. 翻身训练的注意事项

（1）宝宝一般先学会由仰卧位翻成俯卧位，再由俯卧位翻成仰卧位。一般每日训练 2～3 次，每次训练 2～3 分钟。在练习翻身时，注意避免扭伤宝宝的手脚。

（2）宝宝学会翻身的时间是因人而异的，能够翻身的时间并不是固定的。

（3）绝大多数的宝宝在学习翻身前，会发出各种想要翻身的信号。家长如果能够看出这些信号，可以帮宝宝一把，让他更容易掌握翻身的要领。比如，宝宝仰卧的时候总是把脚向上扬，或总是抬起脚摇晃，如果此时家长帮他推一下屁股，可能宝宝就翻过身去了。

围嘴、睡眠和"摇滚"

解下宝宝的围嘴

当宝宝还在子宫里的时候，他的唾液腺就开始工作了，妈妈可能已经注意到，宝宝现在开始流口水了。他还会把各种东西往嘴巴里塞，这会让他分泌出更多的口水。

流口水并不表示宝宝正在长牙。可能至少要再过两周，宝宝才会有出牙的迹象。大多数宝宝在 4～7 个月之间会长出第一颗牙来。如果宝宝长牙早的话，可能在他 3 个月大的时候，你就能看到他的第一个白色的牙冠了，通常会是中间的两颗下牙中的一颗。

很多父母从现在开始总让宝宝戴着一个围嘴，来接住宝宝流出来的口水。但是，宝宝睡觉时，记得要把围嘴解下来，以防宝宝被勒到。

其实，流口水还有一个让爸爸妈妈意想不到的好处：口水会给宝宝玩具和其他物品上附着一层有预防疾病作用的蛋白质。这可是一个好消息，因为这个阶段宝宝对他看到的所有东西都会产生兴趣。

持续睡眠时间增长

如果宝宝现在就能睡通宵（一连睡 5～6 个小时），那么你就是少数很幸运的父母了。大多数 10 周大的宝宝半夜里还是会醒来的。但是，即便宝宝还不能睡整夜，这个阶段，他一觉应该能睡得长一些，清醒的时间也会相对长一些，而不会那么频繁地刚睡着又醒来了。在一天 24 个小时中，宝宝很可能会睡上 2～4 个长觉，醒着的时间可能会达到 10 个小时。

"翻"开新的一页

宝宝正在学习"摇滚"，不过，现在可能还只有"滚"的本事。在这个阶段，有些宝宝可能已经会从侧躺翻到仰卧，再从仰卧翻到侧卧，也就是翻半个身。但要完整地翻过身来，恐怕还要等 1 个月左右才可以，因为宝宝需要更强壮的颈部和手臂肌肉，才能完成这个动作。

4个月宝宝的基本发育状况

身高

到了第4个月，宝宝要过百天了，眉眼长开，五官分明，更显露出活泼、可爱的模样。发育的增长速度也渐渐较出生的前3个月缓慢下来，但仍处于快速生长期，一般身高平均每月增加约2.5厘米，比出生时长高10厘米以上。男宝宝平均身高为63.0厘米，正常范围为58.4～67.6厘米；女宝宝平均身高为61.6厘米，正常范围为57.2～66.0厘米。

体重

这个月的宝宝体重可以增加0.9～1.25千克，为出生时的2倍左右。男宝宝平均体重为6.98千克，正常范围为5.4～8.56千克；女宝宝平均体重为6.42千克，正常范围为5.20～7.87千克。

头围

宝宝的头围依然是发育最缓慢的，比3个月时增长约1.4厘米左右，男宝宝的平均头围为41.0厘米，正常范围为38.4～43.6厘米；女宝宝的平均头围为40.1厘米，正常范围为37.7～42.5厘米。

胸围

宝宝胸围的增长速度比头围要快一些，4个月的宝宝胸围已经和头围大致相等。男宝宝的平均胸围为41.55厘米，正常范围为37.4～45.7厘米；女宝宝的平均胸围为39.5厘米，正常范围为36.5～42.7厘米。

前囟

这个月宝宝的前囟大小在1～2.5厘米，可能会出现假性闭合。

视觉

4个月的宝宝可以跟踪他面前半周视野内运动的任何物体。当宝宝仰卧时，如果将玩具从一侧拿给宝宝时，宝宝便会注意到，双臂活动起来，但手不一定会靠近玩具，或仅有微微抖动。这个月宝宝视觉发育最明显的一个特点是头眼协调能力好，视线特别灵活，能从一个物体转移到另外一个物体，也能随移动的物体从一侧到另一侧，移动180°，如果玩具从手中滑落掉在地上，宝宝会用眼睛去寻找。

听觉

到了第4个月，如果在宝宝的一侧耳后大约15厘米的地方使用摇铃，宝宝能转过头向发声的方向去寻找声源。不仅如此，更神奇的是4个月的宝宝已经能辨别不同音色，分辨熟悉和不熟悉的声音，听到妈妈的声音特别高兴，眼睛会朝着发出声音的方向看。区分男声女声，先给宝宝播放一个女声的歌曲，等到宝宝"适应"歌曲后，马上换男声，宝宝会有不同的反应。宝宝对语言中表达的感情已很敏感，能出现不同反应，如对愤怒的声音感到害怕，对玩具发出的声音会很有兴趣等。

嗅觉

2个月末时，宝宝已经能够对两种不同的气味进行分化，但还不稳定。随着大脑的不断发育成熟和经验的不断积累，到了4个月时，宝宝嗅觉的分化才比较稳定。能对有气味的物质发出各种反应，表现为面部表情发生变化，不规则的深呼吸，脉搏加强，打喷嚏，转头躲开有他不喜欢气味的物质，四肢和全身出现不安宁动作等。

味觉

到了4个月时，宝宝只要手上拿着东西，不管是能吃的还是不能吃的，都会一股脑儿往嘴里送。爸爸妈妈可能很担心，宝宝会把细菌吃进肚子里，但是这是宝宝凭借舌头来认识世界的方式，大人不要阻拦，爸爸妈妈要做的就是把宝宝的玩具定期消毒，生活中时刻注意不要让宝宝拿到对身体有危害的东西。这个月里，有些宝宝已经开始添加辅食了。为宝宝添加了辅食的爸爸妈妈们可以发现宝宝对食物的微小改变已很敏感，并会作出反应。喜欢的味道会多吃点，不喜欢的味道会很抗拒，甚至会呕吐。

运动能力

到了第 4 个月时，宝宝已经开始发生手眼协调动作。躺着时，四肢伸展，可抬起头，可拉脚至嘴边，吸吮大脚趾，会自然踢腿来移动身体。宝宝从这个月开始就会翻身了，先是从仰卧到侧卧，逐渐发展到从仰卧到俯卧。趴着时，身体会像飞机状摇摆，四肢伸展，背部挺起和弯曲，会伸直腿并可轻轻抬起屁股，膝盖向前缩起。用肘部支撑时就可以抬起头部和胸部，并根据自己的意愿向四周观看。

语言能力

到了第 4 个月时，宝宝开始进一步学习发出新的音节，丰富自己的"语言库"，有些宝宝已经会努力地发出像"m"和"b"这样的辅音。而且不停地重复。宝宝对自己的声音开始感兴趣，能够自言自语，咿咿呀呀，虽然听起来仍像胡乱发出的音调，但如果仔细听，会发现宝宝已经会升高和降低声音，好像在发言或询问一些问题。这个时期的宝宝在语言发育和感情交流上进步较快。高兴时，会大声笑，笑声清脆悦耳。当有人与他讲话时，宝宝会发出咯咯咕咕的声音，好像在跟人对话。

认知能力

到了第 4 个月时，宝宝头部运动的自控能力更加强了，对新鲜物像能够保持更长时间的注视。注视后进行辨别差异的能力也不断增强。如果将玩具放在宝宝能触及的地方，宝宝会伸手完全靠近并抓住玩具；如果将玩具放在稍远的位置，有时宝宝会有试图探取的迹象。

社会交往能力

宝宝开始能区分出陌生人和熟人。如果听到街上或电视中有儿童的声音，宝宝也会扭头寻找。相比之下，宝宝对陌生人只会好奇的看一眼或微笑一下。可以看出，宝宝已经开始分辨生活中的人了。在与人互动时，宝宝会用微笑、发声与人进行情感交流，当看到家人时会流露出期待之情，挥手或举手臂要大人抱。

当宝宝看到一个他渴望接触和触摸的东西而自己又无法办到时，他就会通过喊叫、哭闹等方式要求大人帮助他；当宝宝看到奶瓶、母亲的乳房时，会表现出愉快的情绪；当他吃到奶时，会用他的小手拍奶瓶或母亲的乳房。照镜子时，宝宝能分辨出镜中的妈妈与自己，对镜中的影像微笑、"说话"，可能还会好奇地敲打镜子。

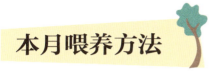

本月喂养方法

母乳喂养

宝宝到了第 4 个月时，每天吃奶的次数基本固定了。如果母乳充足，可以不用添加辅食。相反，如果宝宝夜里睡眠时间明显缩短，开始出现哭闹，每周体重增长低于 100 克，排除疾病因素，提示为母乳不足，应该及时添加牛奶。有些宝宝吃惯了母乳，可能一时不愿意吃牛奶，爸爸妈妈也不用着急，可以给宝宝试着适当添加一些辅食，如米粉、蛋黄、菜汁、菜泥等。

人工喂养和混合喂养

到了第 4 个月，宝宝就满百天了，宝宝已经掌握了很多的技能，每天的活动量也加大了。爸爸妈妈应该注意到按照标准宝宝现在每次的喝奶量应达到 200 毫升，每天的总奶量应该到 1000 毫升。有些妈妈只考虑每次宝宝能喝多少，忽略了喂奶的次数，结果每天 6 次，每次 200 毫升，总奶量超出。因为短时间的超量，宝宝不会有什么不适表现，很多妈妈还觉得自己的宝宝很能吃，能长大个。事实上，很快宝宝就要出现问题。

1.导致宝宝体重会超重，成了"小胖墩"。这个问题对于很多家长，尤其是老一辈的人，可能觉得不是问题，宝宝能吃，胖乎乎的多好呀！但是对于过胖的宝宝来讲，由于身体内部堆积了不必要的脂肪组织，使心脏的负担加重。因为身体过重，宝宝的动作较一般孩子迟缓，进而导致宝宝的大动作发育，比如站立、行走时间也会较其他宝宝晚。所以，不论宝宝有多么爱喝奶，每天的总量也应控制在 1000 毫升以内。食量较大的宝宝可将总奶量调整到 900 毫升内，其他再适当喂些果汁、酸奶（婴儿能喝的低浓度酸奶）等。

2.宝宝 3 个月前，肠胃不能完全吸收牛奶中的蛋白质，即使吃多了，宝宝也不能完全吸收，多余的会被排泄出去。3 个月后，宝宝肠胃功能增强了，同时奶量也增加了，这时宝宝的肝脏和肾脏全部动员起来帮助消化、吸收奶液中的营养成分。

3.这个月的宝宝对妈妈更加依恋，并且会利用增加吃奶次数让妈妈抱着，尤其是混合喂养的宝宝，总要吃妈妈的奶，而且吃母乳很难计算每次的吃奶量，所以宝宝比较容易吃多。

第4个月宝宝的重点能力训练

运动能力训练

翻身训练：继续上个月的训练，让宝宝熟练掌握翻身的本领。在这个月，爸爸妈妈可以用玩具在宝宝一侧逗引，让宝宝自己完成翻身动作。

俯卧支撑抬头训练：训练的方式同上个月，不过这个月要加强训练宝宝的前臂支撑能力。让宝宝俯卧，并用前臂支撑起胸部、抬头，然后爸爸妈妈在宝宝前方逗引，逐渐增加宝宝支撑抬头的时间，同时爸爸妈妈还可以从左到右或者从远到近移动玩具，观察宝宝的反应。

拉坐训练：在宝宝精神状态好时，让宝宝仰卧于床上，妈妈握住宝宝的双手，慢慢将宝宝拉坐起来，每天训练数次。开始时，妈妈可以稍用一点力，然后逐渐减力。这个训练一方面锻炼宝宝的臂力，一方面锻炼宝宝颈部支撑力，训练宝宝的头在拉坐过程中逐渐伸直，不向后倾。

抓握训练：到了4个月时，多数宝宝能主动抓握物品。此时，妈妈可以将宝宝抱到桌前，在桌子上放几个玩具，玩具放在离宝宝稍远而又能让他抓得着的地方，引导宝宝主动去拿。妈妈将玩具挂起来，抱着宝宝去探取，如果宝宝不会主动伸手抓玩具，妈妈可以抓着宝宝的手触碰玩具，同时说："宝宝真厉害，一下就抓住了。"或者为宝宝示范触摸、摆弄玩具，同时说："哈哈，抓住了，再来一下，嘭嘭，多好玩呀！"引导宝宝主动去抓握。

言语能力训练

学语训练：在日常生活中，养成同宝宝交谈的习惯。除了平时见到什么就对宝宝说什么，干什么就讲什么外。给宝宝换尿布时，就对宝宝说："呵呵，又尿湿了，不舒服吧，妈妈给你换块干净的。"宝宝睡醒时，对宝宝说："乖宝宝，醒了，睡好了吗？"。尽管宝宝还不明白这些话的真正意思，但宝宝会用他特殊的"语言"——"啊""喔""呃"和着妈妈的声音。宝宝用这种方式和周围的人交谈，是在为今后的语言学习打基础。此外，爸爸妈妈还要经常有意识让宝宝学习发音，比如拿着苹果对宝宝说："宝宝，这是苹果，宝宝来拿，n-á（拿）。"让宝宝看清楚你的口型，同时逗引宝宝自己拿，激发宝宝自己连续发两个音。

⚬⚬⚬ 认知与社交能力训练

认物训练： 宝宝觉醒时，爸爸妈妈可以抱着宝宝，在家里到处走动，让宝宝多看、多认周围的物品，比如指着灯对宝宝说："宝宝这是电灯，灯。"如果宝宝没有注意，可以把灯打开，然后再关上，一亮一灭，宝宝的视线马上就会被吸引住。认识其他物品时，

可以触摸的让宝宝摸一摸，加深触觉认知；可以发声、发光的，可通过更多的视觉信息让宝宝加深认知。这些训练不受天气影响，只要宝宝高兴，随时可以在家进行。

色觉训练： 爸爸妈妈可以一起同宝宝玩彩色玩具或者彩色的卡片，最好是纯色的，比如红色、绿色、黄色、蓝色、橙色。将卡片和玩具安颜色分类放，每拿出一种颜色的卡片和玩具，就对宝宝说出这是什么颜色，比如"宝宝，这是红色的，这个也是红色的，虽然他们样子不同但都是红色的。"还可以利用宝宝最喜欢的洗澡时间训练色觉。在宝宝的澡盆里放进红、黄、蓝不同的小球或者小鸭子，然后同宝宝游戏。"红球漂过来了""蓝球漂过来了""红球碰到宝宝的肚皮了，又碰到宝宝的脚丫了"。这样的游戏方式不仅训练宝宝的色觉，还能让宝宝认识自己的身体，可谓一举两得。

寻找目标训练： 这个月的宝宝开始逐渐有了短时的记忆。爸爸妈妈可以把宝宝平时比较常玩的玩具，在宝宝面前晃一下，吸引宝宝的注意力，然后让玩具在宝宝的视线中消失，可以放在宝宝身后，让宝宝寻找。如果宝宝找到了，就夸奖宝宝，鼓励宝宝再继续玩找玩具的游戏。当然，也可以两个人配合，一个人抱着宝宝，另一个人逗引宝宝，然后藏起来，让宝宝寻找。同样，找到后要鼓励宝宝，然后继续玩游戏。这个游戏可以很好的训练宝宝的视觉和开发记忆潜能。

捉迷藏游戏： 这个游戏是最常玩的。两个人配合，一个人抱着宝宝，另一个人面对着宝宝，用一块毛巾把脸蒙上，然后对着宝宝："喵儿、喵儿。"随后把毛巾拉下来，看过几次后，宝宝就知道伸手把毛巾拉下来了。玩几次后，宝宝也会学着大人，藏到衣被中同大人做游戏了。游戏时，可以变换不同的表情，比如高兴的笑、悲伤的哭、生气时满面怒火，可以让宝宝认识到各种面部表情。

预防接种中常遇到的问题

1.到了接种时间，但是宝宝正在生病怎么办?

宝宝只是轻微的感冒，症状较轻，不发热，不需要服用药物，可以接种；如果宝宝感冒病情严重，必须使用药物治疗，就需要暂缓接种，等到病情稳定，好转后再接种；宝宝出现发热同样不能接种。服用了抗菌素的宝宝，要在停药1周后接种。

2.有些宝宝刚接种完疫苗就生病了，是否影响免疫效果，是否需要补种?

如果接种疫苗后，排除疫苗本身可能引起的疫苗接种反应，宝宝生病了，只会降低免疫效果，但不会完全丧失免疫效果，所以不需要补种。

3.如何鉴别接种后的发热是生病还是正常接种反应?

如果是疾病引起，宝宝除了发热还会有其他身体不适，比如咳嗽、流鼻涕、咽喉充血等症状。如果是疫苗接种引起，宝宝不会有其他任何不适症状和体征。接种后生病，疾病本身症状加上疫苗接种反应，导致疾病症状表现比较重。

4.接种前后如果吃了药对接种效果有影响吗?

原则上，接种前后不能服用任何药物。所有的药物对疫苗的预防效果都会有不同程度的影响，其中抗生素类药物的影响是最大的。因此，接种前后2周，最好不要使用任何药物。接种后服药会影响接种效果，但不需要补种。

5.因为各种原因推迟了某种疫苗的接种时间，是不是后面的都要推迟?

只有那个被推迟的疫苗接种时间后延，其他疫苗的接种不需要推迟，按照正常接种时间进行。如果恰好同其他某种疫苗碰到了一天，保健医会根据相碰疫苗的种类，判断是否可以同时接种，或者只接种一种，再间隔一定的时间接种其他的疫苗。

给宝宝做独坐训练

1. 拉坐训练

宝宝仰卧位时，家长握住宝宝的手，只用很小的力气将其缓慢拉起，让宝宝试着自己用力坐起来，保持此姿势5～6秒，再轻轻让宝宝躺下，可以重复2～3次。以后家长逐渐减少用力，直到宝宝自己握住家长的手指将自己拉起来。

2. 靠坐训练

5个月左右开始训练宝宝靠坐，将宝宝背靠成人胸前坐在大腿上，或将宝宝放在有扶手的沙发上或有靠背的小椅子上，也可以在宝宝背后放些枕头、棉被，让其练习靠坐，以后逐渐减少宝宝靠垫的东西。每天训练1～2次，每次2～3分钟。

3. 独坐训练

6个月时可在靠坐较稳的基础上，让宝宝练习独坐。家长可以先给宝宝背部一定的支撑，以后逐渐撤去支撑，使其坐姿日趋平稳，当宝宝身体要前倾时，可以教其用上肢在前面支撑，慢慢宝宝就可以坐直脱空。

4. 独坐训练的注意事项

宝宝开始自己独坐的时候，往往是摇摇晃晃，东倒西歪的，需要家长非常耐心和细致地进行训练。要注意以下几点，以免发生危险和意外。

（1）在宝宝刚学坐的时候，家长要特别注意宝宝坐的时间不要太久，因为这个阶段宝宝的脊柱尚未发育完全，如果长时间让宝宝坐着，容易发生脊柱侧弯。

（2）在独坐训练时，不要让宝宝采取跪姿，或将两腿压在屁股下，这样做容易影响宝宝将来腿部的发育，最好的姿势是让宝宝采用双腿交叉向前盘坐。

（3）宝宝会坐后，小床周围要安装护栏，尽量不要让宝宝单独坐在床上，以防坠落床下，发生危险。

早期的语言及动作发展

早期语言发育

研究显示，如果妈妈、爸爸与宝宝讲很多话，等他长大以后，会比其他宝宝的智商更高、词汇量更大，所以，现在与宝宝的互动尤其重要。让宝宝接触各种各样的词汇，为他打下坚实的语言基础。当你带着宝宝散步时，给他描述一下你所看到的周围的环境；当你逛超市时，利用穿梭在货架之间的机会，指给他看货价上的各种物品，并告诉他物品的名字和用途。虽然宝宝现在还不能重复这些词语，但是他正在把这些信息通通储存在他那飞速发展的记忆里。

胳膊、腿、手更加协调了

宝宝现在能够挥舞小胳膊、蹬蹬小腿了。随着宝宝的髋关节和膝关节变得更灵活，他的蹬腿动作也更加有力了。托住宝宝，让他双脚着地，你能感觉到他在用力地向下蹬。现在宝宝可能还会把两只小手合在一起，并把手指伸开，又握回来。拿一个玩具，看他会不会伸手去够，鼓励他进行手眼协调训练。拍打玩具是一个发育的里程碑！注意把音乐转转床铃等移动玩具挂得高一点，让宝宝够不着，不然，他可能很快就会将它拽下来砸到自己。

锻炼宝宝的触觉

宝宝就是喜欢被抚摸的感觉。事实上，宝宝的长大离不开亲密的抚摸——这是他成长发育中至关重要的一部分。所有的肌肤之亲不仅能够帮助你和宝宝建立亲密的纽带，而且在他心情不好时，抚摸会给他以安慰。在他易怒烦躁时，抚摸也会让他平静下来。用各种各样的材料来培养宝宝的触觉——比如珊瑚绒毯子、柔软干净的毛巾、纯棉的小布单子等。宝宝可能会把每样东西都用嘴来尝一尝，所以，你要小心选择，而且不要让他一个人玩那些有可能会在他嘴里散架的东西。找一些为配合训练宝宝的触觉而设计的触摸式图书，让读书变成可以触摸的体验。对宝宝来说，一阵微风拂面或一次按摩；被搂抱在妈妈的腿上或鼻尖上的轻轻一吻，所有的这些抚摸，都是让他放松或亲近你的有效方式。这种亲密接触甚至能使宝宝变得更敏捷，并且能够帮助他保持更持久的注意力。

怎样给宝宝拍嗝

　　给宝宝拍嗝需要掌握正确的时间，如果宝宝吃奶吃得正高兴，你最好不要为拍嗝而打断他。不然，可能会把宝宝弄哭起来，并让他吞入更多的空气。应尽量利用喂奶过程中的自然停顿时间来给宝宝拍嗝，比如宝宝放开奶嘴或换吸另一只乳房时。喂奶结束后，也要再次给宝宝拍嗝。 轻拍或抚摸宝宝的背部是让他排出吞入气体的最好方式。由于宝宝吐出空气时，可能会同时吐出一点儿喝下去的奶，所以，你要在手边随时准备一块布或毛巾。以下是给宝宝拍嗝的三种最常用的姿势，不妨都试一试，对大多数宝宝来说，其中某种姿势肯定会比其他姿势更有效。

　　1. 在肩头拍嗝。把宝宝放在你的肩头，用同一侧的胳膊托住宝宝的屁股。这时候宝宝的身体是竖直并伸展开的，所以，这通常会是给宝宝拍嗝最容易的姿势。用你的另一只手轻拍或抚摸宝宝的背部。

　　2. 坐直拍嗝。让宝宝坐在你的大腿上，身体前倾，用手托住他的下巴，扶着他的肩膀，用另一只手轻拍或抚摸宝宝的背部。

　　3. 脸朝下趴在你的大腿上拍嗝。把宝宝的脸朝下放在你的大腿上，用一只手抓牢他，另一只手轻拍或抚摸宝宝的背部。

　　如果给宝宝拍嗝几分钟后，他仍没有打嗝，这可能说明你并不需要给他拍嗝。不过并非所有的宝宝都是如此，对有些宝宝来说，不是他不需要拍嗝，而是他很难通过打嗝排气。如果你给宝宝拍嗝后，他没有打嗝，但是明显地表现出不舒服，这时，你需要继续坚持给宝宝拍嗝。这可能是因为宝宝尚未成熟的消化系统使空气深入了肠道，不易通过打嗝的方式被排出。在宝宝打出响亮的嗝前，你可能还是得不停地轻拍宝宝背部,因为有些宝宝似乎只能通过打嗝的方式吐出吞入的空气。

5个月宝宝的基本发育状况

身高

随着月龄增长，宝宝越来越健壮，到第 5 个月时，宝宝的眉眼已经完全长开了，脸色也变得红润而光滑。身高的增长速度开始缓慢下来，比上个月平均增长 1.7 ～ 1.8 厘米。男宝宝平均身高为 65.1 厘米，正常范围为 60.7 ～ 69.5 厘米；女宝宝平均身高为 63.8 厘米，正常范围为 59.4 ～ 68.2 厘米。

体重

到第 5 个月时，体重与身高的增长速度一致，宝宝的体重增长速度较之前也缓慢下来，宝宝这个月的体重比上个月平均增长 0.4 千克。男宝宝平均体重为 7.56 千克，正常范围为为 5.94 ～ 9.18 千克；女宝宝平均体重为 7.01 千克，正常范围为 5.51 ～ 8.51 千克。

头围

到第 5 个月时，宝宝的头围比上个月平均增长 0.6 ～ 0.8 厘米。男宝宝平均头围为 42.1 厘米，正常范围为 39.7 ～ 44.5 厘米；女宝宝平均头围为 41.2 厘米，正常范围为 38.3 ～ 43.6 厘米。

胸围

到第 5 个月时，宝宝的胸围比 4 个月时平均增长 0.7 ～ 0.8 厘米。男宝宝平均胸围为 42.3 厘米，正常范围为 38.3 ～ 46.3 厘米；女宝宝平均胸围为 41.1 厘米，正常范围为 38.8 ～ 44.9 厘米。

前囟

到了这个月时，有些宝宝的前囟可能会缩小，有些宝宝可能仍然没有变化。

视觉

细心的爸爸妈妈会发现，到第 5 个月时，宝宝眨眼的次数明显增多，能看清楚几米远的物体了，并且还在继续扩展。宝宝的眼球能上下左右移动，注意一些小东西，如桌上的小玩具。当宝宝看见妈妈时，眼睛会紧跟着母亲的身影移动。5 个月的宝宝已经完全能分辨红色、蓝色和黄色之间的差异。如果宝宝喜欢红色或黄色，不要感到吃惊，这些颜色似乎是这个年龄段宝宝最喜欢的颜色。

听觉

到第 5 个月时，宝宝开始对各种新奇的声音感到好奇，并且会定位声源。如果从房间的另一边和他说话，宝宝就会把头转向传来声音的一边，并试图寻找同他对话的人；当宝宝啼哭的时候，如果放一段音乐，正哭的宝宝会停止啼哭，扭头寻找发出音乐的地方，并集中注意力倾听；听到柔和动听的曲子时，宝宝会发出咯咯地笑声；听到鞭炮声或打雷声，宝宝就会感到害怕，甚至会大声啼哭。

嗅觉

到第 5 个月时，宝宝嗅觉分化得更加稳定了，对于气味的反应与成人类似，闻到花香会微笑，闻到腐臭味会出现厌恶表情。在其他感官能力尚未发展成熟之前，宝宝主要依靠嗅觉来认识世界。因此，应该为宝宝安排空气流通的生活空间，保持嗅觉的敏锐度。爸爸妈妈可以准备一些小罐子，放入有不同味道的物品，做成许多不同味道的嗅觉瓶，以训练宝宝的嗅觉辨识能力。

味觉

第 5 个月仍然是宝宝味觉发育和功能完善最迅速的时期。这个月的宝宝对食物味道的任何变化，都会表现出非常敏锐的反应并留下"记忆"。因此，宝宝能比较清楚地区别出食物酸、甜、苦、辣等各种不同的味道。此时，爸爸妈妈应该利用宝宝的味觉发育敏感期，让宝宝品尝各种食物的味道，不但能够促进宝宝感知觉发育，同时更是培养宝宝良好饮食习惯，避免日后出现挑食的重要措施。

运动能力

随着宝宝背部和颈部肌肉力量的逐渐增强，以及头、颈和躯干的平衡发育，宝宝开始迈出"坐起"这一小步。当爸爸妈妈扶宝宝坐起来时，宝宝的头和躯干能保持在一条线上，头可以转动，也能自由地活动，不摇晃；把宝宝放在床上，宝宝能用手支撑在床面上独坐 5 秒钟以上，但头身向前倾；当爸爸妈妈握住宝宝的双手，轻轻地拉他坐起，宝宝的头能自始至终与躯干保持在一条水平线上；当爸爸妈妈用双手托住宝宝胸背部，向上举起，然后落下，宝宝的双臂能向前伸直，做出保护性的动作。当爸爸妈妈用双手扶住宝宝腋下，让宝宝站立，宝宝的臀部能伸展，两膝略微弯曲，支持大部分体重。

🔘 语言能力

到了第 5 个月时，宝宝的语音越来越丰富，发音逐渐增多，除"哦""啊"之外，已经开始将元音与较多的辅音（通常有 f、s、sh、z、k、m 等）合念了，而且声音大小、高低、快慢也有变化，还试图通过吹气、咿咿呀呀、尖叫、笑等方式来"说话"。宝宝已经可以清楚的表达自己的感情了。当看到熟悉的人或物时会主动发音，可通过发声表达高兴或不高兴，会抱怨地咆哮、快乐地笑、兴奋地尖叫或大笑。

🔘 认知能力

5 个月的宝宝会用表情表达他的想法，能辨别亲人的声音，能认识妈妈的脸，总爱抬起胳膊，期望着爸爸妈妈去拥抱他，当愿望不能满足时，宝宝就会大声地叫。宝宝还能区别熟人和陌生人，对陌生人感到焦虑、害怕，不让生人抱，对生人躲避，也就是常说的"认生"了。这时的宝宝视野扩大了，对周围的一切都很感兴趣，会把看到的东西准确地抓到手。抓到手里以后，还会翻过来倒过去地仔细看，把东西从这只手换到另一只手。

🔘 社会交往能力

这个阶段的宝宝特别招人喜爱，每天都长时间地展现愉悦的微笑，除非生病或不舒服；会在妈妈怀里咿咿呀呀的撒娇；已经能清晰地分辨出熟人和陌生人，成人与儿童；当听到爸爸妈妈或熟悉的人说话的声音时，就会非常高兴，不仅仅是微笑，有时还会大声笑；当看到陌生人时，表情会比较严肃，而不是像对待家人那样放松；会用伸手、发音等方式主动与其他小宝宝交往，会对陌生的宝宝微笑，还会伸手去触摸其他的宝宝；当爸爸妈妈给宝宝照镜子时，宝宝仍然会对镜中的影像微笑，但已能分辨出自己与镜中影像的不同。他会明确地注意镜中自己的脸或手，轻拍镜中自己的影子，而不仅仅是无目的地抚摸镜子；当爸爸妈妈给宝宝洗脸时，如果他不愿意，他会将爸爸妈妈的手推开。

本月喂养方法

🌿 母乳喂养

到了第 5 个月时，妈妈要为宝宝增加辅食了。如果妈妈的乳量充足，宝宝体重正常增长（一周增加约 140 克），那么只需要给宝宝添加一些果汁、菜汁和鸡蛋黄。果汁和菜汁每次宝宝大约喝 50 毫升，一天喝 2 次。鸡蛋黄每天 1/4 个，可以将蛋黄压碎后，用小勺喂宝宝吃，同时还可以锻炼宝宝的咀嚼能力。

温馨提示：爸爸妈妈可不要图省事，直接买瓶装的果汁给宝宝喝，因为大多瓶装的饮料中都含有防腐剂或色素，所以果汁最好购买新鲜水果在家自制。国际卫生组织最新观点认为,对于母乳充足的纯母乳喂养宝宝可以在 6 个月后添加辅食。

🌿 人工喂养

有的爸爸妈妈认为宝宝的奶量要随着月龄的增加而增加，这种理解是错误的。还有的爸爸妈妈发现自己的宝宝比书上说的或是奶粉袋上说的同月龄的宝宝吃的少，就认为宝宝可能是厌食了，缺锌了，或是消化不好等等，开始盲目给宝宝补锌，吃助消化的药物。这些想法和做法都是错误的。

到了第 5 个月，宝宝的奶量基本不变。宝宝奶量不增加，并不是宝宝吃奶不好。因为宝宝的胃肠功能逐渐完善，奶量虽然没有增加，但是宝宝对奶粉的消化吸收能力增强了,同样可以满足宝宝生长的需要。只要宝宝精神好，体重稳定增长，就不用担心宝宝会饿着或是厌食了。同样，从这个月开始给宝宝添加果汁、菜汁和鸡蛋黄等辅食。

🌿 混合喂养

混合喂养的宝宝，到了这个月出现厌食奶粉或牛奶的现象比较多。母乳不足，宝宝又不吃奶粉或牛奶，就意味着需要添加乳类以外的辅助食品了。可以先添加 20 ～ 30 克的米粉，然后观察宝宝大便情况，如果拉稀，就减量或停掉，或换成米汤、面汤等。

给宝宝添加辅食

　　大家都知道，宝宝在婴儿时期的主要食物就是乳类。但是母乳中钙、磷、铁及各种维生素的含量较低，而牛奶中钙、磷含量虽高，但是比例不合适，吸收率较低。加上牛奶在加工过程中的加热、消毒，使得其中的维生素被大量破坏，含量也较低。随着宝宝的增长，对营养素的需求增加，只吃乳类将面临营养素不足的问题。还有的妈妈会觉得，给宝宝吃配方奶粉，营养素应该充足了。

　　宝宝的胃肠道非常脆弱，怎样添加才合理，才能帮助宝宝顺利渡过过渡期呢？下面就为爸爸妈妈讲一下辅食添加需要注意的一些原则：

　　1. 辅食添加的量要由少到多：每添加一种新的食品，必须先从少量喂起。持续几天，密切观察宝宝排便、食欲、情绪和皮肤等全面状态。如果宝宝没有什么不良反应，再逐渐增加量。

　　2. 辅食添加品种由单一到多种：宝宝适应了一种辅食后，再逐渐添加新的品种。

　　3. 辅食添加的制作方法要由稀到稠：最初只让宝宝吃一些易消化、水分较多的汤水，然后过渡到羹粥糊类食品，接着过渡到泥状食品，最后开始添加较柔软的固体食品。

　　4. 添加固体辅食形态要由细到粗：固体食物要先做成稀泥状的，待宝宝长大一些，可做成碎末状或糜状，随后再做成块状的食物。例如：肉泥→肉糜→肉末→肉丁，菜泥→菜末→菜碎。

　　5. 添加辅食期间，如果宝宝生病或对某种食品不适应、不消化，就不能添加或者要暂停添加。

　　6. 给宝宝添加辅食忌过快过量，这样会加重宝宝肠胃负担，引起消化系统的不适或疾病。

　　7. 添加辅食最好安排在上午宝宝喝奶之前，这样一方面宝宝因为饥饿会比较容易尝试吃辅食；另一方面在上午添加辅食，如宝宝有不适，下午还可以去看医生。

　　8. 给宝宝喂辅食，妈妈一定要有耐心。宝宝刚开始用小勺吃辅食，很可能会把食物吐出来，这大多情况是因为宝宝还不会用舌头帮助咽下食物，只要宝宝不躲避，而且对吃到的食物表现很感兴趣时，妈妈要耐心一点一点喂。宝宝将食物吐出时，千万不要责备和催促，以免引起宝宝对进餐的厌恶情绪。

宝宝便秘了，怎么办

宝宝到了第5个月时，无论是母乳喂养、人工喂养，还是混合喂养，都可能出现便秘。便秘是宝宝常见的疾病。正常情况下，宝宝一般每天1次～2次大便，便质较软，若2天～3天不解大便，而宝宝其他身体情况良好，应该就是发生便秘了。要注意，宝宝是不是便秘还不能单纯靠解大便的时间间隔判断，还要看便便的性质，便秘的宝宝解出的大便又干又硬，如果宝宝虽然2～3天解一次大便，但是大便质软、量多，就不属于便秘。

治疗：母乳喂养的宝宝发生便秘的情况相对人工喂养和混合喂养的宝宝少。如果出现便秘，可在母乳喂养的同时加喝果汁、菜水。人工喂养的宝宝发生便秘，可将牛奶（奶粉）总量酌减，如果是鲜牛奶喂养，可以在牛奶中增加糖量至10%，同时添加果汁、菜水，以刺激肠蠕动。如果添加了辅食后，宝宝的便秘不能明显缓解，就要增加菜泥、菜粥。

蔬菜中缓解便秘较好的有：芹菜、菠菜、胡萝卜。

水果中缓解便秘较好的有：香蕉、梨、草莓、葡萄。橘子、苹果缓解便秘效果不明显。

最好不用给小宝宝用药物或灌肠，以免宝宝对药物产生依赖性。宝宝便秘情况非常严重的，要请医生根据情况选用最佳处理方法。除了给宝宝添加辅食外，妈妈还可以给宝宝进行按摩辅助治疗便秘：让宝宝取仰卧位，妈妈一手四指并拢，以宝宝的肚脐为中心，按顺时针方向轻轻推揉按摩。这样不仅可以帮助排便而且还有助消化。另外，妈妈还可以每天早晨宝宝第一次吃奶后，试着给宝宝把大便，利用食物引起的胃肠蠕动反射，逐渐建立宝宝定时排便的习惯。

温馨提示：

大家都知道蜂蜜具有润肠排便的功效，是便秘患者的食疗首选。但是1岁以内的宝宝却不能使用。因为蜂蜜在酿造、运输与储存的过程中，常受到肉毒杆菌芽胞的污染。而肉毒杆菌芽胞生命力很强，在100℃的高温下仍然可以存活。宝宝的抗病能力差，非常容易使入口的肉毒杆菌在肠道中繁殖，并产生毒素，而宝宝肝脏的解毒功能又差，因而容易引起肉毒杆菌性食物中毒。

应对宝宝的突然哭闹

肠套叠，是指一段肠管套入与其相连的肠腔内，并导致肠内容物通过障碍。最常见的是小肠的末端套入到与之相连的结肠（大肠的首端）中。如果不及时诊断，治疗，套入部位肠管的血液循环受阻，会发生肠管腐烂，出现漏洞，最后引起腹膜炎而导致死亡。5 个月～6 个月的宝宝，尤其是体形较胖的宝宝，出现上述哭闹情况，要想到发生肠套叠的可能。因为肠套叠的宝宝，并不会持续哭闹，常常是哭一会儿，歇一会儿，这就会使爸爸妈妈不急着上医院。尤其是平时爱哭闹的宝宝，爸爸妈妈更容易想当然，而耽误了病情。

肠套叠是婴儿期最严重的外科急症，如能早期发现，可以避免手术治疗。肠套叠的早期症状可以是多种多样的。但是大多会有下面几种表现：

1. 时断时续的剧烈哭闹，无论如何也哄不好。

2. 哭闹时似乎不敢使劲打挺，屁股向后撅着，腿蜷缩着，看起来肚子很疼的样子。

3. 喂奶能吃，但吃奶后可能会吐。

4. 脸色不是发红，可能反而会发白。

5. 宝宝哭了很长时间后，昏昏沉沉，精疲力尽，而且变得比较安静。

当出现典型症状，如呕吐、腹泻、血便、果酱样便、腹胀等，爸爸妈妈应及时上医院就诊。早期诊断是治疗宝宝肠套叠的关键。背宝宝大家都知道，正常成人的脊柱则呈 S 形，具有颈弯、胸弯、腰弯和骶弯四个生理弯曲。而宝宝出生时，脊柱几乎是垂直的，四个生理弯曲正是通过婴儿时期的抬头、坐、站立、走促进生理弯曲形成。对于不会坐的小宝宝而言，如果平卧时间太长，会引起枕骨平塌，形成"扁头"。如果侧卧睡得过久，又会导致两侧面颊生长不对称。那么怎么解决这个问题呢？那就是"背宝宝"。据儿童保育专家的研究证明：背宝宝作为一种育儿的辅助手段，会给宝宝的生长发育带来很多益处。

1. **可以促进宝宝生理弯曲的形成。**

2. **宝宝被背在大人身后时的姿势，可以预防髋关节脱臼。**

3. **可促进宝宝的第二信号系统发育。**第二信号系统指的是语言和大脑的其他功能。妈妈如能适当安排时间背上小宝宝，一面腾出时间料理家务，一面能同孩子咿呀对语，可培养宝宝的语言能力，促进大脑发育。

宝宝玩玩具的注意事项

1.必须选择容易清洁消毒的玩具给宝宝玩。

2.玩具的大小要以宝宝不能轻易吞进嘴里的大一些的玩具为好。太小的玩具容易被宝宝吞下，非常危险。

3.玩具要选择结实不易坏的，上面不要有小零件，避免小零件掉落被宝宝吞下。

4.要选择宝宝用牙齿咬不坏的玩具。

5.选择可以摇响的玩具，可以吸引宝宝的注意力。比如哑铃型玩具也是宝宝喜欢抓着玩的玩具。

6.宝宝身边的成人不要随便拿宝宝的玩具，因为宝宝经常把玩具放到嘴里，如果成人拿了宝宝的玩具，成人手上相当多的细菌就会通过玩具带进宝宝的嘴里，可能引起宝宝胃肠道感染。

7.市场上销售的带音乐声响的玩具，大多音质较差，会影响宝宝的乐感。所以，尽量不要给宝宝购买这类玩具。

开始了解语言的功能

宝宝现在能够明白母语中所有的基本发音了。从现在到宝宝6个月，他会学着发一些音节，比如"妈—妈—"、"爸—爸—"，这可能是你做梦都想听到的声音。儿童发育专家认为,宝宝现在还不能把"妈"、"爸"的发音与你和你的爱人联系起来，但对于你们俩来说，听到这些声音可能还是会很开心的。

你可以通过重复、或模仿宝宝的表情和声音，来鼓励他与人交流。他可能会试着模仿你了。你说"ba"，他可能也会试着发这个音来回应你。

当宝宝发出声音或尝试着说话时，你要做出积极的回应，这会帮助他了解语言的重要性。还会帮助他更好地了解因果关系，同时，这也是帮助他树立自尊心的重要途径。宝宝开始意识到，他说的话能引起你的反应了。

试着给宝宝发出的声音加上一个明确的意思。比如,当他发出"巴"的声音后，你可以马上说"对,宝宝,我是爸爸！"很快,他的发音就会从"巴"变成"爸爸"了。

267

宝宝吃奶与辅食的添加

吃奶次数减少

现在，宝宝的胃口变大了，因此，他不需要像原来那样频繁地吃奶，通常每天喂 4～5 次就够了。但如果宝宝单靠母乳喂养的话，那么，他每天仍需要吃 6～8 次奶。现在，宝宝的体重可能是出生时的两倍，尽管他每天吃的顿数比以前少了，但他的体重还在继续增加。这时，妈妈的母乳成分也发生了变化，含有更多脂肪和矿物质，以满足宝宝的营养需要。别指望宝宝现在就有良好的吃奶习惯，现在，宝宝吃奶的时候很容易分心，喂奶可能是件很麻烦的事。吃奶时，他可能会停下来看看身边的人，或者会被屋外的声响所吸引。你可以试着在一个安静的、光线暗一点的房间里喂奶，让他少分点心。

可以开始吃辅食了吗?

在最初的 4～6 个月里，宝宝从母乳或宝宝配方奶中获取他需要的所有营养。但是，大人们通常会急切地让宝宝开始吃辅食。确实，随着宝宝的消化系统进一步发育，他的挺舌反射也正在开始消退，现在看起来好像是给他添加一些辅食的合适时机了，比如，加点泥状宝宝食品或宝宝米粉等。但其实有很好的理由，可以让你再等一等。晚一点开始吃固体食物，也许可以减少过敏反应的可能性，并能保证宝宝获取足够的母乳或宝宝配方奶。如果你指望吃辅食可以让宝宝睡上一整夜，那你可能要失望了，因为研究证明，事实并非如此!

宝宝的行为发展

独自玩耍

现在，宝宝可以和自己的小手、小脚玩上一会儿了。他很喜欢一遍又一遍地重复着同一个动作，直到他确定这个动作产生的结果。然后，他可能会稍微改变一下动作，看看结果会有什么不同。你可能还会发现：突然间，卧室里变得出奇的安静，等你走进去一看，才发现原来小宝贝正在小床上和自己玩呢! 在此之前，只要宝宝醒着时，几乎每时每刻都离不开你的关照。

辨别色彩

宝宝们生下来就能看见颜色，但是他们不会区别相近的色调，比如红色和橙色。宝宝能够区分差别非常大的颜色，如红色、绿色和黄色。 因此，月龄较小的宝宝通常更喜欢黑色和白色，或者对比鲜明的色块。宝宝到了 4 个多月时，对色彩之间的差别区分得更清楚了，他开始能够辨别相近的颜色了。为宝宝准备一些各种颜色的图书、玩具和衣服，帮助他提高色彩辨别能力。

坐得像模像样

现在，宝宝的身体发育得非常快。他平躺着时，你伸出手去拉他起来，他会抬头挺肩地想起来。如果你让他趴着，他会伸开胳膊，蹬着小腿，反翘起小身子。这是一种很好的锻炼，可以增强他的颈部肌肉，并且能够帮助他练习头的控制力，为坐起来做准备。

一旦宝宝的背部和颈部肌肉有足够的力量支持他立直上身，他弄明白了小腿怎么摆才不会翻过去时，宝宝从这一步发展到像模像样地爬、站和走，就只是一个时间的问题了。宝宝在没有帮助就能坐稳之前，你可以让他靠着沙发角坐，或坐在你的双腿上，来保持稳定。

丰富他的语言库

宝宝正在学习发出新的音节，丰富他的"语言库"。这时，宝宝听起来可能像一张破旧的唱片。这个年龄的宝宝常常会对自己学到的新本事特别着迷，并会不断地重复这种本领好一阵子。但这是很正常的，小宝宝往往是在熟练掌握了一种技巧之后，才开始学习下一种。一遍一遍地听同一个声音可能会让你感到很烦，但现在你需要培养点耐心，好让你应付将来的"挑战"。等宝宝再大一点，你就会听到一连串没完没了的"不！"和"为什么？"

探索事物

鼓励宝宝去体验和摆弄各种物品。有些简单的东西，比如，一片干净的针织尿布，就可能让宝宝玩上几分钟。给宝宝一个轻巧的摇铃，看他晃动摇铃发出声音后满心欢喜的样子。这个阶段游戏垫和活动中心都很适合宝宝。他现在已经开始探究事物的因果关系了，比如为什么动一下手柄，就能听见铃声响，这会让他很好奇。

宝宝的第6个月

6个月宝宝的基本发育状况

身高

6个月的宝宝，体格进一步发育，身高比上个月平均增长 2.2～2.3 厘米。男宝宝平均身高为 67.0 厘米，正常范围约为 62.4～71.6 厘米；女宝宝平均身高为 65.5 厘米，正常范围约为 60.9～70.1 厘米。

体重

6个月时，宝宝的体重每周增加 150～180 克，比上个月平均增长 0.6 千克，为出生体重的 2 倍左右。男宝宝平均体重为 8.02 千克，正常范围约为 6.26～9.78 千克；女宝宝平均体重为 7.53 千克，正常范围约为 5.99～9.07 千克。

头围

6个月时，宝宝的头围比上个月平均增长 1.0～1.1 厘米。男宝宝平均头围为 43.6 厘米，正常范围约为 40.6～45.4 厘米；女宝宝平均头围为 42.1 厘米，正常范围约为 39.7～44.5 厘米。

胸围

6个月时，宝宝的胸围比上个月平均增长 0.9～1.0 厘米。男宝宝平均胸围为 43.0 厘米，正常范围约为 39.2～46.8 厘米；女宝宝平均胸围为 41.9 厘米，正常范围约为 38.1～45.7 厘米。

前囟

这个月宝宝的前囟大小在 0.5 厘米～1.5 厘米，个别宝宝在 0.5 厘米 ×0.5 厘米，大部分宝宝在 0.8 厘米 ×0.8 厘米。如果有的宝宝生下来前囟在 3 厘米 ×3 厘米，到了这个月，前囟可能是 2 厘米 ×2 厘米，甚至 2.5 厘米 ×2.5 厘米。

视觉

从第 6 个月开始，宝宝就可以注视远距离的物体了，如天上的飞机、路上的汽车、阳台上的花等。两眼可以对准焦点，会调整自己的姿势，以便能够看清楚想要看的东西。当坐起来玩时，双手可以在眼睛的控制下摆弄物体，会盯住他拿到的东西，手眼开始协调。在宝宝眼前出示玩具，并上下左右缓慢移动，宝宝会有意识地主动追随。这个阶段宝宝的视觉功能已比较完善了，开始能辨认不同的颜色，喜欢红、黄、橙等暖色，特别是红色的物品和玩具最能引起宝宝的兴奋。

听觉

到第 6 个月时，宝宝听力比之前更加灵敏了，已经能够集中注意力倾听音乐，并且对柔和的音乐声表现出愉悦的情绪，拍拍小手，蹬蹬小腿，而对于嘈杂或强烈的声音会表现出不快，甚至会哇哇大哭。当爸爸妈妈在另一个房间叫他，他会把头转向发出声音的方向，且能区分爸爸、妈妈的声音，听见妈妈的声音就会高兴起来，并且开始发出一些声音，似乎是对成人的回答。

嗅觉

6 个月的宝宝已经能比较稳定地区分好的气味和不好的气味了，喜欢的气味会让宝宝愉悦起来。一旦闻到不喜欢的气味，宝宝会产生极大的厌恶感，皱眉头，甚至会啼哭。

味觉

到了第 6 个月时，宝宝已经能够比较明确而精细的区别酸、甜、苦、辣、咸等不同的味道，对食物的任何细微的变化都会非常敏感。比如，因为习惯母乳，极强烈地拒绝牛奶和奶粉，对于味道香甜的米粉和水果泥表现出浓厚的兴趣。6 个月是宝宝舌头上的味蕾发育和功能完善最迅速的时期，对食物味道的任何变化都会表现出非常敏感的反应并留下"记忆"，此时宝宝也比较容易接受新的食物，因此，这个阶段最适合给宝宝尝试添加不同的辅食。

运动能力

随着头部颈肌发育的成熟，这月龄的宝宝在平躺时能稳稳当当地把头抬起来，喜欢把两腿伸直举高，并拉着脚放进嘴里。能用抬高、放落臀部来移动身体，或

侧坐在弯曲的腿上用左手右脚、右手左脚的方式前进。可以侧身用双臂支撑着坐起来或以爬行的姿势将两腿前伸而独立坐起。当爸爸妈妈拉着宝宝坐起时，宝宝能腰背比较直挺并主动地举头，还能自由活动身子不摇晃。

语言能力

现在的宝宝，只要不是在睡觉，嘴里就一刻不停地发出"mama baba dada"等双唇音，但他并不明白话语的意思。宝宝已经开始尝试不同的声调和音量来引起注意，会根据声音和身体语言来表达情感，对自己玩弄出来的声音很感兴趣，同时对大人在和他接触时所发出的一些简单声音会有反应动作。宝宝还会制造出不同的声音，能模仿咳嗽声、咂舌声等，喜欢兴致勃勃地喷口水的声音。

认知能力

宝宝6个月大的时候，对周围的事物有了自己的观察力和理解力，似乎也会看大人们的脸色了。宝宝对外人亲切的微笑和话语也能报以微笑，看到严肃的表情时，就会不安地扎在妈妈的怀里不敢看。随着认知能力的发育，他很快会发现一些物品（例如铃铛和钥匙串）在摇动时会发出有趣的声音。当他将一些物品扔在桌上或丢到地板上时，可能启动一连串的听觉反应，包括喜悦的表情、呻吟或者导致对象重现或者重新消失的其他反应。他开始故意丢弃物品，让爸爸妈妈帮他拣起。这时可千万不要不耐烦，因为这是他学习因果关系并通过自己的能力影响环境的重要时期。

社会交往能力

到了第6个月时，宝宝可以认出熟悉的人并朝他们微笑，但有些宝宝开始明显地认生，对陌生人表现出害怕的样子，不让陌生人抱，也害怕陌生的环境。如果宝宝不顺心，发起脾气也很厉害，会长时间地啼哭，拒绝吃东西，拒绝比较亲近的人的搂抱，而只让爸爸妈妈抱。很明显的，宝宝已有比较复杂的情绪了，高兴时会笑，不称心时会发脾气，爸爸妈妈离开时会害怕、恐惧。所以爸爸妈妈要特别注意不要在生人刚来时突然离开宝宝；也不能用恐怖的表情和语言吓唬宝宝；不能把自己的情绪发泄在宝宝身上，对宝宝冷落、不耐烦，甚至打骂。要让宝宝在快乐中成长，爸爸妈妈首先要保持一个良好的心态，因为爸爸妈妈的一言一行对宝宝的性格养成起着重要的作用。

第6个月宝宝的重点能力训练

运动能力训练

站跳训练：继续上个月的训练，爸爸妈妈用双手扶在宝宝腋下，使他站立起来，宝宝已经习惯而且能反复屈膝蹦跳了。当宝宝站立休息时，可以轻轻拉住宝宝双手，使他随力站起试着做踏步的姿势，进一步锻炼宝宝的骨骼和肌肉，为下一步的扶站和迈步作准备。

独坐训练：在宝宝经过靠垫扶坐训练坐姿比较稳，或仅有一点支撑就能够坐稳的基础上，爸爸妈妈逐渐撤去靠垫等外力的支撑，让宝宝独自坐着。开始的时候爸爸妈妈可以把宝宝护在双臂弯里坐着玩，然后再慢慢的远离宝宝；宝宝开始独坐时身体前倾或后倾是正常的，所以可以放在特制的座位里，使宝宝不会前后左右倾斜从而保证正确的坐姿。以后逐渐延长宝宝坐着玩的时间，直到可以稳定的独立坐着玩儿。为了防止宝宝脊柱弯曲，坐的时间也不能过长。另外，爸爸妈妈还可以抓住宝宝的双手，帮助他练习坐起来的动作，从俯卧位或仰卧位爬起来坐下，或者扶持着从站立到坐下，反复练习。

匍爬训练：这个阶段大多宝宝已经能够熟练翻身，此时爸爸妈妈可以训练宝宝往前爬了。轻轻提起宝宝的双下肢使上肢充分负重，然后利用上肢往前匍行，最初只是原地打转或后退，以后爸爸或妈妈可以把一只手顶住宝宝的一个脚掌，当他用力往后蹬时身体会慢慢往前移动，然后再把手换到另一只脚帮助宝宝用力前进，使宝宝慢慢体会向前爬的动作。

握物传手训练：在宝宝能够准确抓握，能够敲、摇玩具的基础上，开始训练双手配合的活动了。让宝宝坐着玩，先让宝宝两只手都抓住玩具（一件一件地给），然后再给宝宝第三个玩具，示范他扔下手中的一个去拿另外的一个；或者有意识地连续向一只手递玩具，并示范让宝宝将手中的玩具从一只手换到另一只手中。这种最初的双手配合活动是很重要的，它可以早期观察出宝宝的双手活动是否正常和一致，两只手是否有对在一起的趋势。

言语能力训练

模仿音节训练：这个阶段宝宝已经能发双音节的音了，妈妈要增加和宝宝的交流，经常用亲切的声音，富有变化的语调面对面地跟宝宝说话，让宝宝熟悉各种语调的变化，有意识地教宝宝一些双音节的发音，如"baba"，"mama"，"nai nai"等，在宝宝发音时要给予应答和鼓励；对于宝宝平时经常看到的东西和接触到的事物，妈妈要用语言反复强调，边指给宝宝看，边用不同的语气慢慢的说，比如："吃奶，奶"，"喝水、水"，"这是表、表"。训练宝宝逐渐听熟这些名称，将词和物联系起来。另外，这个阶段宝宝对儿歌的兴趣更浓厚了，妈妈在给宝宝念儿歌时可以配合各种动作和表情以吸引他模仿。

温馨提示：和宝宝说话时，语言要规范简洁，尽量不要用儿语，如"小狗"不要说成"汪汪"等。

●●●● 认知与社交能力训练

音乐记忆力训练：结合宝宝的生活起居，经常让他听一些轻松愉快的曲子，听音乐的同时，可以抱着宝宝随着音乐的节拍舞蹈；也可以让宝宝反复听一首轻快的儿童歌曲，有条件的话找到画有相应儿歌内容的彩色图片或实物相配合。比如给宝宝放"大苹果"的音乐，并让宝宝看苹果图片，爸爸或妈妈指着图片做解说，这样就可以做到声、物、情景融为一体，极大地调动了宝宝的兴趣和愉快的情绪，使宝宝对音乐和实物的记忆力得到最大限度的强化。

方位觉能力训练：用一个小铃铛或能发出动物声音的玩具，在宝宝前后左右弄出响声，也可从近处到远处或从远处到近处吸引宝宝寻找不同方位、不同距离的发声源，以刺激宝宝方位觉能力的发展；发出的响声可由轻到强，再由强到弱，可提高宝宝对不同频率、强度、音色声音的识别能力，促进宝宝的听力发展。

社交能力训练：家里来客人时，要给宝宝介绍"宝宝，这是阿姨，阿姨可喜欢宝宝啦"，然后抱着宝宝自然地与生人交谈，并鼓励宝宝与客人"说笑"以减少他的惧怕情绪；客人要抱宝宝时，要先对宝宝说让谁谁抱抱以减轻他的戒备心理而容易接受，从而缓解"认生"的情绪；客人走时要教宝宝做"拜拜"动作并教宝宝说"拜拜"或"再见"，以此来促进宝宝同陌生人的初步交往能力。

挖宝游戏：和宝宝一同坐着玩游戏的时候，偷偷将宝宝最喜爱的玩具藏在毯子下，露出一部分，然后边问宝宝："玩具哪儿去啦？"边引导宝宝将毯子翻开把它拿出来。通过"藏猫猫"游戏的强化和延伸，帮助宝宝理解加深对东西的表象记忆，理解物体暂时看不到与事物客观存在的概念。

274

宝宝开始面临长牙的问题了

在婴幼儿时期长出（萌出）的牙齿，称为乳牙。一般情况下，6个月左右萌出第一颗乳牙，到2岁出齐，共20颗。

由于每个宝宝的个体差异不同，包括宝宝的营养状况以及母乳的营养状况不同，会影响宝宝乳牙的萌出时间，有的宝宝在出生4个月时就有乳牙萌出，而有的宝宝迟至出生后10个月，甚至1岁时，还没有乳牙萌出。一般的早晚差别在半年左右，即宝宝萌出第一颗牙齿最晚不应超过1岁，如超过1岁，就属于不正常了，应该到医院检查。当然也不是出牙越早越好，如果宝宝在出生3个月时就出牙，并非正常现象，多数是因为牙胚距口腔黏膜太近，因而出牙过早，这些牙齿会影响喂奶。乳牙的萌出有一定的时间和顺序，详细见下表。

乳牙萌出的时间和顺序表

乳牙名	萌出月份	乳牙总数
下中切牙（2个）	5～10	2
上中切牙（2个）、上下侧切牙（各2个）	6～14	8
第一磨牙（上下各2个）	10～17	12
尖牙（上下各2个）	18～24	16
第二磨牙（上下各2个）	20～30	20

温馨提示：

1. 由于每个宝宝出牙时间不同，所以不必单纯以出牙时间来作为宝宝健康发育的标志。

2. 宝宝出牙时如果长时间吸吮奶嘴（安抚奶嘴），可能会造成牙齿前突，影响咀嚼能力和面容的美观。

培养良好的饮食习惯

　　婴儿生长发育迅速，新陈代谢旺盛，必须供给充分的营养素。但婴儿消化力薄弱，胃容量小，胃壁肌肉发育还不健全。从小培养良好的饮食习惯，使婴儿进食有规律，很好地消化食物，吸收营养，才能满足身体的需要，促进生长发育。6个月以内的婴儿主要是哺乳，要吃好、吃饱，还要消化好。让婴儿适应增加的辅助食品，愿意接受，喜欢学吃，有一个良好的开端。

1. 培养良好饮食习惯的方法

　　（1）喂哺要根据婴儿的月龄增长调整食量和时间，逐步实现定时定量。若不注意培养时间规律，总是一哭就喂奶，会因进食奶量过多而造成消化不良，不仅这种习惯不好，还会影响身体健康。

　　（2）养成专心吃奶的好习惯。妈妈应让婴儿安静地吃奶，不受外界干扰，不要逗引孩子，也不要让婴儿边吃边玩，以免延长喂奶时间。偶尔遇到婴儿在吃奶中途停顿一会儿，那是因为吮奶很费力，需要休息片刻后再继续吃奶。

　　（3）满月后即可训练婴儿用奶瓶吮吸温开水。5～6个月的婴儿已能用手抓握，可以帮助他用双手捧扶奶瓶吮水、菜汁、果汁等，自我服务能力的培养从此开始。

2. 注意事项

　　让婴儿适应吃各种辅助食品。添加辅助食品应从少量开始逐步增多。此外，还要由稀到稠，由淡到浓，由细到粗，由一种到多种，循序渐进，使婴儿乐于接受，逐步适应各种辅助食品。婴儿不乐意进食时，可以在每次喂奶前，趁婴儿饥不择食之际，先喂少量辅食，然后再喂奶。待婴儿适应后仍先喂奶，再补以辅食。3个月时可以训练婴儿用小茶匙吃东西。先学喝水或奶，到4～6个月时才可以逐步用小茶匙吃添加的蛋黄、蒸蛋羹、菜泥、果泥、鱼泥、肝泥、奶糕及粥等。

宝宝异常情况的护理

闹夜

　　一般情况下，妈妈无论如何也搞不清楚宝宝闹夜的原因，也没有对付闹夜的方法。闹夜的宝宝，多数因为夜里哭闹，影响睡眠，所以早晨起床比较晚，然后下午 2 点～3 点会睡一觉，晚上 7 点～9 点还要睡一觉。对这样的宝宝，一定要将他的睡眠习惯慢慢改过来。中午的睡眠时间逐渐往前提一点，傍晚 6 点以后就尽量不要让他睡觉了，可以给宝宝洗澡，让宝宝多玩一会儿。这样白天的运动量多了，晚上自然会睡得好一些。大部分宝宝的闹夜都是只持续 1 个月～2 个月，会突然不再闹夜了，变成了乖宝宝。

不会翻身

　　首先要考虑是不是因为天气冷，宝宝穿得比较多，活动少；其次，是不是训练宝宝翻身的方法不对。按照前面讲述的第 3 个月宝宝训练翻身的方法再试一试。另外，平时让宝宝多侧卧，然后爸爸妈妈可以帮助宝宝用力，让他变为俯卧，多练习，宝宝慢慢就会掌握如何用力了。如果经过多次练习后，宝宝仍然不会翻身，那就应该带宝宝去看医生，排除运动功能障碍的可能。一般来说，如果宝宝有运动功能障碍，不会单是翻身落后，宝宝会出现一系列运动能力的落后。

腹泻

　　伤食性腹泻：这个阶段的宝宝处于添加辅食阶段，如果给宝宝一次进食量太多，或吃的食物太杂，宝宝的消化道难以承受，因而出现腹泻，大便中未消化食物残渣多，水分多少不定，有时宝宝还会呕吐，一般不会发热。出现这些症状后，如果减少饮食数量，或禁食一顿，减轻肠道负担，让肠道休息，即可慢慢恢复。

　　饥饿性腹泻：此类腹泻多见于平日大便次数稍多，或大便消化不太好，或有过腹泻的宝宝，因为爸爸妈妈怕进食太多，加重腹泻，因而让宝宝节食。宝宝一段时间内处于半饥饿状态，总是吃不饱，因为烦躁哭闹，同时食欲亢进。宝宝排出的大便有黏液泡沫，粪质不多，水分也不多。只要逐渐增大饮食量，宝宝吃饱了，也不哭闹了，大便次数和性质也会恢复正常。

感染性腹泻：引起婴幼儿肠道感染性腹泻的主要原因是致病性大肠杆菌肠炎和病毒性肠炎。其中，致病性大肠杆菌性肠炎多见于夏季，也称为"夏季腹泻"。夏季腹泻的主要症状是发热、呕吐，大便次数增多，呈鸡蛋汤样，伴有腥臭味。大便培养可找出细菌。病毒性肠炎多发生在秋季，也称为"秋季腹泻"，也可延续至冬季。秋季腹泻的发病更急，发热高，呕吐更明显，大便次数和性质与夏季腹泻区别不大，重要区别是没有腥臭味。

治疗：在宝宝发生腹泻时，最好送大便到医院做化验，鉴别一下是一般腹泻，还是肠炎、痢疾。如果只是一般的消化不良，口服一些助消化药即可。如果宝宝腹泻频繁，特别是有发热，伴呕吐而难以经口进水，或有脱水表现等急性表现时，均应送宝宝去医院检查治疗。

流口水

宝宝添加含有淀粉的辅食后，唾液的分泌量自然而然也就增加了，但是因为此时宝宝的吞咽功能尚未健全，而且牙槽又较浅，闭唇与吞咽动作还不协调，因而常出现流口水现象。本月宝宝正处于萌牙阶段，正在萌出的牙齿常常刺激口腔内的神经，造成唾液的大量分泌，这样流口水现象更加严重了。因此，6个月前后的宝宝如果没有其他不舒服，流口水是正常的生理现象。等到宝宝吞咽功能发育完善，口水自然就不会再流出来了。

护理：爸爸妈妈需要做的就是给宝宝多准备几个小围嘴。只要宝宝胸前的围嘴湿了，就换下来。口水会把宝宝下巴腌红，所以还要及时将宝宝下巴上的口水沾干。因为宝宝的皮肤很娇嫩，用擦的方式会擦伤皮肤，所以要沾干。宝宝吃完辅食后，可能会弄的下巴、小嘴周围都是食物，这时要先用清水洗一下，不能只是用毛巾沾，否则食物中的有些刺激成分仍会留在宝宝下巴上。

惊厥

本月宝宝出现惊厥（俗称抽风），最常见的原因是维生素D缺乏，引起血钙过低，造成手足抽搐，即维生素D缺乏性手足搐搦症，尤其在早春时期发病率最高。此症在婴儿时期发病，其中3个月～6个月宝宝的发病比例几乎占了2/3。

温馨提示：本月的宝宝出现惊厥也可能是高热惊厥，因为此症发病年龄在6个月～3岁。与手足搐搦症最显着的区别是多发生在感冒初起突然高热时。如果发烧好几天才出现的惊厥，就要多考虑其他病因，要及时送医院诊治。

0~3岁脑力锻炼法

聪明才智是可以在后天加以锻炼的！父母亲若不刻意锻炼宝宝的大脑，那么宝宝的大脑发育就会不好。以下是锻炼零到三岁婴幼儿脑力的方法，让爸妈养出聪明宝宝！

让宝宝看人脸或玩具

首先，请先练习让宝宝能够认真地盯着父母亲的脸或是玩具看。要一边对宝宝说：「我是妈妈喔！」「我是爸爸哟！」「这是熊宝宝喔！」，同时要确实地让宝宝看见父母亲的脸，或是拿给他们看的玩具（对刚出生的婴儿而言，十几公分的距离是能够让他们看清楚的距离）。如此不但能够训练他们记住父母亲长相或玩具等等的记忆力，此外也可以让他们知道每个东西都有名字。

喂母乳前先告知宝宝

喂母乳的时候，也应该先让宝宝看见母亲的乳房，并跟他们说：「喝奶喽！」之后再开始喂他们喝奶。如果宝宝喝得很好，记得要赞美他们喔！因为「一接受到别人的赞美，前额叶联合区就会更加发达」。这是在婴儿一出生之后就会立刻出现的效果。

让换尿布是件愉快事

同时也要记得教他们记住「积极地停止某动作」。如果他们做到「积极地停止某动作」的话，也记得要好好赞美他们喔！但是，记得不要勉强宝宝做会让他们感到不愉快的事情。换尿布的时候，不要让他们感到「换尿布」是一件讨厌的事情，而是要他们记住这是一件很舒服的事情。所以替宝宝换完尿布之后，记得搔搔他们的脚底等等，做些会让他们感到高兴的事情。

视力发育完全后练习单手拿东西

出生六个月后，当宝宝的视力发育完全之后，记得试着让他们做一些用单手拿拿东西、丢丢东西、放下东西等等的动作。如果他们做到了，记得给予赞美。此外，因为宝宝会把东西拿到嘴巴里作确认，所以请拿可以让宝宝放入嘴巴的东西做这些练习。

帮宝宝在床上翻身

当他们躺在床上，开始东张西望的时候，就可以试着帮助他们翻身，如此一来他们就会记住如何自己翻身玩耍了。

六个月后固定作息时间

出生六个月之后，就应该定下他们的起床和就寝的时间，吃饭和大小便的时间也要一定，让他们渐渐习惯生活作息时间。

训练手部能力&学习运动

此外，六个月左右就应开始训练他们练习使用汤匙。如果这个动作没问题了，再继续让他们练习拿笔画东西等动作，以训练他们会使用更精细的东西。让他们学习运动的时候，刚开始应先示范给他们看，等到小孩有意愿自己尝试的时候，就应该让他们试试。如此一来，他们的镜像神经元就会开始运作，中脑皮质边缘体系也会开始活动，突触的联结也会变得更容易。

此外，虽然之前提到「笑」可以帮助大脑的前额叶联合区发达这一点，但事实上如果能够让他们感受到喜怒哀乐等所有的情绪变化是最好的。这个时候最重要的是要了解婴儿的情绪，同时要用行动来让婴儿了解父母亲理解他们想要表达的事情。当婴儿在哭泣的时候，他们会透过不同的哭泣方法来表达自己想传达的信息，所以父母亲应该要努力地去理解他们所要表达的信息。只要仔细注意他们哭泣方法的不同处，一定就能够理解他们想要传达的信息。相反的，当婴儿在笑、在表达喜悦的时候，我们也要跟着他们笑、跟着他们感到高兴。同时也要让他们看到父母亲开心的表情。如此一来，婴儿就能够学习观察父母亲在想什么、想要做什么了。给予婴儿这种立即反应、信息的话，也就会有助于他们大脑的发展。

让宝宝看父母亲的脸可以训练他记住父母亲长相。让宝宝动用到全身、尽情玩耍对锻炼脑力非常重要。六个月后，应固定宝宝吃饭、大小便等生活作息时间。让宝宝"笑"对锻炼头脑也有帮助。

 7个月宝宝的基本发育状况

🔵 身高

7个月时，宝宝的身体发育开始趋于平缓，腿部和躯干生长速度加快，形成更高、更瘦、更强壮的外表。身高比上月增长约1.5厘米左右，男宝宝平均身高为68.6厘米，正常范围为64.0～73.2厘米；女宝宝平均身高为67.0厘米，正常范围为62.4～71.6厘米。

🔵 体重

7个月时，宝宝的体重比上月增加约300～400克，男宝宝平均体重为8.48千克，正常范围为6.66～10.3千克；女宝宝平均体重为7.84千克，正常范围为6.16～9.52千克。

🔵 头围

7个月时，宝宝头部的生长速度开始减慢，头围比上月增长0.5厘米。男宝宝的平均头围为44.1厘米，正常范围为41.5～46.7厘米；女宝宝的平均头围为43.0厘米，正常范围为40.4～45.6厘米。

🔵 胸围

7个月时，宝宝的胸围比上月增长1．3厘米左右，男宝宝的平均胸围为43.9厘米，正常范围为39.7～48.1厘米；女宝宝的平均胸围为42.9厘米，正常范围为38.9～46.9厘米。

🔵 前囟

本月前囟明显缩小，个别宝宝会出现膜性闭合，从外观上检查似乎闭合了，但是经X射线检查并没有闭合。

视觉

宝宝的远距离视觉进一步发展，能辨别物体的远近和空间，眼睛可以慢慢根据东西靠近或远离调整焦距来对焦了，能注意远处活动的东西，如天上的飞机、小鸟等。这时的宝宝最喜欢寻找那些突然不见的玩具，爸爸妈妈可以经常跟宝宝玩"躲猫猫"的游戏，观察宝宝的兴奋程度和反应及时与否。

听觉

第7个月的宝宝的听力比以前更加灵敏了，能分辨不同的声音，并学着发声，在倾听自己发出的声音和别人发出的声音时，能把声音和声音的内容建立联系，如在宝宝面前呼唤"妈妈"，宝宝会把头转向妈妈。能熟练地寻觅声源，听懂差别语气、语调抒发的差别意义。

嗅觉

到7个月时，随着宝宝大脑的发育，认知能力的提高，宝宝已经开始逐渐将气味记忆起来。这时，爸爸妈妈可以用醋和妈妈常用的比较清淡的香水，放在宝宝鼻子下方轻轻地晃动两三下，给予宝宝嗅觉的刺激，并告诉宝宝这是什么气味，那是什么气味。

味觉

7个月时，爸爸妈妈可以尝试给宝宝多一些味蕾的锻炼机会。随着辅食的逐渐增加，当宝宝吃甜品的时候，告诉宝宝这是甜味，给宝宝微酸的食物时，告诉宝宝这是酸味。

运动能力

当宝宝平躺时，他会不停地运动，还会抓住自己的脚或身边的任何东西塞进口中。但他很快就不满足于仰卧位，现在他可以随意翻身，一不留神就会翻动，这时的宝宝翻身已经相当灵活了。当宝宝趴着时，会弓起后背，以使自己可以向四周观看。宝宝已经有了爬的愿望和动作，爸爸妈妈可以推一推宝宝的足底，给宝宝一点向前爬的外力，会帮助宝宝体会向前爬的感觉和乐趣，为以后的爬打下基础。宝宝从卧位发展到坐位是动作发育的一大进步，这个月的宝宝已经能独坐了，如果爸爸妈妈把宝宝摆成坐直的姿势，他将不需要用手支持而仍然可以保持坐姿。

第7个月宝宝的重点能力训练

•••••• 运动能力训练

坐立转身训练：当宝宝能稳定的独坐后，爸爸妈妈就可以着重训练宝宝的直立及平衡能力。让宝宝独自坐在床上或地毯上，待宝宝坐直后，爸爸或妈妈用一只手扶住宝宝的一侧大腿，另一只手用一个带响的小玩具吸引宝宝注意，在宝宝的左右侧交替摇响逗引使宝宝左右侧转身去寻找玩具，使宝宝在学习转侧中寻找到平衡点，并且学会用脚来支撑身体。

倒立训练：宝宝仰卧或俯卧时，爸爸妈妈用双手握稳宝宝的双脚踝，边数数边慢慢地提起，直到宝宝完全倒立，数到"10"后轻轻把宝宝放下。每天可以重复做几次，让宝宝改变体位来培养他的平衡能力，为下一步的行走打下基础。

爬行训练：宝宝经过上个月的匍行训练，用腹部匍匐爬行已经比较熟练，现在可以正式训练宝宝爬行的预备动作了。爸爸妈妈用一只手环抱在宝宝胸前，另一只手抱着宝宝的膝盖部，让宝宝双手放在桌上或地板上来支撑身体。宝宝习惯后妈妈可慢慢放松放在胸前的手，鼓励宝宝独自支撑身体，每天看宝宝的耐受情况练习，一般每次3分钟～5分钟。宝宝手臂的支撑力逐渐强健以后，爸爸可以把有声或发光的、会动的玩具放在宝宝伸手可及之处，待宝宝快要拿到时又略微拉远一点，鼓励宝宝伸手去拿，妈妈可以配合爸爸用双手把宝宝的腹部抬起来，使宝宝的手和膝贴着地面，逐渐让宝宝练习利用双手和膝盖慢慢往前爬行。

温馨提示：宝宝练习爬行的大床或泡沫地板垫要尽可能保持平整且软硬适当，以免宝宝在爬行中受伤或因为太软爬行费力而厌倦练习。

捡物对击训练：宝宝坐着玩时，挑一些他最喜欢的玩具放在面前，让宝宝从地上捡起来，示意宝宝先从大的开始，拿起然后放下，又捡小一点的，直到能够用拇指拿起很小的小球，以训练宝宝手指的灵活拿物能力，使宝宝能够有意识地拿起、放下玩具；当宝宝两手都有玩具时，爸爸妈妈可以教宝宝两手对击轻敲手中的玩具，还可以让宝宝两只手拿摇铃或小木棒，模仿敲鼓动作双手轮流敲打，进一步锻炼宝宝双手的协调能力。

言语能力训练

语音动作训练：这个月的宝宝一口气能说几个语音了，"baba，mama"等许多声音依稀可辨，此时，爸爸妈妈须指导宝宝发音和模仿各种声音。通常宝宝对模仿动物的声音和汽车、火车的声音很感兴趣，如小猫的"喵喵"、火车的"咔咔"等。爸爸妈妈要和宝宝面对面，用高低不同的各种声调，轻柔、夸张的口型教宝宝，而且要一遍一遍不厌其烦地教，还要配上相应的动作和手势，来激起宝宝模仿的兴趣。爸爸妈妈要上班的时候，和宝宝说一声"再见"，并帮助和鼓励宝宝做出再见的动作；下班回家见到宝宝的时候，与宝宝说声"你好！"并握握宝宝的双手等。通过对宝宝肢体语言的培养来强化语言的学习。

温馨提示：与宝宝对话时，不妨经常和宝宝碰碰头，不仅可以增加和宝宝之间的感情交流，还能加强宝宝对语言的理解能力。

认知与社交能力训练

环境刺激训练：选择天气晴朗的日子，带宝宝到室外散步，让宝宝看看热闹的人群，各种建筑和车辆，听听各种声音等。爸爸妈妈还要对着宝宝不停地解说："宝宝看，这是桥，大桥""听，嘀嘀，这是小轿车"也可以抱宝宝到公园，让宝宝看看各种颜色的花，绿色的树，听听流水哗哗的清脆的声音等，让宝宝感受到大自然的美丽和新奇，从而培养宝宝对外界的好奇心，刺激宝宝视觉和听觉的发育。

认识身体部位：利用和宝宝洗澡及玩耍的时间，与宝宝面对面坐着，先指着自己的鼻子说"鼻子"，然后拉过宝宝的小手指着他的鼻子说"鼻子"，重复几次。也可以继续上两个月的照镜子练习，抱宝宝对着镜子，用他的小手指着他的鼻子，重复说"鼻子"，然后再指自己的鼻子重复说。时间一长，说"鼻子"的时候，宝宝就会用小手指自己的鼻子了，这个时候别忘了给宝宝鼓励和赞许。以此类推，宝宝很快就能认识身体的各种部位了。

发展对音乐的感知：经常让宝宝听不同旋律、不同音调和节奏的音乐，能提高宝宝对音乐的感知能力，音乐的选取要以轻柔、节奏鲜明的轻音乐为主，节奏要有快有慢，有强有弱。放音乐的同时，爸爸或妈妈可以抱着宝宝随音乐轻轻舞蹈，也可以握着宝宝的双手教宝宝按音乐的节律拍拍手，或者边唱边舞动宝宝手臂。这样既可以培养宝宝的音乐节奏感，促进宝宝的动作协调，还可以培养宝宝轻松愉快的情绪，促进亲子交流。

本月宝宝健康特别护理项目

⬭⬭⬭睡偏头

大家都知道，出生3个月以内的小宝宝不需要枕头，此时宝宝正常的颈部弯曲还没有形成，如果使用枕头，很容易造成宝宝脖颈弯曲，引起呼吸困难。3个月以后，宝宝会抬头了，颈部生理弯曲形成，此时可以选择高低大小合适的枕头，帮助宝宝睡出一个好头形。头形好坏并不会给宝宝的智力发育带来影响，妈妈不用太着急。如果发现宝宝的头明显睡偏了，也可以通过一些方法矫正，如果实在没有矫正过来，今后让宝宝头发留长一些就不会太明显了。

一般宝宝习惯面向妈妈睡觉，也喜欢对着灯睡。很多睡偏头的宝宝，就是因为妈妈没有注意这个问题，久而久之，宝宝面向妈妈或灯的一侧头枕部就会睡扁。所以，现在妈妈可以根据这个特性，经常和宝宝互换位置睡，包括醒的时候，不要每天都睡同一侧，如果可以的话，还可以移动灯的位置。只要注意改变睡姿就可能扭转歪斜程度。在宝宝两岁前，都有机会把头形矫正过来。

⬭⬭⬭排尿哭闹

宝宝排尿哭闹，多数是在妈妈给宝宝把尿时发生，有的宝宝白天把尿不哭，晚上把尿会哭闹。把尿时哭闹，这是很常见的情况，可能是宝宝感觉把尿的姿势不舒服，宝宝不喜欢也不习惯这种尿尿的方式，还有的哭闹是宝宝没有小便的一种信号。当然，还有一种可能是宝宝的反抗心理在作怪。

到了第7个月时，大多宝宝对于把尿，不会再反抗，有时很容易成功。不过，即使这样妈妈也不要以为宝宝已经能够控制小便了，这并不是真的控制小便。是经过这么几个月的摸索，妈妈已经掌握了宝宝排尿的规律和排尿前的信号，如果赶上宝宝没有尿，妈妈可能把的时间长些，宝宝就会不满意了，就会打挺或哭闹。

除了上面提到的几种宝宝排尿时哭闹的原因，当然可能还有病理性原因。非病理性原因的哭闹宝宝会在把完尿被放开后自动停止。如果因为疾病感染或者其他原因导致小便不顺利，宝宝的哭闹会有不同，爸爸妈妈要注意鉴别。

鉴别男女宝宝哭闹的要点：如果是女宝宝排尿时哭闹异常，要注意宝宝的尿道口是否发红，尿液是否浑浊，因为女宝宝尿道、阴道、肛门同处于相对开放的环境中，容易交叉感染。如果宝宝尿道口发红，尿液浑浊，要想到宝宝可能得了尿道炎，要及时带宝宝到医院化验尿常规。如果是男宝宝排尿时哭闹，要看一看尿液情况，以及宝宝尿道口是否发红。如果尿液情况不好，同样要及时送宝宝去医院化验尿常规；如果尿液情况较好，只是尿道口发红，可以用很淡的高锰酸钾水浸泡几分钟阴茎。男宝宝多数会表现包皮过长，容易引起尿道口感染，但是否有包皮过长，要请医生诊断。因为很多宝宝随着年龄的增长，包皮可能并不长。无论女宝宝还是男宝宝，要每天给宝宝用温水洗一洗小屁股。

频繁把尿的后果

　　有的宝宝似乎很懂得同大人配合，一把就尿，妈妈就频繁把尿，几乎是一两个小时就把一次。妈妈可能很开心，宝宝不会尿床了，但其实这并不是好事，这样频繁的把尿会使宝宝的膀胱变得越来越小，到了该自行控制排尿的时候反而会很困难。

喜欢电动玩具

　　可能一些宝宝 7 个月之前害怕电动玩具，随着宝宝的认知能力的不断增强，到了这个月大多数宝宝都开始喜欢电动玩具了，一按开关，玩具又能动又能发出悦耳的声音，会让宝宝很开心。但这类电动玩具大多只能是"表面热闹"，宝宝基本就是看，无法探知其内部秘密。有的家长因为电动玩具价钱较高，易损坏，所以就只让宝宝看着家长操作，而不让宝宝触摸。这样做的结果只能是搏得宝宝一乐，宝宝对玩具的兴趣不会维持太久，更不要说培养探索精神了。

　　不过，爸爸妈妈还是可以利用宝宝对电动玩具的喜爱，训练宝宝的身体操控能力，比如宝宝坐着时，把电动玩具放在宝宝 1 米远的地方，宝宝可能会为了拿玩具调动身体，由坐位变成俯卧位，然后又会试图爬过去够玩具。这个过程每个宝宝的表现可能不同，但是对每个宝宝运动能力的提高都是有好处的。

　　电动玩具构造相对复杂一些，可能会有一些小零件，玩玩具时，爸爸妈妈还是要注意安全问题。每次给宝宝玩之前，都要仔细检查是否有破损（破损碎片可能会被宝宝吃到嘴里，也可能会划破宝宝皮肤），有无易脱落的螺丝和其他部件，还要注意玩具清洁。

帮助宝宝顺利度过断奶期

⬤⬤⬤⬤要经过这样的双重改变，需要采用正确的方法来保证顺利完成。

1. 循序渐进，辅食的多样化。给宝宝添加辅食的时间，正是宝宝味觉最敏感的阶段，抓住这段时间，一种一种的逐渐增加辅食，让宝宝习惯食物的味道，为今后正常辅食做好准备。

2. 不要半途而废。爸爸妈妈一旦决定开始断奶，就要一直坚持下去，不能因为宝宝的不适半途而废。

3. 坚持用餐具喂宝宝。爸爸妈妈尽量多给宝宝使用餐具进食的机会。当宝宝习惯用餐具进食时，就会知道除了母乳之外还有很多好吃的东西。

4. 少吃母乳，逐渐增加牛奶（奶粉）量。开始断奶时，可以每天都给宝宝喝一些配方奶，也可以喝新鲜的全脂牛奶。需要注意的是，如果宝宝一时不愿多吃牛奶时，坚持要吃母乳，妈妈也不要拒绝宝宝。

5. 减少对妈妈的依赖。断奶期爸爸的作用不容忽视。断奶前，要有意识地减少妈妈与宝宝相处的时间，增加爸爸照料宝宝的时间，给宝宝一个心理上的适应过程。

让宝宝明白爸爸一样可以照顾他，而妈妈也一定会回来的。宝宝对爸爸的信任，会使宝宝减少对妈妈的依赖。一般宝宝到了晚上都会更依恋妈妈，临睡前和半夜里的奶恐怕是最难断掉的。这时候，需要爸爸或家人的积极配合，宝宝睡觉时，妈妈避开一会儿，可以由爸爸或家人哄宝宝睡觉。刚开始宝宝见不到妈妈肯定要哭闹一番，但是一直见不到妈妈，没有了想头，稍微哄一哄也就睡着了。折腾几天，宝宝会一次比一次闹的程度轻，直到有一天，宝宝睡觉前不再闹就乖乖躺下睡了，半夜里也不醒了。

6. 不能迁就宝宝的无理要求。断奶前后，有的妈妈为了安抚哭闹的宝宝，容易对宝宝纵容，要抱就抱，要啥给啥，不管宝宝的要求是否合理，这样的迁就，容易让宝宝养成坏习惯，脾气大不好管。当宝宝大哭大闹时，爸爸要主动出面来协调，分散宝宝的注意力。

7. 积极培养宝宝的独立生活能力。断奶期间，要让宝宝学习用杯子喝水、喝

果汁，学习自己用小勺吃东西，让宝宝尽快学习独立能力，感受自己动手吃饭的快乐，减少对母乳的依恋。

　　温馨提示：如果宝宝到了断奶的月龄，但是恰逢夏季，最好避开炎热的天气，因为炎热的夏季宝宝容易发生腹泻、感冒、中暑，如果因为断奶宝宝拒食和情绪不良，将导致宝宝机体免疫力下降，更易患病；如果恰好宝宝生病，如肺炎、消化道疾病等，断奶也应等到病愈后进行；如果宝宝移居外地或更换保姆，也应暂不断奶。

断奶期常出现的不适症

　　1. **爱哭**：宝宝吃不到母乳就会失去了在妈妈温暖的怀抱中感受到的安全感，而且会觉得妈妈不喜欢他了，于是宝宝就会用哭的方式来表达自己的失落感、没有安全感。爸爸妈妈要对宝宝进行情绪上的安抚，多抱抱宝宝，多陪伴宝宝，以稳定宝宝情绪。

　　2. **营养缺乏、日渐消瘦**：如果采用强行断奶，宝宝的情绪受到了打击，开始拒绝母乳之外的其他食物，造成每天摄入的营养不能满足宝宝身体正常的需求，以至于出现消瘦、面色发黄、体重减轻等症状。

　　3. **抵抗力差，易生病**：如果宝宝在辅食添加时，养成了挑食的不良习惯，由于日常食物的单一进而会导致某些营养素的缺失，影响宝宝正常发育，造成抵抗力下降，容易生病，最常见的是缺钙而引发佝偻病。

　　4. **消化不良**：断奶期，宝宝的肠胃要逐渐接收许多新种类的食品，而宝宝的消化机能还未足够完善，经常会引起宝宝消化不良。宝宝一旦出现消化不良，可能需要花费很长的时间恢复。因此，爸爸妈妈要精心照顾断奶期宝宝的饮食，给宝宝的饮食定时定量，要容易吸收消化，同时还要注意饮食的卫生。

婴儿断奶忌太晚

　　过晚断奶，宝宝饮食会受到影响，而母乳已逐渐变得稀薄，即母乳的数量及所含的营养物质都逐渐减少，已不能满足婴儿生长发育的需要，而导致宝宝消瘦，发生各种营养缺乏症，体弱多病。而且妈妈长期喂奶，夜间睡眠不良，精神不佳，食欲减退，消瘦无力，甚至引起月经不调、闭经、子宫萎缩等。因此，为了宝宝和妈妈的健康，宝宝断奶都不宜太晚。

宝宝已经可以翻身啦

学习翻身啦

宝宝越来越强壮的颈部和手臂肌肉，能让他练习向一侧翻身了。看到宝宝这个里程碑式的进步，你可能会感到惊奇，也会觉得很有趣。翻滚可能是宝宝这个阶段最主要的"交通"手段，但他也可能干脆跳过这个阶段，直接进入到坐和爬。不论他采取什么方式，只要宝宝继续学习新的本领，且对四处活动和探索周围的环境表现出兴趣，你就不必担心了。

对宝宝来说，翻身是件好玩儿的事，但这可能会让你感到很紧张。给宝宝换尿布时，你要用一只手护住他，千万不要把他一个人单独留在床上，或其他升高的平面上，以免宝宝翻身摔下来。

爱社交的"小天使"

在这个阶段，宝宝不但不在乎别人对他的注意，还会主动去争取别人的关注。但也许你很快会发现宝宝开始认生了，现在宝宝的交往对象基本上还是不加选择的：多数情况下，任何接近他的人只要带着亲切的眼神或笑容，都会让他很高兴，并立刻成为宝宝的朋友。

宝宝也会渐渐明白他的行为，不管是你喜欢的，还是你不喜欢的，都能引起你的关注。所以，从现在开始，宝宝都会想方设法地引起你的关注。目前，他做的每件事几乎都是惹人怜爱，但等到他长大一些，他可能会为了得到你的响应而调皮捣蛋。当他表现好时，不要忘了及时给他一些积极的回馈，这是开始教他分辨是非的好方法。

有一点会变得越来越明显：宝宝开始想其他办法来引起你的关注：他不仅仅只用哭来得到你的注意。你还会注意到宝宝在扭动小身体，动不动就弄出点声响等。在接下来的 3 个月里，他会以自己独特的方式让你知道：他在想什么，要做什么，需要什么。

宝宝的第8个月

8个月宝宝的基本发育状况

身高

8个月时，宝宝的身高继续以每月1厘米的速度增长。男宝宝的平均身高为70.1厘米，正常范围为65.5～74.7厘米；女宝宝的平均身高为68.4厘米，正常范围为63.6～73.2厘米。

体重

8个月时，宝宝体重增加的速度会继续放慢，比上个月增长约200克。男宝宝的平均体重为8.82千克，正常范围为6.92～10.72千克；女宝宝的平均体重为8.24千克，正常范围为6.37～10.05千克。

头围

8个月时，宝宝的头围比上个月增长约0.4厘米。男宝宝的平均头围为45.0厘米，正常范围为42.4～47.6厘米；女宝宝的平均头围为43.8厘米，正常范围为42.2～46.3厘米。

胸围

8个月时，宝宝的胸围较上个月增长1.4厘米左右。男宝宝的平均胸围为44.9厘米，正常范围为40.7～49.1厘米；女宝宝的平均胸围为43.7厘米，正常范围为39.7～47.7厘米。

前囟

这个月的前囟基本跟上个月一样。

视觉

8个月时，宝宝视觉的清晰度和深度已经基本上和大人一样了，距离感更加精细，并突然开始害怕边缘和高处。视神经充分发育，已经能够看到远处的物体，如远处的高楼、街上的汽车等。虽然宝宝现在的注意力更多的还是集中在靠近他的物体上，但他的视力已经足以辨认房间另一边的人和物体了，目光还能随着下落的物体移动，分辨颜色的能力也基本固定了，喜欢鲜艳明亮的颜色，尤其喜欢红色。不过，也许以后还会有细微的变化。

听觉

8个月时，宝宝的听力越来越敏感，将微弱声源靠近宝宝耳朵，宝宝都能听见并转头寻找声源。对外界的各种声音，如车声、雷声、犬吠声表示关心，会突然转头看。当听到一种声音突然变换成另一种声音时，能立刻表示关注。

嗅觉

8个月时，宝宝的嗅觉器官即已相当成熟。之前，宝宝对特殊刺激性气味有类似轻微的受到惊吓的反应，这时宝宝渐渐地变为有目的地回避，表现为翻身或扭头等，说明这时宝宝的嗅觉已经变得更加敏锐。

味觉

8个月时，宝宝的味觉已经发育成熟，接近成人的标准。这一生长阶段的宝宝，较能接受新的口味和不同的食物材质。因此，爸爸妈妈需要给宝宝提供多种口味的食物，将来宝宝能接受的食物范围就会越宽。

运动能力

8个月时，宝宝已经达到新的发育里程碑——爬。这个月的宝宝可以双手握着玩具独自坐稳，坐得很稳不摔倒，可以一边坐一边玩，还会左右自若地转动上身，转向达90°，也不会使自己倾倒。尽管他仍然不时向前倾，但几乎能用手臂支撑。随着躯干肌肉逐渐加强，最终他将学会如何翻身到俯卧位，并重新回到直立位。现在宝宝已经可以随意翻身，一不留神他就会翻动，可由俯卧翻成仰卧位，或由仰卧翻成俯卧位。所以爸爸妈妈要注意在任何时候都不要让宝宝独处。

这个月宝宝能手扶着物体站一会儿，站起来后会自己蹲下，少数宝宝可能还会扶着墙或家具侧走。宝宝的手指更为灵巧，会用食指挖洞或勾东西，可以拿住细小的东西，有时一次能捡起三个左右的小物件。

语言能力

8个月时，宝宝明显地变得活跃了，发音明显地增多。当他吃饱睡足情绪好时，常常会主动发音，发出的声音不再是简单的韵母声"a""e"了，而是试着模仿声音及发音的顺序，在倾听自己和周围人的说话声时，能将元音与辅音结合在一起发出各种声音，如"爸爸""妈妈""拜拜"等音。当然，宝宝还不明白这些词的含意，还不能和自己的爸爸、妈妈真正联系起来。但有了这样的基础，为时不久，宝宝就能真正地喊爸爸妈妈了，最终他会在想进行交流时才说。

认知能力

8个月时，宝宝开始对周围的一切充满好奇，对别人的游戏非常感兴趣，但注意力难以持续，很容易从一个活动转入另一个活动。对镜子中的自己有拍打、亲吻和微笑的举动，会移动身体拿自己感兴趣的玩具。看到盒子中的积木后，能从盒子中取出积木。当宝宝从盒子中取出积木后，会拿积木拍打盒子。当爸爸妈妈用布将积木盖住一大半，只露出积木的边缘时，宝宝能找出被布盖住的积木。懂得大人的面部表情，能辨别出友好和愤怒的说话声，大人用温柔的语气、微笑着夸奖时，宝宝会很高兴；用大声的类似于训斥的声音、严肃的表情时，宝宝会表现出委屈或者会哭。这时的宝宝已经会区分"一个""两个"的概念了，数理逻辑能力有了很大的提高。给宝宝不同数量的同类物品，变换数量，宝宝可能会在表情动作语言方面告诉你他能够感受到数量的变化。宝宝的思维能力经过前面的积累已经有了很大的提高，这时已经会去学着理解"里""外"的概念，还会回忆自己做过的行为，对不同大小、颜色和材质的物品，也有着强烈的兴趣，并且能做适当的区分。宝宝能理解简单的语言，并在爸爸妈妈的指导下用动作表示词组的含义，如用拍手表示欢迎，用挥手表示再见。

社会交往能力

如果对宝宝十分友善地谈话，他会很高兴；如果训斥他，宝宝会哭。从这点来说，此时的宝宝已经开始能理解别人的感情了。喜欢让大人抱，当大人站在宝宝面前，伸开双手招呼宝宝时，宝宝会发出微笑，并伸手表示要抱。对其他宝宝比较敏感，看到别的宝宝哭，自己也会跟着哭。看见妈妈拿奶瓶时，会等着妈妈来喂自己。宝宝喜欢玩捉迷藏、拍手等游戏，并会模仿大人的动作。

8个月宝宝的重点能力训练

🔵 运动能力训练

拉物坐立训练：在宝宝能够自如翻身的基础上，训练宝宝独立依靠自己的力量改变体位，锻炼肢体的灵活性。宝宝在地板垫上俯卧时，在宝宝身旁放张小桌子或椅子，用玩具示意宝宝翻滚到椅子旁，让宝宝自己用双手扶着椅子腿自己坐起来；或者当宝宝在儿童车上时，让宝宝自己拉着两侧的护栏坐起来。

障碍爬行训练：继续训练宝宝能够腹部离开床垫的手膝爬行的能力。开始的时候爸爸妈妈仍可以用一条长毛巾兜在宝宝腹部并稍稍提起以帮助他腹部离开床垫，待宝宝练习到一定程度时，就能够自己提起腹部，四肢协调地独自向前移动。动作越来越熟练以后，在宝宝爬行时可以在他的前面放上一个软坐垫，鼓励和引导宝宝从坐垫上面爬过去。随着宝宝爬行技术的提高，爸爸妈妈可以加大难度，在他的前面间隔放上几个障碍物，慢慢在前面引诱他依次爬过去并能保持平衡。另外，还可以用带响的或宝宝喜欢的玩具，在宝宝前面左右不同的方向摇晃逗引宝宝过去拿取，让宝宝学会斜线爬和曲线爬。

扶站训练：开始的时候，爸爸妈妈每天可以扶着宝宝的双手或腋下让宝宝的双腿稍微分开练习站立，支撑着宝宝站得比较稳后，可以让他扶着床、栏杆、小车或椅背等独自练习站立，每天几次，以训练宝宝下肢的承重能力，为迈步作好准备。每次扶站的时间不宜过久。

拇、食指对捏训练：爸爸妈妈挑选一些小的、可食用的物品如米花、小饼干、糖钙片等放在宝宝面前，示范宝宝用拇指和食指捏取。宝宝开始可能只会用两个指头捏取，每天训练数次逐渐熟练后发展到用拇指和食指准确捏取。拇、食指对捏动作是人类所特有的一种高难度动作，通过宝宝手指动作灵活性的训练，可以促进大脑皮层的发育和视觉—触觉活动的协调性。

🔵 言语能力训练

语调动作训练：宝宝通过模仿发音练习后，慢慢地可以训练宝宝说一些简单的动词了，如走、坐、站等。在面对面引导宝宝模仿发音后，尽量诱导他主动地发出这些单字的辅音。教宝宝把动作和相应的动词联系起来，比如扶着宝宝腋下站立时，对着他开心地说"宝宝站，站喽"，使宝宝逐渐懂得这个词的意思，加深他对语言的理解。和宝宝说话时要注意不同的语气，让宝宝逐渐领会各种语调的含义，比如当宝宝做了让爸爸妈妈不高兴的事，比如丢玩具、乱舔脏东西等，可以用生气或不开心的表情阻止，让宝宝知道"不能这样做"，或这样做是错误的。当宝宝发出"爸爸""妈妈"这些称呼的音时，观察他是否是因为见到爸爸妈妈而有意识地叫。

认知与社交能力训练

继续指认身体部位：爸爸妈妈可以用游戏的方法教宝宝继续认识自己身体的各个部位。除了对着镜子指认和面对面让宝宝看着自己认识以外，还可以用玩具娃娃等培养宝宝指认的兴趣。比如让宝宝用手指着玩具娃娃的眼睛，妈妈可以说："这是娃娃的眼睛，那宝宝的眼睛在哪儿呢？"然后帮着宝宝指出自己的眼睛，当宝宝习惯后，妈妈再次问到时就会独立指出自己的眼睛了。依此逐渐就能够认识身体的所有部位了。

图片认知训练：先拿出一些宝宝已经认识的简单实物如苹果或桃，再给他看印有苹果或桃的颜色鲜艳的图片，配上一些形象的动作或有趣的话，用实物和图片对比，宝宝很快就能理解图片代表的实物了。还可以和宝宝一起玩游戏，把几张图片放在地上，妈妈说"苹果"时，引导宝宝用手拍打相应的苹果图片，当宝宝指认正确时，马上抱起宝宝亲亲并表扬他"宝宝真棒"，以引发宝宝再次指认的兴趣，使宝宝感到成功的喜悦。以此培养宝宝认识事物与记忆的能力。

培养良好的生活习惯：每天要让宝宝自己坐便盆大小便，坐盆的时候不能给他吃东西，也不要让他玩，坐的时间不要太长，久而久之宝宝就形成了大小便坐盆的习惯。睡觉的时候尽量不要让宝宝把玩具带到床上，如果宝宝养成在床上玩的习惯就会持续很多年，甚至不好好睡觉。平时还可以训练宝宝用自己的杯子喝水。如果宝宝不能按时吃饭睡觉，也不要着急，吃饭时间一到就喂他吃，但不要强迫；该睡觉的时候把他抱到床上，可以念儿歌或唱歌给他听，宝宝习惯后就能按时了。

训练宝宝坐便盆大小便：为了让宝宝尽早养成不随便在床上、地上大小便的习惯，爸爸妈妈在宝宝会坐之后，就可以训练宝宝坐盆大小便了。开始只是培养宝宝坐便盆的习惯，一般情况下宝宝都不愿意，一坐就打挺，这时不要太勉强，但每天都要坚持让宝宝坐，这样几次过后，宝宝逐渐会形成习惯。

给宝宝做站立和起立训练

1. 站立训练

开始时家长先用双手扶着宝宝练习站立，当宝宝站得比较稳时，可以训练一手扶站；并可以让宝宝一手扶站，另一只手去取玩具。然后训练让宝宝独自站立，家长可以用双手扶着宝宝的腋下，让宝宝的背部和臀部靠着墙，两个足跟稍微离开墙，双下肢稍微分开使宝宝站稳，然后家长慢慢放手，并拍手鼓励宝宝独自站立。家长也可以将宝宝放在家中的桌子前或是茶几前，最好选择高度与宝宝高度比较适当的桌子，再将宝宝喜爱的玩具放置在桌面上，让他站着玩玩具，借此训练他的耐力和稳定性。

2. 起立训练

训练宝宝从俯卧位双手撑起身体，再双腿跪起来，呈爬行姿势，双手抓住栏杆站起来。当宝宝是扶站位时，可以用玩具引导宝宝慢慢坐下，训练宝宝从站位扶着栏杆慢慢坐下，而不是一下子摔坐下去。

注意不要过早地训练宝宝站立，而且开始训练时，要注意每次训练的时间不要过长，以免宝宝发生下肢弯曲畸形。尤其是患有营养不良和佝偻病的宝宝，过早学习站立，更容易发生下肢变形。

在宝宝学站立的时候，家长喜欢拉着宝宝的胳膊，注意用力不要太大，避免宝宝发生关节脱位。

宝宝刚学会站立时，往往还不会从站立位坐下来，需要家长帮助他坐下来。这种情况不会持续很长时间，宝宝在学会站立后就会很快地学会自己坐下的动作。开始时，宝宝会非常小心地把屁股坐在双手能碰到的地面上，经过一段时间的练习之后，宝宝就能自如地站立和坐下了。

宝宝会站立后，家长要对宝宝做好保护，给以一个安全的环境。比如，不要让宝宝独自站在桌子旁边，以免他动手去拉桌布或桌上的东西，从而发生危险；家里的冰箱门上也要加装安全装置，防止宝宝随意开启而发生危险；家里的电扇也要选择有安全防护的设计。

不宜给宝宝添加的食品

1. 刺激性太强的食品。酒、咖啡、浓茶、可乐等饮品不应饮用，这些饮品会影响神经系统的正常发育；汽水等饮料等容易让宝宝喝上瘾，从而造成宝宝食欲不振；辣椒、葱、蒜、姜等食物，极易损害宝宝的口腔、食道和胃黏膜，不应食用。

2. 不易消化的食品。章鱼、墨鱼、竹笋等食物均不易消化，不应给宝宝食用。

3. 太咸太腻的食品。咸菜、酱菜，煎炒、油炸食品，食后极易引起消化不良。

4. 体积小的食品。花生、黄豆、瓜子极易误吸入气管，应研磨后给宝宝食用。

5. 带壳、有渣食品。必须认真检查后才能拿给宝宝吃，如鱼刺、虾的硬皮、排骨的骨渣均可卡在宝宝的喉头或误入气管。

6. 路边小商贩出售的未经卫生部门检查的自制食品。如糖葫芦、棉花糖、爆米花等，因制作不卫生，食后可能会造成消化道感染，也可因内含过量铅等物质，对婴儿健康有害。

宝宝还不会爬

爬行是宝宝运用全身大肌肉运动的结果，尤其是需要四肢相互协调和灵活的运动。因此，爬行是宝宝成长过程中，具有里程碑意义的行为。爬行除了锻炼全身的肌肉，而且还能促进大脑及各个神经纤维间的通畅联系。爬行可以使宝宝主动移动自己的身体，扩大宝宝主动认识世界的范围，促进宝宝认知能力的发展，有利于宝宝思维和记忆的锻炼。所以说爬行是聪明大脑的催化剂。

爬行对宝宝来说，并不是轻而易举的事情。到了 8 个月时，宝宝基本上会用四肢向前爬了，但是有的宝宝不爱活动或者训练的不够，可能还停留在爬的初级阶段：不会用四肢向前爬，还是用肚子匍匐向前；还是向后爬；不是爬行，而是向前拱。这些情况说明宝宝虽然有意愿往前爬，但是四肢的协调性以及力量还不够。这个时候，爸爸妈妈不要着急，宝宝最晚到 10 个月学会爬行都是正常的。爸爸妈妈要耐心帮助宝宝练习，让宝宝早日学会爬行，尽快为大脑加入"聪明的催化剂"。

爬行可以让宝宝更善于运用脚上的肌肉，为今后站立做准备。因此，7 ～ 8 个月时，宝宝每天都应该做爬行锻炼。宝宝爬的还不够好可以试试下面的方法：如果宝宝还是用肚子匍匐向前，腹部不能离床时，爸爸妈妈可在宝宝的胸腹部放条毛巾，然后提起毛巾，使宝宝的胸、腹部离开床面，让身体重量落在手和膝上，反复练习后，待宝宝的四肢力量增强，就会手膝爬行了。如果是向前拱的宝宝，大多是因为宝宝四肢的协调性还掌握得不好，也可以用上面的方法练习。如果宝宝是向后爬的，爸爸妈妈可以用手掌抵住宝宝的脚掌，让宝宝学会向前爬行。

认生与不认生

宝宝对不熟悉的人会表现出害怕的反应，比如神情紧张、试图躲避、哭闹等，被称为认生，也称怯生。一般传统的观念认为，婴儿认生是天生的、不可避免的现象。有的宝宝很早就认生，有的宝宝到了7～8个月时仍然不认生，谁抱都跟，见谁都笑。爸爸妈妈会担心不认生的宝宝是不是不够聪明，这么大了还不能区分熟人和生人。单从认生这一现象上，不能说明宝宝智力及其他发育程度的好坏。

心理学的研究表明，并不是所有的宝宝都有认生表现，而且宝宝的认生有一个逐渐显现的过程，更多是在后天环境的影响下逐渐发展起来的。比如小于4个月的宝宝对一切新奇的事物，包括对陌生人，都会表现出极大的兴趣，所以一般不会认生；4～5个月时，宝宝逐渐会比较熟人（爸爸妈妈）与陌生人的面孔，并对陌生人的脸注视的时间会更长些，让人感觉出宝宝的"警惕"现象；5个月以后，宝宝在陌生人面前出现紧张、严肃、回避，甚至哭闹的情绪反应。

一般来说，性格内向的宝宝，比性格外向的宝宝更容易认生；体弱多病、接触人少的宝宝，比体格健壮、家中人口多的宝宝容易认生；还有就是过分依恋妈妈的宝宝更容易认生。认生使宝宝接触的人少，失去一些锻炼人际交往能力的机会，大脑接受的信息刺激少，对宝宝的成长是不利的。那么如何避免宝宝认生呢？

宝宝在4个月以前基本都不会认生，爸爸妈妈要抓住这一时间段，多带宝宝外出活动，让宝宝接触各式各样的人群，尽量多地接受他们的逗引与交往，接受丰富多彩的刺激。对性格比较内向的宝宝更要有意创造与人接触的各种条件与环境。如果宝宝在3～4个月时，就有了认生反应，爸爸妈妈既不要故意避免宝宝与陌生人接触，也不要强制或逼迫宝宝与陌生人交往，这都会适得其反。要让宝宝有一个慢慢适应陌生环境及陌生人的过程。例如，经常带宝宝到亲朋好友家串门，或经常带宝宝同朋友们游玩，或者邀请朋友来自己家做客。

分离焦虑的开始

如果宝宝和大多数同龄宝宝一样，表现出分离焦虑——是一种不愿与亲人分开的迹象，你不必为此担忧，相反地，对陌生人的焦虑是宝宝越来越了解身边世界的一种表现。

早些时间，当你离开房间时，宝宝几乎没有什么反应。但现在当他知道你要离开时，他能够想象你的样子，并且开始思念你了。所以，也许你一离开他的视线，他就会哭闹起来。

宝宝不愿意与你分离，也许会让你高兴，但有时也可能会使你心烦意乱。如果你要外出办事，而宝宝需要待在家里时，出门前，你要给宝宝一大堆拥抱和亲吻，告诉他你一会儿就会回来的。虽然他还不明白1小时后你会回来，但你的爱和亲热能够安慰宝宝，帮他渡过你不在的这段时光。

另外，当你每次离开时，你可以尝试养成举行一种小小的"告别仪式"的习惯，让宝宝知道你要走开一会儿，并且你要尽量把宝宝留给他熟悉的人照看。这样，虽然没有妈妈、爸爸在身边，宝宝与暂时照顾他的人在一起时，也会感到开心。

宝宝开始长牙啦

宝宝长牙早在3个月时就已经开始了，晚的要等到12个月。但是大多数宝宝会在4～7个月之间长出第一颗白色牙冠来（通常是两颗最中间的下牙）。不要为宝宝珍珠般的牙齿间有间隙而感到不安。牙齿顶出牙龈时，通常会以奇特的角度长出来，牙齿间的逢隙一般要到宝宝3岁，20颗乳牙全长出来以后，才会消失。

一旦宝宝开始长牙了，你可能会看到宝宝流出更多的口水，并且他还会尝试着发出不同的声音来，因为宝宝正在适应他嘴里长出来的这些陌生新家伙呢!

为了减轻宝宝的不适，可以给他一些东西啃。比如，一个硬的橡皮磨牙环或一条干净的冷毛巾，吃一些冷东西也可能会让宝宝感到舒服些，比如酸奶、苹果酱。如果他吃辅食，给宝宝一块硬的无糖磨牙饼干啃啃，也是一种传统的好办法。你也可以用洗干净的手指去按摩一下他因吃辅食而疼痛的牙龈，或者给他使用一点口腔疼痛缓解剂。

观察宝宝的便便

母乳喂养宝宝的大便特征

纯母乳喂养未加辅食的宝宝，大便呈黄色或金黄色，稠度均匀如膏状或颗粒，偶尔稀薄而微呈绿色，其大便带有酸味但不臭。每天排便 2～4 次，如果平时每天仅有 1～2 次大便，突然增至 5～6 次，则应考虑是否患病。如果平时大便次数较多，但小儿一般情况良好，体重不减轻，不能认为有病。宝宝在加辅食后大便次数会逐渐有所减少。1 岁以上宝宝约每天排便 2 次。

人工喂养宝宝的大便特征

以牛乳喂养或用配方奶的宝宝，大便色淡黄或呈土灰色，质较硬。由于牛奶中的蛋白质多，有明显臭味。大便每天 1～2 次，牛奶中加糖的量一般以 100 毫升牛奶加 5～8 克糖为宜，如果增加奶中的糖量，则排便次数增加，便质柔软。

混合喂养宝宝的大便特征

无论母乳或牛乳喂养，若同时加食淀粉类食物，则大便量增多，硬度稍减，呈暗褐色，臭味增加。若加上菜泥、水果泥等辅食，则大便与成人近似。初加菜泥时，大便中常排出少量的绿色菜泥，有的父母往往以为是消化不良，想停止添加菜泥。这种现象是健康的宝宝更换食物时常有的事。如果没有腹泻，可不必停止加辅食，数日后胃肠即适应了。

特殊疾病的大便改变特征

如果小儿有胆道梗阻情况，则大便呈灰白色；若是胃肠道上部出血或服用了铁剂，可排出黑色的大便；如果大便中带有鲜红的血丝，可能由直肠息肉、结肠息肉和肛裂所致，应做进一步的检查；若是一个胖胖的宝宝突然阵发性哭叫似有阵发性腹痛，并有果酱样的大便，应考虑为肠套叠；如果大便带有脓血并有腥臭味，可能是痢疾。

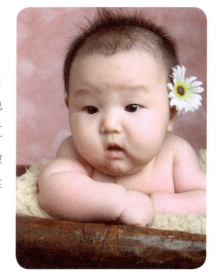

9个月宝宝的基本发育状况

身高

细心的妈妈会发现，从 9 个月开始，宝宝本来圆滚滚的婴儿体型正在逐步转换成幼儿的体型。腿部和躯干生长速度加快，身高较上月增高约 1.28 ～ 1.32 厘米。男宝宝的平均身高为 71.5 厘米，正常范围为 66.5 ～ 76.5 厘米；女宝宝的平均身高为 70.0 厘米，正常范围为 65.4 ～ 74.6 厘米。

体重

9 个月时，宝宝的体重较上月增加约 300 克。男宝宝的平均体重为 9.10 千克，正常范围为 7.16 ～ 11.04 千克；女宝宝的平均体重为 8.56 千克，正常范围为 6.72 ～ 10.4 千克。

头围

9 个月时，宝宝头围的增长速度减慢。男宝宝的平均头围为 45.1 厘米，正常范围为 42.5 ～ 47.7 厘米；女宝宝的平均头围为 44.2 厘米，正常范围为 41.5 ～ 46.7 厘米。

胸围

9 个月时，男宝宝的平均胸围为 45.2 厘米，正常范围为 41.0 ～ 49.4 厘米；女宝宝的平均胸围为 44.1 厘米，正常范围为 40.1 ～ 48.1 厘米。

前囟

这个月的前囟基本跟上个月一样。

视觉

从第 9 个月开始，宝宝会有目的地看，对看到的东西记忆能力能够充分反映出来了。对颜色的认识能力也增强了，视觉范围也越来越广了，视线能随移动的物体上下左右移动，能追随落下的物体，寻找掉下的玩具，并能辨别物体大小、形状及移动的速度。宝宝能看到小物体，能开始区别简单的几何图形，观察物体的不同形状。宝宝开始出现视深度感觉，实际上这是一种立体知觉。

听觉

9个月时，宝宝的听觉越来越灵敏，能确定声音发出的方向，能区别语言的意义，能辨别各种声音，对严厉或和蔼的声调会作出不同的反应。能区分音的高低，如在和宝宝玩击木琴时，宝宝有时会专门敲高音，有时又专门敲低音。玩一会宝宝就知道敲长的木条声音低，敲短的木条声音高。

嗅觉

9个月时，宝宝开始对食物的气味表现出很大的兴趣，喜欢吃添加的辅食，并且会对辅食的气味产生喜好表现，通过亲自尝试，开始理解"香""臭"的含义。

味觉

8个月～9个月的宝宝味觉发育最敏感。尤其喜好甜味和咸味，这可能是人的天性和本能。因为"甜"代表着糖和碳水化合物，而这两样物质是人类发育和生长的重要物质；"咸"代表着盐，它能保持宝宝体内电解质的稳定平衡。

运动能力

9个月时，宝宝已经可以坐得稳稳当当地，坐着的时候会转身，也会自己站起来，站起来之后可以坐下；可以用手掌支撑地面独立站起来。可扶着家具一边移动小手一边抬脚横着走。宝宝能自如地爬上椅子，再从椅子上爬下来。宝宝爬行时四肢已经能伸直。大人扶住宝宝鼓励其迈步，宝宝能迈2～3步。这个阶段的宝宝手指更加灵活了，拇指和食指能捏起细小的东西。宝宝可用一只手拿两件小东西，有些宝宝可能还会分工使用双手，一手持物，一手玩弄。将悬吊玩具用线悬挂好之后，宝宝能用手推使玩具摇摆。此时的宝宝会出现一个非常重要的动作，就是伸出食指，表现为喜欢用食指抠东西，例如抠桌面、抠墙壁。这些动作的出现不是偶然的，是宝宝心理发展到一定阶段表现出来的能力。爸妈应提供机会让宝宝做一些探索性的活动，而不应阻止或限制他。

9个月宝宝的重点能力训练

运动能力训练

快速爬行训练：在上几个月训练的基础上，爸爸妈妈可以在大床或地板垫上放上宝宝喜欢的电动玩具，吸引宝宝前后左右快速爬行去追赶；妈妈还可以和宝宝一起在地上爬，妈妈在宝宝身上拴上个"小尾巴"，装做要抓宝宝"尾巴"的样子在后面追逐，一边说："我要抓着宝宝的小尾巴喽"迫使宝宝转头四处观看，锻炼宝宝颈部肌肉和手脚的协调能力，为下一步的直立行走打下坚实基础。

扶物站起训练：当宝宝坐着在地上玩耍的时候，在四周放些不会磕伤他的家具，如柔软的沙发、小车等，并在上面放上宝宝喜欢的玩具。当宝宝爬到这些家具旁边时，吸引宝宝看到玩具并鼓励宝宝用双手扶着家具或护栏站起来。开始的时候爸爸妈妈可以扶着宝宝站起来，多次练习以后，不需要妈妈的帮助宝宝也能够自己完全扶物站立起来了。宝宝扶物站稳后，可以试着把他的一只脚放在另一只脚前面，使两只脚前后错开，让他尽量用一条腿支持体重，尝试着迈步的准备。此方法可以训练宝宝下肢的承受能力及上肢帮助身体站立的能力，锻炼宝宝平衡自己身体的技巧。

弹跳训练：把被子叠成一个大方块，妈妈扶着宝宝在上面做有节奏的弹跳运动。也可以在沙发上做弹跳运动。目的是训练宝宝的弹跳能力，有助于下肢肌肉的健康发育，为直立行走做好充分的准备。跳的过程中妈妈要扶持好，以防宝宝速度过快而扑倒。

食指技巧训练：通过拇指食指的对捏训练后，再进一步训练宝宝食指的灵活性，发挥食指的功能，可以让宝宝用食指去拨动玩具（如小球等），或用食指拨转盘或按键。在破旧的棉衣或睡袋上弄个小洞，鼓励宝宝用食指从破口伸进去钩棉花以达到练习食指的作用。另外，在宝宝能有意识的将手中的物品放下的基础上，还可以训练他玩一些大小不同的玩具，教他将小的玩具投入到大的容器中，如将积木投入到盒子内，每天练习，充分锻炼手指的各种功能。

言语能力训练

语音对话训练：这个时期宝宝的接触面逐渐扩大，爸爸妈妈可以经常带宝宝外出或去邻居家串门，争取邻里的大人、儿童和宝宝"对话"或"交流"，引导宝宝主动与他人咿呀搭话。在生活中也随时要用简短明了的语言与宝宝"对话"，如"宝宝，来吃饭""宝宝，出去玩喽""宝宝看，爸爸回来了"。另外，要继续对宝宝进行身体语言的训练。多用生活中的情境教宝宝学会用动作、表情等身体语言来表达大人说话的意思，如招手"再见"，拍手"欢迎"，伸手"抱抱"，摆手"不要"等等。随着宝宝接触面的扩大，宝宝听到和感受到的内容也在不断增多，这样既扩大了宝宝语言发展的条件，同时也增强了宝宝的交往能力。

▰▰▰ 认知与社交能力训练

选择训练：这个时候宝宝的活动范围扩大了，爸爸妈妈可以经常和宝宝一起在地上坐着玩。妈妈可以拿出宝宝平时经常玩的一些玩具，让宝宝自己从中挑选最喜欢的玩，宝宝能够挑出来并拿到他喜欢的玩具后，别忘了夸奖他："我家的宝宝真棒"到宝宝吃水果的时间了，妈妈可以拿出一大一小不同的两个苹果，让宝宝自己选择要吃哪一个，"宝宝要吃哪个自己挑"然后当着宝宝的面给宝宝自己挑出来的水果。这样经常让孩子按自己的喜爱决定自己的选择，逐渐养成他独立的性格，为将来独立思考和解决问题打下基础。

观察表情训练：爸爸妈妈空闲时可以为宝宝制作一些有关表情的图片，如生气、悲伤、开心、可怜等，图片尽量简洁和意思明确，妈妈可以和宝宝一起做游戏，让宝宝观察表情图片。每拿出一张表情图片的时候，妈妈也要做出相应的表情，逐渐让宝宝理解每个表情变化的含义。在生活中，当宝宝每做一件事情时，爸爸妈妈都要给予宝宝一个肯定的微笑或否定的生气的表情等，这样可以让宝宝通过大人的表情能够自己判断做事的正确与否，初步培养他对事物的辨别能力。

生活自理能力训练：训练宝宝要从日常生活的小事做起，每天替宝宝穿衣服时，先把衣服给宝宝看，"宝宝，这是你要穿的衣服哦"并在宝宝面前展开，让宝宝认识袖子。当宝宝开始注意时，妈妈就可以拉着宝宝的小手放进袖子里，然后又从袖子口处把手拉出来。宝宝习惯以后看到妈妈准备给自己穿衣服时，就会自己把一只手伸入袖子内。先让宝宝学习伸第一只袖子,熟练后再学习伸第二只袖子,初步培养宝宝的生活自理能力。

温馨提示：宝宝的衣服一定要宽大，易于穿脱，便于宝宝练习。

警惕婴儿肺炎

典型的临床表现

1. 发热：多数宝宝患肺炎都会有发热，体温 38℃～40℃不等。少数体质较差的宝宝可能没有发热表现。

2. 咳嗽：明显的咳嗽，伴有痰。宝宝还小不会咳痰，如何判断是否有痰，爸爸妈妈只要留意一般可听到宝宝咳嗽声中有痰响或呼噜声。不过，要注意在肺炎的初期可能会有刺激性干咳。

3. 呼吸困难：宝宝的呼吸浅而快，两侧鼻翼一张一张的，可伴有口唇青紫。解开宝宝的衣服可见吸气时颈前窝和肋间隙出现凹陷。提示病情严重，切不可拖延。

4. 精神委靡、饮食不佳：多数宝宝都表现精神委靡不振、昏睡交替、烦躁哭闹，吃奶不好或吃奶时有呛咳，有些宝宝表现拒吃奶或吐奶。

治疗：肺炎多数病原为病毒感染，只有少数为继发细菌感染和其他病原微生物感染。目前抗病毒药物还没有明显的特效药，主要是对症治疗。

轻型的肺炎与感冒的鉴别

1. 宝宝患肺炎时发热多在 38℃以上，并持续 2～3 天以上不退，如用退热药只能暂时退一会儿，发热反复不退。宝宝感冒时也发热，但以 38℃以下为多，持续时间较短，用退热药效果也较明显。

2. 宝宝患肺炎时，精神状态不佳，常烦躁、哭闹不安，睡眠不好，易醒、爱哭闹，或昏睡。宝宝感冒时，一般精神状态较好，能玩，睡眠较好。

3. 患肺炎的宝宝,夜里呼吸困难有加重的趋势,有鼻煽、口唇发青。宝宝感冒时,可有呼吸增快，但是热退后，呼吸即恢复平稳，不会有呼吸困难。

4. 宝宝患肺炎时，饮食显着下降、不吃东西，不吃奶，常因憋气而哭闹不安。宝宝感冒后，饮食尚正常，或吃东西、吃奶减少。

护理：宝宝被诊断为肺炎时，不必要施行特殊的护理。注意居室通风换气，保持一定的温度与湿度，尤其是北方的冬季，天气较冷，一般门窗都是紧闭的，所以每天定时换气非常重要。宝宝有食欲时，除了喝奶粉或代乳品，还要给宝宝足够的新鲜果汁，如果宝宝咳嗽较重，可以把宝宝抱起来，帮助宝宝将痰咳出。

宝宝从高处掉下来了

　　这个阶段的宝宝大概都有从床上坠落，或者从椅子上翻倒的经历。不过，很少听说哪个宝宝会有什么后遗症的。宝宝从床上或椅子上坠落时，只要跌下来后立即"哇"地哭出声来，就不用担心。个别的敏感的宝宝，可能会因为突然的坠落受到惊吓，脸色苍白，但是只要宝宝被抱起来后，很快会恢复正常。

　　宝宝坠落后，爸爸妈妈要注意观察宝宝有没有受伤，如果没有发现明显外伤，十几分钟后，宝宝不哭了，脸色也正常，不呕吐，又照样精神地玩，那么就没有什么问题。但是，在没有发现外伤的情况下，宝宝一直无缘无故的哭泣，并且呕吐，不愿进食，脸色苍白，只要出现这些症状中的任何一种就应到医院诊治。

　　从床上或椅子上的坠落，一般没有必要看医生，但如果宝宝是从楼梯上跌落下来的话，最好还是带宝宝去医院检查一下。从比较高的地方坠落，内脏器官受伤的概率会比较大，而爸爸妈妈经常把检查重点放到了宝宝的头部，而忽视了其他部位的伤，比如脾脏或肾脏受伤，还有常被忽视的肱骨的骨折。

宝宝的小腿有些弯

　　到了这个月宝宝可以站立片刻了，细心的妈妈可能会发现宝宝的小腿有些弯，宝宝会不会缺钙，会不会是罗圈腿？赶紧到医院检查，结果并不缺钙。这是怎么回事？原来1岁以内的宝宝，小腿内侧的长骨胫骨的肌肉薄，而小腿外侧腓骨的肌肉厚，所以两条腿看上去有些弯，这是一种错觉，其实宝宝的腿是直的，这属于正常现象。当然宝宝腿的弯曲程度是有一个范围的，如果超出了正常范围，那么就要做进一步检查了。

　　如果宝宝在正常范围内，爸爸妈妈可以尽管放心，继续训练宝宝站立，还可以帮助宝宝学习迈步。但每天宝宝的练习时间不要太长，一天2次～3次，一次几分钟就可以。一般到2岁～3岁后宝宝的腿就会恢复正常。

　　如果经过检查宝宝确实缺钙，并患有严重的佝偻病，由于缺钙而使骨质疏松、软化，当宝宝会站立或行走后，下肢不能负重，便会出现小腿弯曲，这就是通常所说的"O"形腿。这种宝宝X线片上不仅小腿骨弯曲，还有佝偻病的表现，应暂时减少宝宝站立或行走，待佝偻病治愈后再逐渐站立行走，以免下肢的畸形加重。

宝宝的头发稀黄

首先爸爸妈妈要了解营养不良以及缺微量元素的头发稀黄，不仅头发黄而且还缺少光泽，发质较差，不顺光滑，总是杂乱无章地乍着；而正常的黄发，虽然头发黄但是有光泽，比较柔顺。

了解了这些，爸爸妈妈首先要初步辨别一下宝宝是属于那种发黄情况。宝宝的发质除了遗传因素密切相关外，出生时的发质与母亲孕期的营养也有很大的关系，而出生后，宝宝的发质与自身的营养关系密切了。如果不是营养不良以及缺微量元素的头发稀黄，那么多半是直系亲属中有头发较黄的，遗传给了宝宝。另外，要注意的还有一些发质较差的宝宝，有些也不属于营养不良或者缺微量元素，如果爸爸妈妈或直系亲属中有发质很差的，会遗传给宝宝，即使出生时头发很黑，也可能会慢慢变黄。

宝宝特别爱出汗

很多妈妈都知道如果缺钙的话，宝宝会容易出汗。到了 8～9 个月时，突然感觉宝宝变得爱出汗了，妈妈会担心是不是缺钙了。其实，爱出汗不一定就是缺钙。小宝宝的新陈代谢原本就旺盛，到了这个阶段的宝宝，一方面汗腺随着宝宝的增长发达了，另一方面宝宝的活动量增多了，吃饭、睡觉、活动时，宝宝出汗多是很正常的，尤其天气热的时候，更是汗津津的。如果宝宝爱出汗，但是各方面发育都很好，宝宝吃得香睡得好，妈妈就不要担心，只要平时注意给宝宝穿得少一点，睡觉时也不要盖得过厚就可以了。

如何预防小儿罗圈腿

宝宝饮食要科学合理，多去户外活动，预防佝偻病。由于宝宝处于身体发育阶段，腿部力量常不能过度承受身体重量，容易引起腿的变形，因此不要过早、过久地站立和学步，而且要少用学步车。宝宝不要过早穿较硬的皮鞋，因为学走路时穿硬质的鞋，会影响下肢正常发育。

宝宝的爬行&站立

🗨 爬行

宝宝可能已经会匍匐移动、爬行，或蹲着小屁股挪动了——是指一只手在后、一只脚在前支撑着自己，挪着小屁股向前。手膝爬行是宝宝学会的第一个能让自己有效地四处移动的本领。通常，他先学会用手带动自己，然后用手和膝盖把自己支撑起来。他会尝试如何通过挪动膝盖使自己向前、向后移动。所有的这些爬行姿势都可以加强宝宝以后走路需要用到的肌肉力量。

🗨 站立

宝宝也许能够拉着家具，让自己站立起来了。事实上，如果让宝宝靠沙发站着，他也许已经能够支撑自己了，尽管他可能是因为十分害怕摔倒才站住的。在这个阶段，一些父母会把他们的宝宝放在学步车里，其实，这并不是个好主意。学步车是不安全的：宝宝可能会将学步车当梯子，去够他拿不到的东西，比如发烫的锅子或装着洗衣液的瓶子。另外，学步车剥夺了宝宝在地板上玩耍的机会。在地板上玩耍可以给宝宝机会爬行，拉东西站，扶家具走，都可以帮他学会走路。

宝宝可能已经会匍匐移动

他先学会用手带动自己，然后用手和膝盖把自己支撑起来

他会尝试如何通过挪动膝盖使自己向前、向后移动

所有的这些爬行姿势都可以加强宝宝的肌肉

宝宝也许能够拉着家具，让自己站立起来了

学步车是不安全的

永远记住：安全第一

现在宝宝开始用新的方法探究事物，在宝宝使用他那屡试不爽的可靠办法——用嘴巴咬之前，他会通过摇晃、敲打、丢落、扔抛等方法来研究身边的东西。他开始意识到可以用一种东西来做一些事（用一把梳子梳理宝宝的头发），所以，用很多好玩的东西为宝宝布置一个电子游戏盘，让他去敲、戳、扭、捏、摇、丢、打开，这一切会让宝宝陶醉其中。

宝宝新学到的这些活动本领，意味着他正走进一段跌跌撞撞的旅途。这是宝宝必经的一个成长阶段，尽管偶尔他会让你紧张得心里咯噔几下，试着用愉快放松的心情观察宝宝探索周围的环境，让他明白自己的能力范围。

克制你与生俱来的要保护宝宝的本能，让他自己成长和学习。但是，要尽一切努力确保一个对宝宝来说安全的家居环境。一个很好的方法就是，从宝宝视野的高度，去发现那些可能会给宝宝带来危险的地方。比如，要确保易破碎的物品不会翻倒下来，把那些不稳当的家具搬到宝宝不会经常去的屋子里。

宝宝快会走啦

宝宝越来越接近能独立行走了。他可能会爬上楼梯，还会扶着家具站直了挪动几步。这个阶段的宝宝甚至有可能会摇摇晃晃地走上几步了。事实上，少数宝宝现在已经能走了，但也有些宝宝要到两岁以后才开始走。宝宝达到会"走"这个里程碑的年龄跨度很大。

宝宝正在学习怎样弯曲膝盖、怎样从站立转到坐下，这个动作其实比你想象的更难掌握！因为不会坐下，宝宝可能会在儿童床上站着。如果出现这种情况时，你要耐心地教他怎样才能再坐下来。

有不少方法可以帮助宝宝更快地学会走路。你可以站着或跪在他的面前，握住他的两只手，牵着他走。最后，你可以把双手伸向宝宝，鼓励他试着自己走。有些宝宝喜欢推着宝宝用小推车走，这样既能给宝宝提供支撑，又能让他来回走动。

确保家里的起居环境对宝宝来说是安全的是你现在必须做的一件事。你可以从给低矮橱柜加卡锁入手，并给那些装有宝宝不宜接触物品的柜门加锁。

宝宝的第10个月

10个月宝宝的基本发育状况

身高

10个月时，宝宝的身体生长进一步放慢，体型开始变得修长，给人感觉是瘦了，较上个月宝宝的身高增长约 1 ～ 1.5 厘米。男宝宝的平均身高为 72.7 厘米，正常范围为 67.9 ～ 77.5 厘米；女宝宝的平均身高为 71.3 厘米，正常范围为 66.6 ～ 76.1 厘米。

体重

10 个月时，宝宝的体重较上个月平均增加 150 ～ 250 克。男宝宝的平均体重为 9.29 千克，正常范围为 7.23 ～ 11.36 千克；女宝宝的平均体重为 8.75 千克，正常范围为 6.71 ～ 10.79 千克。

头围

10 个月时，男宝宝的平均头围为４５．５厘米，正常范围为４３．０～48.0厘米；女宝宝的平均头围为 44.5 厘米，正常范围为 42.1 ～ 46.9 厘米。宝宝的头围增长速度虽然放缓，但是大脑发育仍处于快速时期。

胸围

10 个月时，宝宝的胸围越来越接近头围。男宝宝的平均胸围为 45.6 厘米，正常范围为４１．６～４９．６厘米；女宝宝的平均胸围为４４．４厘米，正常范围为40.4 ～ 48.4 厘米。

前囟

到了这个月，有少部分宝宝还能看到囟门跳动，大部分宝宝的前囟已经看不到囟门跳动了。

视觉

宝宝此时视觉的清晰度和深度感觉几乎和成人一样，而先前最多有 1/2。虽然现在宝宝的视力仍是近处比远处要清楚，但他的视野已足够看清和识别整个室内的人物和东西了。也是在此时宝宝眼睛的颜色差不多接近最终的颜色，但仍然还在发育完善。这时期宝宝最大的特点是不但手眼协调发育进步很大，而且懂得常见人及物的名称，会用眼注视所说的人或物；能准确地观察爸爸妈妈及其他人的行为，对爸爸妈妈训斥或赞扬，有委屈或兴奋的不同表情。

听觉

10 个月时，宝宝对细小的声音也能做出反应，声音定位能力已发育很好，有清楚的定位运动，能主动向声源方向转头，也就是有了辨别声音方向的能力。爸爸妈妈手拿风铃，分别在宝宝的上方和下方晃动出声，宝宝会跟着声音抬头，低头。

嗅觉

10 个月时，宝宝的嗅觉开始完善，和成人基本无差异，已经拥有了灵敏的嗅觉，能够记住及辨别各种味道，借助嗅觉了解外界环境。因此，爸爸妈妈要多带宝宝到公园去接触不同的花草，树木的气味，家中也可以定期更换不同香味的香精油或者盆花来促进宝宝的嗅觉发育。

味觉

到了 10 个月，宝宝不仅能分辨味道，还能记忆味道，并逐渐地适应和接受各种辅食的味道。因此，要使宝宝的味觉得到良好的发育，爸爸妈妈应该特别重视宝宝辅食添加期的味觉体验。如果在这个感受性较强的时期，宝宝有了对各种食物的品尝体验，他就会拥有广泛的味觉，以后就乐于接受各种食物。这个过程不仅对宝宝的味觉发育有益，对宝宝的智力发展也有着十分重要的意义。

运动能力

10 个月大时，宝宝的活动量显着增长，身体动作变得越来越敏捷，能很快地将身体转向有声音的地方，并可以迅速爬走。宝宝现在经常能自得其乐地独自坐着玩一会儿，一只手可以拿两块小积木，手指的灵活性增强，两只手也学会了分工合作，能有意识地将手里的小玩具放到容器中，但动作仍显笨拙。

第10个月宝宝的重点能力训练

运动能力训练

扶站训练：继续进行上个月的扶物站起训练，给宝宝准备大一些的活动场所，当宝宝能够独立扶着沙发或小车从坐位稳稳的站立后，开始训练他扶着或靠着物体站立了。起初爸爸妈妈可以在宝宝两侧用些力扶着他站好，以后逐渐撤去作为依靠的物体，鼓励宝宝独自扶着栏杆站立片刻。随着宝宝扶栏站立的时间越来越长，就可以试着用玩具引诱宝宝扶着栏杆或床沿横着迈步，让宝宝把重心放在一只脚上锻炼其下肢的承重能力。这个训练也可以逐渐发展成拉住宝宝一只手，使宝宝借助妈妈或爸爸的扶持站立，锻炼腿部的力量。经过这样的训练，如果让宝宝扶着栏杆站立，宝宝常常会稍稍松手，以显示一下自己站立的能力，有时甚至能站得很稳，这时最好不要去阻止，而要及时给予鼓励和表扬。

转换体位训练：给宝宝准备一块能够自己独立活动的安全自由的地方，最好在地板上靠近床边或沙发边并铺好泡沫垫子，放上各种宝宝喜欢的玩具。先让宝宝仰卧躺着，爸爸妈妈用玩具逗引宝宝由仰卧变为侧卧或俯卧，再由俯卧到坐起；然后将玩具移开一段距离，鼓励宝宝爬过去够取玩具。当宝宝爬到床边或沙发边时，再用床上的玩具逗引宝宝抓住床边站立起来，并且能够扶着站立一段时间。每天连贯的训练几次，锻炼宝宝全身肌肉的协调及灵活能力，为宝宝能够尽快行走作好准备。

蹲位站立训练：爸爸或妈妈站在坐着或蹲着的宝宝对面，握住宝宝的双手，使他借助外力站立起来，再放下宝宝让他蹲下，来回重复运动。边做边开心的说："宝宝起立、蹲下喽"。当宝宝做得高兴时，逐渐发展成只拉住宝宝一只手，或只轻轻用力，以此锻炼宝宝腿部的力量。

拿和放训练：在教会宝宝有意识地把手中的玩具放下的基础上，选择一些带孔的玩具或盛具，训练宝宝将小的物品投入到孔洞或盆桶中再取出来。如将小球放进瓶子里，然后再教宝宝用食指从孔洞中把小球扒出来。另外，也可以找一个带盖的塑料杯子，让宝宝练习只用大拇指与食指将杯盖掀起，再盖上，或用手指将杯盖转下来再盖上，反复练习，宝宝做对要给予鼓励或称赞。这样不仅促进了宝宝手—眼—脑的协调发展，也培养了宝宝的空间感知能力。

言语能力训练

亲子交流训练：这个时期宝宝在语言方面有快速的发展，能模仿大人发出有意义的语音，"爸爸"、"妈妈"、"狗狗"等，甚至是接近成人的标准音。此时爸爸妈妈更要鼓励宝宝多说话，或者用身体语言表述出来，在和宝宝一起游戏时不断和宝宝交流并训练他的肢体语言。比如，当宝宝心情比较好的时候，妈妈可以指着他身旁的一个玩具说"宝宝，把小球给妈妈"如果宝宝把玩具交给妈妈时，就要夸奖宝宝"宝宝真能干"，同时用肢体语言对宝宝说"谢谢"宝宝虽然还说不清楚，但也有强烈的想要用语言沟通的欲望，也会咿呀回应并会随着妈妈作出相应动作。同时妈妈还要注意观察孩子想要说什么，如果发音错误要及时反复予以更正，随时随地为宝宝创造良好的学习语言的环境。

认知与社交能力训练

认识单一颜色：妈妈挑选一些不同颜色的气球或皮球和宝宝一起玩，先拿出红色的气球告诉宝宝这是"红色"，多说几次宝宝就会从中挑出红色的气球，然后再拿出一个红苹果告诉宝宝"这也是红色"，宝宝可能会睁大眼睛表示怀疑，这时可再取 2～3 个红色玩具放在一起，肯定地说"红色"，慢慢地宝宝就算不太理解红色的含义，但也能够记住红色了。

温馨提示：颜色要一种一种慢慢认，宝宝记不住别着急。不要同时介绍两种颜色会使宝宝混淆。

"追光"游戏：爸爸妈妈用七彩灯电筒或将电筒包上彩纸，使彩色光束移动照在地板上或墙上，鼓励宝宝爬着或扶着走去"抓"。以促进宝宝的手眼协调，增强灵活性，培养他的好奇心、专注力及色彩认识的综合能力。

扩大宝宝交往的范围：空闲时经常带宝宝外出，注意观察宝宝的喜好，这个时期宝宝对运动的东西很感兴趣，上街时可以给宝宝介绍各种跑着的小车，也可以到动物园让宝宝了解各种小动物。平时多带宝宝和邻里的小朋友玩，宝宝看到小孩都会显得很开心，顺便让宝宝做欢迎拍手等动作；家里来客人了，也要热情地给宝宝介绍，并鼓励宝宝用肢体语言和客人"交流"，进一步培养宝宝的社交能力。

行走训练

宝宝从躺卧发展到站立并学会迈步行走，是动作发育的一大进步，对于宝宝的体格发育和心理发育都具有非常重要的意义。如果宝宝行走动作发展受阻，不但会影响日后的学习，也会形成心理障碍，所以家长应重视对宝宝的行走训练。

1. 训练方法

当 10 ～ 12 个月的宝宝能够独自稳定地站立时，家长就可以开始训练宝宝学习行走了。

每个孩子学会独立行走的发育速度是不相同的。大多数的孩子 12 ～ 14 个月的时候开始学会走路，极少一部分孩子 8 ～ 11 个月就会走路了。但是，也有运动发育比较慢的孩子要到 1 岁半，甚至到 20 个月才会走得比较稳当。

1 岁的孩子一般都能够扶着支撑物站起来，当他感觉站稳当之后，就会不自主地松开一只手，有时候会突然松开两只手，这时仍然能够稳稳站住，孩子就会大松一口气，明白自己能够站立了。下一步就是迈步的问题了。刚开始迈步行走时，孩子往往要借助一些外来的支撑，如床栏杆、大人的手、手推车、拖车等。刚刚学会走路的孩子与大人刚刚学会骑自行车或刚刚学会开车一样，特别喜欢走，走路对于他们来说就是一种愉快，一种自豪。这一阶段，孩子可能会对其他方面暂时失去兴趣，而是专心致志地练习走路。

训练宝宝走路时，可以在家中或玩耍的地方划一条直线，或拉一条绳子，让宝宝沿着线脚后跟碰着另一只脚的脚尖慢慢行走。训练可以从宝宝能够走路时开始进行。开始时要求不要太高，只要他能够沿着直线行走就可以了。刚开始要走得慢一些，逐渐加快走路速度。练习时可以一边迈步，一边数数，吸引宝宝的注意力。随着年龄的增长，可逐渐增加难度。例如，不要让宝宝总低着头盯着线看，只需用眼睛的余光扫视到这条线。在户外，花园的路边，石头路面的石槛，都可让宝宝沿着此线进行行走练习。

2. 注意事项

开始学习行走的年龄段很容易出现家长意想不到的事情，因此笔者特别提出如下注意的问题。

（1）很多刚学会走路的宝宝最容易发生的意外就是扭伤，由于宝宝自己尚不能清楚表达，所以家长要仔细观察宝宝走路是否出现一拐一拐的，或用手按压宝宝的下肢各部位，看看宝宝是否会感到疼痛。

（2）学走路的宝宝所碰到的危险比前面几项动作接触的危险会更多，家长更要注意环境的安全。例如，阳台是容易发生危险的地方，如果阳台没有围栏或栏杆高度在 85 厘米以下，栏杆间隔过大，或阳台上摆有小凳子等，就容易使宝宝误爬上而导致危险；家中的家具摆设应尽量避免妨碍宝宝学习行走，家长应将所有具有危险性的物品放置高处或移走，并将家具中的尖角套上护垫，以防宝宝碰撞；家中的门要使用防夹软垫来避免夹伤宝宝，也不要让宝宝接触到窗帘绳，以免被绳子缠绕造成窒息。

（3）一般情况下，宝宝在 12～14 个月就学会走路。但是，每个宝宝开始行走的时间差异很大，这与很多因素有关，如宝宝本身的发育情况、遗传因素、动作训练的机会、疾病，以及季节的影响等。但如果宝宝已经超过 18 个月大而仍然无法独自行走时，应尽快到医院检查确认有无疾病存在，或有阻碍行走的因素而给以调整。

（4）国外有研究显示，学步车会使宝宝走路的进程变慢，而且有可能使宝宝形成不正确的行走姿势。因此，应尽量不要使用"学步车"之类的工具，而是要在家长的耐心帮助下，让宝宝一步步学会扶着走和独立行走。

（5）在行走训练过程中，某些不利因素可能会影响宝宝正常行走的发育。比如，宝宝的衣物穿得过多或过厚，以致影响活动性；宝宝经常被家长抱着，很少有机会在地上活动；宝宝过胖而不愿意活动；在开始学走的时候因摔跤而产生了畏惧心理；家庭中缺乏让宝宝扶着走的环境，导致宝宝没有学走的兴趣。家长发现这些因素后，要及时纠正，以免影响宝宝动作的正常发展。

仍然不出牙

如果宝宝到了 10 个月时，还是不出牙，爸爸妈妈肯定会着急了。按正常乳牙萌出时间来说，到了这个月的宝宝，至少也该长出两颗牙了，可自己的宝宝一点出牙的征兆也没有。周围的朋友、邻居知道的都会说一定是缺钙了。爸爸妈妈带宝宝到医院看医生，有的医生也会开一些钙片，嘱咐说平时多晒太阳，保证每天吃一个鸡蛋或者其他含钙丰富的食物。

有些妈妈听说出牙晚是因为有佝偻病，如果胡乱地给宝宝吃维生素 D，一旦过量，会导致中毒。其实，宝宝出牙时间有差异，这不是病，是由宝宝的体质决定的。有些宝宝过了 1 岁开始出牙的也不少。如果带宝宝找牙科医生检查，一般会发现宝宝的乳牙根发育正常，只是乳牙还没有破"床"（齿龈）而出。

同家人一起进餐

这个月的宝宝已经可以很好地独坐了，咀嚼能力进一步加强，手指也可以抓取食物往嘴里塞，尽管宝宝都是吃一半洒一半，但这也是宝宝的一大进步。这个阶段的宝宝也正是模仿大人动作的时候，看到大人们吃饭时，宝宝会不由自主地吧嗒着嘴唇，双眼直盯着饭桌和大人的嘴巴，还会伸手要。看到这种情形，爸爸妈妈要给宝宝准备一个儿童餐椅了，同样给宝宝准备一份饭，让宝宝和大人一起进餐。同大人进餐是宝宝非常喜欢的事情，愉快的进餐氛围不仅会提高宝宝的食欲，同时也可以让宝宝养成在餐桌就餐的好习惯。同时，爸爸妈妈还可以利用宝宝和大人一起进餐的机会，让宝宝品尝一下桌上色香味俱全的食品。如果宝宝尝到酸味的时候，告诉他"这是酸的"。通过宝宝的视、听、嗅、味的感觉信息，经过大脑的活动，有效地进行组合，使宝宝增加对食物的认识和兴趣。

让宝宝自己动手吃。不能因为宝宝想吃，于是大人就喂宝宝吃，剥夺了宝宝自己练习吃饭的机会。此时，大人可以手把手地训练宝宝自己吃饭，这样做，既满足了宝宝总想自己动手的愿望，还能进一步培养宝宝自己使用餐具的能力。宝宝自己进餐不可避免地会吃得到处都是，爸爸妈妈一定要有耐心，这是宝宝在努力地学习本领。

训练排便困难

有的宝宝很早就识把了，这样会让一些还不识把的宝宝妈妈很着急，自己宝宝这么大了还是老尿床或者弄湿尿布。因此这些妈妈可能会出现因为怕宝宝尿湿尿布，而不断地把宝宝的情况，宝宝原本就不喜欢被把，如果这时又被频繁地把尿，宝宝会厌烦，甚至紧张，使得尿的时间间隔越来越短，尿湿尿布的情况更多，而且抵抗的也会越厉害。而且给宝宝频繁地把便，还会让宝宝失去自己控制排便的机会。妈妈不必过于用心关注宝宝是否把尿布尿湿，只要每隔1个小时或1个半小时看看尿布，没有尿的话，就试着把一下，不要太过勉强宝宝。宝宝学习排大小便，或者使用坐便器的时间还长，2岁以后宝宝的大小便才会控制得很好。所以爸爸妈妈要有耐心帮助宝宝慢慢练习控制排便。

误吞了异物

这个月龄的宝宝，活动的范围大了，双手抓捏物品的能力更强了，吞咽能力也增强了。宝宝在玩耍过程中，经常会把拾到的东西往嘴里送，有时只是含在嘴里玩，有时会咽到肚子里。特别是含在嘴里玩，如果宝宝仰脸哭笑时，会发生小东西被吸进气管里的情况。

如果是小于"贰分"硬币大小的圆钝状物品被吞到肚子里，宝宝没有表现出不适，饮食正常，可以不必治疗。如果宝宝误吞的异物是纽扣电池，那就有一定的危险性，需要尽快通过纤维胃镜取出。因为纽扣电池含有强碱成分，并含有毒的氧化汞。纽扣电池吞入胃后，很可能会被胃酸腐蚀破坏，电池内容物外溢，进而腐蚀胃肠黏膜或引起消化道穿孔。

如果宝宝吞进异物后，出现了翻白眼的痛苦表情，这种情况表明宝宝吞进去的异物比较大，堵塞了食道。另外，如果异物堵塞了喉头和气管时，宝宝会痛苦地不停地咳嗽、哭泣，当哭声嘶哑的时候，是异物接触了声带。发现宝宝吞进什么东西，突然出现痛苦的表情时，应果断地用双手分别紧紧地抓住宝宝的两个脚脖子，头朝下地摇晃宝宝，如果异物堵在喉头处，这样做多数可以咳出来，再及时去医院。

11个月宝宝的基本发育状况

身高

到了 11 个月时，宝宝的身体看上去越来越强壮了，与刚出生时的样子完全不一样了，这个月宝宝比上月身高增加了约 1.5 厘米左右。男宝宝的平均身高为 73.9 厘米，正常范围为 68.94 ～ 78.9 厘米；女宝宝的平均身高为 72.5 厘米，正常范围为 67.7 ～ 77.3 厘米。

体重

到了 11 个月时，宝宝的平均体重每月增加 300 ～ 500 克。这个月男宝宝的平均体重为 9.54 千克，正常范围为 7.50 ～ 11.58 千克；女宝宝的平均体重为 8.96 千克，正常范围为 7.02 ～ 10.09 千克。

头围

到了 11 个月时，男宝宝的平均头围为 45.8 厘米，正常范围为 43.2 ～ 48.4 厘米；女宝宝的平均头围为 44.8 厘米，正常范围为 42.4 ～ 47.2 厘米。

胸围

到了 11 个月时，男宝宝的平均胸围为 45.9 厘米，正常范围为 41.9 ～ 49.9 厘米；女宝宝的平均胸围为 44.7 厘米，正常范围为 40.7 ～ 48.7 厘米。

前囟

到了这个月会有一部分宝宝前囟接近闭合。囟门缩小不明显的宝宝要具体分析情况。

视觉

从半岁到一岁，是宝宝视觉的色彩期，11 个月的宝宝能准确分辨红、绿、黄、

蓝四色。此时宝宝特别喜欢看颜色鲜艳的、对称的、曲线形的图形，更喜欢人脸和小动物图画，喜欢看活动着的物体。

听觉

这个时期的宝宝说话处于萌芽阶段，尽管能够使用的语言还很少，但令人吃惊的是他们能够理解很多大人说的话。对成人的语言由音调的反应发展为能听懂语言的词义。如问宝宝："电灯呢？"宝宝会用手指灯；问宝宝："眼睛呢？"宝宝会用手指自己的眼睛，或眨眨自己的眼睛；听到大人说："再见"，宝宝会摆手表示再见；听到"欢迎、欢迎"的声音，宝宝也会拍手。

嗅觉

到了11个月时，宝宝的嗅觉已经发育接近成熟，几乎和成人一样了，能区别不同的气味。开始闻到一种气味时，有心率加快、活动量改变的反应，并能转过头朝向气味发出的方向，这是宝宝对这种气味有兴趣的表现。爸爸妈妈可以给宝宝闻各种花的味道或者一些香水的味道，能很好的锻炼宝宝的嗅觉，也可以适当地给宝宝闻一些醋的酸味和臭豆腐的臭味之类，让宝宝的嗅觉更全面。但是不要过多的让宝宝闻不好的味道，这会让宝宝难受。

味觉

到了11个月时，宝宝的味觉已经很敏锐，对味道的包容也各不相同，味觉非常敏感的宝宝一般食量都较小；不管什么都吃得很多的宝宝，对食物的味道就不太计较。因此爸爸妈妈要更多耐心给挑剔的宝宝喂食。

运动能力

到了这个月，宝宝的运动能力比上个月强多了。11个月宝宝的特点是变得越来越独立了——能独自站立、弯腰和下蹲。上个月时，宝宝好不容易才能抓住一样东西站立起来，到了这个月，宝宝自己已能够抓着东西站立了。上个月能扶着东西站立的宝宝，现在都扶着东西走了。发育快的宝宝，能什么也不扶着而独自站立一会儿了。挪动方式也是多种多样的，有爬的，有扶着东西走的，有坐着挪动的，有东倒西歪地独自走的等等。如果爸爸妈妈握住宝宝的双手，让他站立起来，许多宝宝就会双脚交替地迈步，可以让宝宝少量的练习走步。

本月的喂养方法

　　这个月宝宝营养需求和上个月差不多。到了这个阶段，宝宝开始表现出饮食个性化差异，有的宝宝喜欢吃米饭；有的宝宝喜欢吃面条；有的宝宝就爱吃肉，一点蔬菜也不吃；有的宝宝爱吃火腿肠等熟肉食品。宝宝的食量大小也差异很大，食量大的宝宝每顿能吃一小碗米饭，而食量小的可能就吃几小勺。

　　无论宝宝的食量大小，从这个月开始，要培养宝宝良好的进食习惯。只有好的进食习惯才能保证宝宝的进食量，让宝宝的身体得到充足的营养供给，身体才会健康。对于爱喝牛奶的宝宝，妈妈要通过变化食物的花样，让宝宝对食物产生兴趣和好感，激发宝宝的食欲，同时有助于消化腺分泌消化液，使食物得到较好的消化。虽然宝宝的消化能力增强，但是宝宝的胃容量有限，仍不能一次消化很多食物，一日三餐不能满足宝宝生长发育的营养需求，除了喝牛奶（奶粉）外，还应给宝宝添加两次点心，一般时间安排在上午 10 点、下午 3 点。点心不要选择太甜或者耐饥的，否则会影响下一餐的正常进食。注意，巧克力等糖果不能作为点心。

　　这个阶段，对于食量较大的宝宝，妈妈要提防肥胖问题。这个阶段的宝宝单纯减少食量比较困难，所以可以从控制宝宝的饮食结构入手，多吃蔬菜、水果，多喝水，少吃主食，饭前也可以先喝一些淡果汁，这些都是控制体重的好方法。因为宝宝生长发育蛋白质需要量较大，所以不能控制奶和蛋肉的摄入。

　　到了这个阶段，如果母乳还较好，只要不影响宝宝对其他食物的摄入，可以继续喂下去。有的妈妈觉得现在的配方奶粉较好，就让宝宝以喝奶为主，这种做法是不对的。摄入的食物太少会让宝宝失去锻炼咀嚼和吞咽能力的机会，也可能会影响宝宝味觉的发育，日后可能会出现偏食。

第11个月宝宝的重点能力训练

运动能力训练

独站训练：扶着宝宝站好后，妈妈把手撒开，让他独自靠着床头或墙站立片刻，然后给宝宝玩玩具分散注意力，使他一点点儿减少依靠的力量，逐渐能够自己稳稳地站立。温馨提示：训练宝宝独站时，爸爸妈妈在旁边一定要保护好。

扶走训练：继续让宝宝扶着床栏或扶手站立，然后左右横行迈步，宝宝迈步逐渐稳健以后，开始训练宝宝扶着椅子或推车往前迈步了。妈妈用宝宝喜欢的玩具在前面引逗，爸爸可以护着宝宝并轻轻推着小车或椅子往前，让宝宝慢慢走向妈妈；或者爸爸用双手扶着宝宝往前追妈妈，宝宝迈步不再摇摇晃晃以后，爸爸可以逐渐放开手改为单手，然后再过渡到用小棍子或玩具各捏一头引领宝宝往前走。温馨提示：宝宝练习的地方一定要宽敞，以免摔倒时碰伤。

弯腰训练：当宝宝扶着站在床栏旁的时候，让宝宝用一只手把床栏牢牢抓住，妈妈在和宝宝一起玩玩具时，假意把玩具掉地上，叫宝宝掌握好平衡的同时，训练蹲下或弯腰用另一只手去捡玩具。每天反复练习几次，既增进了母子间的感情，又锻炼了宝宝的腰部力量，为全身协调地行走打好基础。

涂画和搭积木：让宝宝坐在小桌前，给他准备一块画板和画笔，妈妈先随便画出一个小动物或宝宝认识的物品吸引宝宝注意，然后扶着宝宝的小手教他先学用全手掌握笔，然后在画板上涂画。宝宝拿稳笔后就可以放开手，让宝宝自己乱涂乱画，若宝宝只会用画笔在画板上乱敲也别轻易打断或纠正，反而要夸奖和鼓励宝宝继续练习。一段时间以后宝宝就会涂写了，以此训练宝宝手指的灵活性。另外，也可以教宝宝练习搭积木，先给宝宝做示范，拿几块积木一块一块的搭起来，让宝宝看着然后学着搭，宝宝只要搭上一块也要给予表扬。搭积木训练能锻炼手的动作进一步协调灵活。

语言能力训练

学"押韵"发音训练：宝宝发音越来越标准，吐字也越来越清楚了，而且也知道了许多语音的意义。这个时候，妈妈可以和宝宝一起阅读一些低幼读物或给宝宝讲短故事念儿歌，最好是有关动物、玩具或他最熟悉喜欢的事物，妈妈尽量用一两个简单的单词念给宝宝听，如讲到小狗的故事时，可以对宝宝说："宝宝，小狗是怎样叫的，是不是汪汪叫？"。给宝宝念的儿歌最好要简短而且押韵，念的时候注意技巧，押韵的词要重读发音，如"你拍一，我拍一，一个小孩开飞机。"读的时候缓慢而且将字拉长，念成"开—飞—机"，以强调最后那个押韵的字。再念一遍的时候故意不说出最后的一个字，等着宝宝自己说出来，或者做出相应的口型。如此反复进行，宝宝就能逐渐跟着妈妈把最后一个押韵的词都说出来了，宝宝的语言表达能力也得到了相应的提高。

🔵 认知与社交能力训练

味觉刺激训练：妈妈在给宝宝添加食物补充营养的时候，不防偶尔做个小实验刺激宝宝的味觉发育。把榨出来的水果汁、菜汁等给宝宝尝过后，如果发现宝宝很喜欢，告诉他这就是"甜的"，并观察宝宝的表情；然后拿一把小勺舀一点醋再让他尝尝，或放在宝宝的鼻子前让他闻闻，宝宝可能会由于太酸咧开嘴伸出舌头，甚至转过头去躲开这种刺鼻气味，然后别忘了告诉宝宝："这是醋，醋是酸的"。也可用苦瓜等味来进行此训练，在教宝宝认识味道的同时还能刺激舌头上的味蕾，开发嗅觉、味觉与动作的联系。

认识事物的特点：和宝宝一起阅读翻看动物的图书或带宝宝到动物园，在宝宝认识了各种动物后进一步教他观察各种动物的局部特征。如熊猫的眼睛有黑圈，兔子的耳朵长，长颈鹿的脖子长，大象的鼻子长等，反复教认并让宝宝在自己身上指出相应的器官，每次教认一两个就行，宝宝觉得累了或烦了就停止练习。让宝宝通过认识、观察和比较来提高分析和理解的能力。

大小和形状的训练：在日常的玩耍中，妈妈可以通过搭积木游戏给宝宝示范，大块积木放在下面，小块积木放在大块积木的上面或前面，也可以通过水果或食物来引导宝宝区分"大"和"小"的概念；如果有不同形状的物品，比如圆形或方形的饼干，可以同时拿出来摆放在一起，让宝宝观察并重复告诉他哪个是圆，哪个是方，多次以后就用口令让他拿圆形或方形的饼干，拿对了就奖励宝宝吃，很快宝宝就学会分辨大小和形状了。这种方法可以在早期培养宝宝对物体的认识和分辨能力，以及实物存在空间的想象能力。

喂饭困难

　　这个阶段的宝宝，运动量大，对周围的世界有了一些了解，开始淘气了。好动的宝宝，只要醒着就会不停地折腾，到了吃饭的时间也不停下来，还要玩，不好好吃饭。大人怕宝宝饿着，就跟着宝宝一口一口地喂，时间长了，宝宝就养成被追着喂的坏习惯。

　　如果宝宝有了被追着喂的习惯，一定要及时纠正。只要到了吃饭时间，就把宝宝放到餐椅上，如果宝宝不高兴，不爱吃，或者不太饿，也不要强把饭送到嘴边。宝宝如果真饿了，自然会听话，乖乖吃饭。

　　另外，还可以让宝宝同大人一起进餐，用愉快的就餐氛围感染宝宝同大家一起吃饭。有的妈妈会说，宝宝一上餐桌就满手抓，很恼火。这个情况是很正常的，妈妈要有耐心，宝宝可以用手抓的就让他抓着吃，不能抓的就让宝宝锻炼使用餐具。千万不要因为宝宝自己吃不好，就拒绝宝宝自己进食。妈妈可以准备两份餐，一小份给宝宝自己动手吃，一份由妈妈喂，因为宝宝自己可以自由使用餐具对于宝宝来说也是一种游戏，慢慢地，宝宝就会喜欢吃饭的。

偏食

　　中国大约有2/3的儿童都有特别偏爱或者拒绝吃某种食物的习惯。究其原因，大多是受爸爸妈妈及家庭饮食习惯影响。因为宝宝的模仿力强，若模仿对象中存在偏食现象时，往往无形中会影响宝宝不吃或讨厌某种食物，而表现出偏食的状况，爸爸妈妈没有正确的营养知识，造成宝宝只吃爸爸妈妈认可的食物，久而久之便容易造成宝宝偏食。

　　此外，如果宝宝有过不愉快的进食经验，比如被鱼刺卡过、被热汤烫到、菜品味道不佳等，都会造成宝宝对食物的不好印象，造成宝宝拒吃或害怕吃的心理。针对偏食的宝宝，首先爸爸妈妈以及家人都要改变一下，要让家里的餐桌上的菜品丰富。妈妈可以针对宝宝不爱吃的食物，变换花样让宝宝吃，比如不吃鱼肉，可以做鱼肉饺子吃；不吃萝卜，可以把萝卜同宝宝喜欢吃的肉混合炒菜，或者做馅包成包子、饺子。也许宝宝吃几次，就不再挑了。

睡眠困难

到了这个月出现睡眠不好的宝宝，可能出现宝宝夜间做噩梦的情况。比如白天被小狗吓到、学走路时不小心摔跤了、妈妈不见了要找妈妈、或者白天玩的太兴奋等。这些都会刺激宝宝晚上做噩梦，睡眠不好，出现夜啼。这个阶段，有的宝宝会按照自己的睡眠习惯固定时间入睡。

无论哪种原因引起宝宝睡眠困难，如果宝宝每隔 2～3 小时出现轻度哭闹或烦躁不安时可采取轻拍或抚摸宝宝，让宝宝重新入睡。不要一听到宝宝有动静，就马上又抱又哄，或给宝宝喂奶和喝水，这样会养成宝宝夜间经常醒来的坏习惯。如果宝宝半夜醒来睡不着，要求妈妈陪着玩，妈妈一定要想办法让宝宝尽快入睡。

天生气质倾向过度敏感、无规律、反应强度高或低的宝宝一般晚上睡眠都不好，但只要饮食、发育增长没问题就不必太担心。此外，要给宝宝营造一个安静、舒适的睡眠场所。被褥薄厚合适、灯光可暗些。

婴儿肥胖

从第 10 个月开始，宝宝的辅食逐渐变成正餐。很多食量较大的宝宝不仅吃米饭、粥、鱼肉，而且奶粉（牛奶）的量并没有减少，父母的心情一般都是宝宝只要能吃，相比那些不愿意吃饭的宝宝来说好照顾，但是长时间这样过量饮食，会造成宝宝慢慢发胖。肥胖的宝宝不愿意锻炼，站立、行走也都晚，成年以后，容易患高血压、心脏病和各种血管异常的疾病。一般的宝宝可以不测体重，但是明显肥胖的宝宝一定要测体重。每隔 10 天左右量 1 次，如果每次增加量超过 200 克以上，就是过胖，必须控制饮食。控制饮食要先从牛奶（奶粉）量开始减少，或者把牛奶（奶粉）一部分量换成乳酸饮料。

如果宝宝的体重 10 天左右增加超过 300 克时，不仅要减少牛奶（奶粉）量，还要考虑宝宝摄入的主食过量，减少米饭或者面食的量。刚开始减量，宝宝肯定不适应，如果宝宝喊饿，可以在饭前让宝宝吃些水果，所有食物的减量都要逐渐减少，不能骤减。经过上述措施，肥胖宝宝的体重最后控制到平均每天增长 10～15 克的范围，就算成功了。

便秘

到了这个月，宝宝每天一次的大便规律突然改变了，变成两三天一次，大便又干又硬，而且每次宝宝排便都比较困难，小脸憋的通红。这就说明宝宝便秘了。这个阶段宝宝发生便秘主要有两种情况：

1. 宝宝在断母乳过程中每天的饮食量不足。这种情况下，宝宝体重增加缓慢，或者停止增重。

2. 给宝宝吃的食物做的过软、过精细。精细的食物易消化，含纤维素少，消化后残渣少，造成大便减少，不能对肠道形成足够的排便刺激，以致大便在肠管内停留时间过久而形成便秘。这种情况下，宝宝饮食量充足，体重增加正常。

看看自己的宝宝属于上面哪种情况。如果饮食量不足，应该是宝宝不习惯一日三餐，妈妈应努力变换花样让宝宝多吃一些。如果是饮食过于精细，应让宝宝增加食入富含纤维的食物，比如菠菜、卷心菜、韭菜、小白菜等。宝宝不喜欢吃蔬菜的，可以把蔬菜剁碎与肉蛋一起做成馅料，包成包子、饺子。便秘的宝宝可增加水果的摄入量，一般宝宝都可以接受可口的水果，比如香蕉、西瓜。清晨时让宝宝空腹喝凉白开水。

宝宝发生便秘，不主张使用泻药，因为小宝宝使用泻药后可能导致腹泻。如果宝宝因为便秘，表现出哭闹、烦躁，爸爸妈妈可以用开塞露帮助宝宝排便，不过开塞露虽然通便效果好，但不能常用。预防便秘比治疗便秘更重要。所以，宝宝的日常饮食要充足，不要过于精细，同时训练宝宝定时排便的好习惯。

温馨提示：有些宝宝在比较小的月份时，就形成了三天便一次的习惯，虽然大便也有些硬，但是每次都自然排出，宝宝的生活也没有受到任何影响，可以不用管，这是宝宝特别的正常状态。

左撇子

到了这个阶段，宝宝每天同爸爸妈妈互动的时间越来越多了。有的爸爸妈妈可能不经意间，发现自己的宝宝总是喜欢用左手，无论是接玩具、抓饼干，还是用小勺，都喜欢先用左手。发现宝宝喜欢用左手也多数在这个月份。很多爸爸妈妈会刻意让宝宝改变使用左手的习惯，觉得应该同大多数人一样使用右手更好。

事实上，人是右撇子还是左撇子都是天生的，并不是因为左手使用的多了就成了左撇子。用左手还是用右手，这是其所有者的自由。大脑对手的控制是交叉的，左脑是管人的右边的一切活动的，具有语言、概念、数字、分析、逻辑推理等功能；右脑是管人的左边的一切活动的，具有音乐、绘画、空间几何、想象、综合等功能。

宝宝是用手开始触摸这个世界的，也是创造性地使用手的开始。发挥宝宝自己的创造力是很重要的。如果爸爸妈妈总是强迫左撇子改用右手，就是限制了宝宝好用的手，就是束缚由宝宝用手去进行创造。强行纠正左撇子还可能造成宝宝语音不清、口吃、唱歌走调、阅读困难、智力发育迟滞。所以，宝宝自己觉得用哪只手方便，就让宝宝用哪只手，爸爸妈妈最好的态度就是顺其自然。

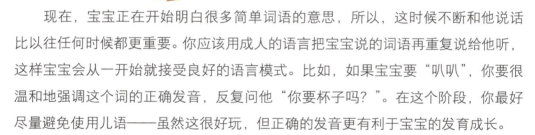

和宝宝聊天

现在，宝宝正在开始明白很多简单词语的意思，所以，这时候不断和他说话比以往任何时候都更重要。你应该用成人的语言把宝宝说的词语再重复说给他听，这样宝宝会从一开始就接受良好的语言模式。比如，如果宝宝要"叭叭"，你要很温和地强调这个词的正确发音，反复问他"你要杯子吗？"。在这个阶段，你最好尽量避免使用儿语——虽然这很好玩，但正确的发音更有利于宝宝的发育成长。

和宝宝对话是鼓励他提高语言技能的一个好方法，虽然有时这会让人觉得有点傻。当宝宝瓜啦瓜啦说着含糊不清的句子时，你要及时地回应他。这时，宝宝很可能会喜笑颜开，继续说下去。

不久，你可能会懂得宝宝的一些词语或者手势的意思了。这时期一个非常重要的方法：当宝宝指着一个东西时，你一定要马上告诉他这个东西的名字，或者你主动指着东西说出名字，这样能帮助宝宝学习事物的名称。

把你自己正在做的事情一步步讲给宝宝听——不管你是在切菜做晚饭还是在叠衣服，都可以不断告诉宝宝。你也可以一边唱儿歌一边配合歌词做操作表演给宝宝看（比如挥着手说"再见"），来帮助宝宝学习识别关键的词汇和短语。

宝宝很快就会开始把词汇和意思联系起来。用不了多久，他就会跟着你一起拍手，看着妈妈叫"妈妈"，看到爸爸走进房间就叫"爸爸"了（不过在这个阶段，宝宝还很会混用"爸爸""妈妈"这两个词）。

宝宝的第12个月

12个月宝宝的基本发育状况

身高

到了第 12 个月，宝宝看上去更匀称和机灵了，生长指标也呈现缓慢的增长，比 11 个月时平均增长了 1.2 厘米左右，比出生时增长 25 厘米左右，大约为出生时的 1.5 倍。男宝宝的平均身高为 75.3 厘米，正常范围为 70.1 ～ 80.5 厘米；女宝宝的平均身高为 74.0 厘米，正常范围为 68.6 ～ 79.2 厘米。

体重

到了第 12 个月，宝宝的体重达到出生时的 3 倍，比 11 个月时平均增长 230 克左右。男宝宝的平均体重为 9.78 千克，正常范围为 7.68 ～ 11.88 千克；女宝宝的平均体重为 9.2 千克，正常范围为 7.21 ～ 11.21 千克。

头围

到了第 12 个月，头围比 11 个月时平均增长 0.33 厘米左右。男宝宝的平均头围为 46.3 厘米，正常范围为 43.7 ～ 48.9 厘米；女宝宝的平均头围为 45.2 厘米，正常范围为 42.6 ～ 47.8 厘米。

胸围

到了第 12 个月，宝宝的胸围几乎等同于头围，男宝宝的平均胸围为 46.2 厘米，正常范围为 42.2 ～ 50.2 厘米；女宝宝的平均胸围为 45.1 厘米，正常范围为 41.1 ～ 49.1 厘米。

前囟

宝宝的前囟继续缩小，一般到 12 ～ 18 个月时闭合。这个月里宝宝前囟接近闭合的逐渐增加。

视觉

到了第 12 个月，宝宝两眼的调节功能已经比较好了，能区别垂直线与横线，能分别物体的大和小，目光能跟随坠地的物体。视觉能力发展较快，能有意识地集中注意力，视觉记忆也不断提高，宝宝喜欢认图片，并能够对物品的细小部分进行区别，比如一个带红色小花的玩具和一个不带红色小花的玩具。

听觉

到了第 12 个月，宝宝的听觉已经越来越灵敏了，并且对听音的理解与转化能力也越来越强。不仅能够听懂大人们一些简单的吩咐，而且还能够会意大人语调变换的含义，能按大人的指令行事。对一些轻音乐，比如"催眠曲"等会表现出愉快的情绪，而对于那些节奏强烈的声音，则会表现出不愉快。

嗅觉

第 12 个月也是宝宝嗅觉发展比较灵敏的一个时期，宝宝尤其喜欢那些芳香的气味，但偶尔用一些稍稍刺鼻的宝宝不太喜欢的气味（如酸醋），或者宝宝不小心拉的大便的味道等刺激下宝宝，也能够增加宝宝的嗅觉经验，间接让宝宝知道大便的气味不好闻而不能随处大小便，养成良好的生活习惯。

味觉

12 个月宝宝的味觉已经和成人的能力大体相当了，对于自己喜好的甜味或者盐的咸味，宝宝会用表情表现出来。这个时候是宝宝味觉发育的关键期，这段时间最好让宝宝尝试尽可能多种类的食物增加不同经验。宝宝通过品尝各种食物，可促进对很多食物味觉、嗅觉及口感的形成和发育，也是宝宝从"流食—半流食—固体食物"的适应过程。如果在这个感受性较强的时期，宝宝有了对各种食物的品尝体验，他会拥有广泛的味觉，以后就乐于接受各种食物。

运动能力

现在宝宝站起、坐下，绕着家具走的行动更加敏捷，爬行的速度越来越快，各种体位转换都更加熟练了。宝宝站着时，能弯下腰去捡东西，也会试着爬到一些矮的家具上去。宝宝在父母之间，可以不用扶着独自行走 2 ～ 3 步。有的宝宝甚至已经可以蹒跚地自己走路了，尽管时常要摔跤，但对走路的兴趣很浓，总想

到处转转。宝宝双手的协调能力已经越来越强了，喜欢将东西摆好后再推倒，喜欢将抽屉或垃圾箱倒空，喜欢把玩具一样样扔进箱子里。

语言能力

12个月的宝宝见到爸爸和妈妈时，能主动称呼"爸爸""妈妈"，出现有意义的语汇，还会说"奶奶""娃娃""狗狗"等。宝宝还会使用一些单音节动词，如"拿""给""掉""打""抱"等，用来表示自己的一个特定的动作或意思。宝宝会利用惊叹词，例如"ohoh"等。宝宝能听懂大人的命令，听故事的时候还会有表情反应等。日常生活中宝宝可以和爸爸妈妈进行简单的语言对话了。

认知能力

这个阶段的宝宝记忆力发展飞速，已经能够指认身体的4～5个部位，还能认出几种简单的动物，能够分清物品的大小，对生活中的各种事物都充满了好奇。宝宝将逐渐知道所有的东西不仅有名字，而且也有不同的功用，他将这种新的认知行为与游戏融合，喜欢用新方法玩玩具，而不是单纯的敲敲打打。比如，宝宝拿起电话的时候，已经不会满足于用整个手掌抓或是在桌子上敲，而是会细心的观察上面的按键，会用一个手指去按，宝宝可能已经会反射性的意识到，当爸爸或妈妈不在家的时候，用它就能找到他们。

社会交往能力

这个月的宝宝比以前更喜欢情感交流活动，还懂得采取不同的方式，已初步建立起害怕、生气、喜爱、妒忌、焦急、同情等感情。宝宝对父母的情感依赖也更加强烈，对特定的人有强烈的正面或负面的情绪反应。宝宝独自玩简单的玩具让他觉得惊奇时，宝宝也会突然自己发笑。此时的宝宝开始倔强，还会当众炫耀自己，当宝宝做了某件事引起爸爸妈妈或客人的哈哈大笑或夸奖时，他会得意地一遍遍重复这个动作，逗别人高兴。宝宝已经能意识到什么是好，什么是坏，而且能够听从爸爸妈妈的劝阻，对大人们否定的语言、语气甚至眼神也能应答。比如听到妈妈喊"不要动、不要拿"的时候，宝宝会把正要拿起的物品放下，或者用手势表示自己简单的需要。这个时候的宝宝还显示出更大的独立性，不喜欢被大人搀扶和抱着，喜欢自由自在的活动；但又喜欢和成年人交流，为了引起大人的注意，宝宝会主动讨好大人或者故意淘气；还特别喜欢模仿大人做一些家务事。

第12个月宝宝的重点能力训练

●●●● 运动能力训练

独走训练：在上个月宝宝拉着爸爸妈妈的手迈步训练的基础上，设法创造一个引导宝宝独立迈步的环境。可以在公园的草地上，扶着宝宝和其他小朋友追逐嬉戏。在宝宝心情不错的时候，爸爸扶着宝宝，或让宝宝靠墙或大树站好，妈妈退后几步，伸开双手鼓励宝宝"走过来找妈妈"。当宝宝第一次独自迈步走时，妈妈要往前迎接一下，避免他因为第一次尝试就摔倒而拒绝练习。看宝宝独自迈步日趋稳健以后再逐渐增加距离。这样反复练习，用不了多长时间，多数宝宝就能够学会走路了。

蹲下站起：继上个月的弯腰训练后，宝宝的平衡能力进一步提高，现在可以着重训练他从独自站立到蹲下或坐下，以及在床上或地上从卧位到自己独立站起了。训练的时候尽量让宝宝转移注意力，身体放松，蹲的时候先屈膝盖，站的时候使他提高重心，反复多次练习，锻炼双下肢的承重能力，充分发挥下肢关节的灵活性。

踢静止的球：可以扶着宝宝在草地上练习踢球，球最好是静止的、较软的，体积稍大。爸爸妈妈先要给宝宝做示范，扶着他用一只脚支持自己的体重，另一只脚稍稍抬起，当身体平衡以后抬起的脚去踢前面的球，让球滚动起来，这样宝宝会觉得很开心，比较容易练习。而且能够锻炼他全身动作的协调及平衡能力。

温馨提示：练习时可以给宝宝一定的支撑，防止宝宝多次被球绊倒。

手的动作训练：日常生活中的琐事都能够锻炼宝宝手部的精细动作，让宝宝自己用手拿瓶喝水，拿勺吃饭，拿笔画画，和小朋友一起扔玩具玩，拉开抽屉取东西等。爸爸妈妈也可以准备一些宝宝读物，最好是不易让宝宝受伤又不容易撕烂的，如布书之类。一边陪同宝宝阅读讲解，一边教宝宝翻看。每次看的时候，妈妈都要按顺序一页一页翻开，然后再让宝宝照着做，就算他只是会拍拍书本扔掉，或者两三下就翻完，只要有进步时就要给予鼓励。随着不断训练，再加上宝宝空间知觉的逐渐发展，自然会一页一页按顺序翻看了。

◦◦◦◦◦ 言语能力训练

日常生活中的亲子对话：随着宝宝肢体语言的不断丰富，宝宝的日常生活已经不需要太过安静，生活中出现的各种声音如吸尘器的声音、水龙头的流水声、洗衣机的声音等，都可以让宝宝用语言去模仿。此时，宝宝总是好奇妈妈在做什么、说什么，因此，妈妈不妨边做家务边和宝宝说话，"宝宝，呲呲……是炒菜的声音"，"油冒烟啦，会烫手的"，让宝宝跟随妈妈往同样的方向去看，去寻找目标，让宝宝自己亲眼、亲耳确认妈妈口中说的与自己看到的是相同的事物，既促进了宝宝语言的发展，也培养了宝宝的辨识联想能力。

◦◦◦◦◦ 认知与社交能力训练

拆装玩具训练：这个时候可以开始对宝宝进行智力开发训练了，给宝宝一些能够拆开，又能够再重新组合到一起的玩具，先自己示范教宝宝拆开，然后按照原来的样子装回去。宝宝会觉得新奇有意思而跟着做，重复地装和拆，帮助宝宝组合成功后，宝宝会觉得比较有成就感，如果大人再夸奖一下，那么宝宝就会更感兴趣了。再给宝宝准备一个收玩具的盒子，教宝宝把玩具一样一样放进去，既培养了宝宝对物品的认知和记忆能力，也间接使宝宝养成一些良好的生活习惯。

温馨提示：让宝宝玩能组合的玩具时，一定要用拆开后零件的体积比较大的，以防止太小的零件被宝宝放在口中误吞下去，发生危险。

感受室外儿童锻炼器械，培养宝宝愉快情绪：爸爸妈妈在带宝宝到室外或公园活动的时候，看到其他小朋友玩秋千、滑滑梯或跷跷板等大型儿童运动器械，宝宝就会表现出异常高兴和兴奋的情绪。这时，可以适当地满足一下宝宝的好奇和兴趣，抱着宝宝一同荡秋千，滑滑梯等，动作要轻柔，以防伤到宝宝。这样有意识地让宝宝体验室外运动，可促进宝宝和其他小朋友的交流，也培养了宝宝的愉快情绪，使宝宝得到身心发展，并体验到室外运动的乐趣。

宝宝良好行为的培养：日常生活中，让宝宝按自己能力所及练习各种本领，比如，自己用双手捧着杯子喝水，自己练习用勺子吃上几口饭，自己伸手穿进衣袖，出门的时候自己把帽子拿了戴上等。在室外玩耍时，妈妈在给宝宝介绍各种事物的同时，别忘了教导他不要乱扔垃圾，不要摘公园的花等等。让宝宝从小就知道自己能做的事要尽量自己做，学会不做那些他非常想做而不应该做的事。这种训练是形成宝宝自我控制的第一步，为未来良好行为模式建立了牢固的基础。

宝宝腹泻

宝宝马上要满周岁了，宝宝的活动范围更大，日常饮食的品种增加，而且宝宝还可以自己动手吃饭了。这些情况都会增加宝宝腹泻的发生。

如果宝宝腹泻发生在 11 月末到次年的 1 月份之间，应该考虑为秋季腹泻。宝宝主要会表现为上吐下泻，大便像水样稀，一般没有咳嗽、打喷嚏等感冒症状，即使有感冒症状的，也很轻。主要症状中，呕吐一般会在 1 天内停止，少数会持续到第 2 天，但是水样腹泻会持续三四天，随后会变成质地均匀的有形便，伴有黏液。秋季腹泻主要是及时补充水分，爸爸妈妈可以用小勺不断给宝宝口服补盐液，一般 4 小时内，要喝干克体重的 50 倍的毫升量，比如宝宝 10 干克重，要让宝宝喝 500 毫升。一般第 2 天就可以喂点米汤、稀粥，不过大便还不会马上成形，但是宝宝精神会好一些，也会有食欲，可以给宝宝吃一点鸡蛋羹、鱼肉、豆腐，一般在家调养一周可以恢复健康。如果在最初的一天里，宝宝呕吐、腹泻都较严重，宝宝出现舌头干燥，皮肤失去弹性，表明宝宝开始脱水，要及时送医院打点滴治疗。

如果宝宝腹泻发生在 6 月份到 9 月份之间，应该考虑为夏季腹泻，主要是饮食过程中混进致病菌。宝宝细菌性的腹泻主要表现为突然的腹泻，多少伴有发热，宝宝情绪也不好，大便中除了黏液还带有脓血。细菌性的腹泻，要及时送医院就诊，及早使用抗生素。除了上述两个时间段，发生腹泻的，多数是由于宝宝吃多了，或者是饮食中添加了从来没有接触过的食物，或者吃了不易消化的食物。如果宝宝除了拉肚子外，还伴有呕吐、发热、脓血便，就要带宝宝到医院就诊。

疝气不愈

宝宝 2～3 个月时易发生疝气，情况不是很严重的，一般 6 个月后可以自愈。如果宝宝满 1 周岁了，疝气还不能自愈，就要考虑及早手术治疗了，因为宝宝的活动越来越多，强度也会越来越大，疝气不仅会影响宝宝的运动，而且还有发生"嵌顿"的危险。如果以前曾患有疝气的宝宝，突然剧烈哭闹，爸爸妈妈必须查看宝宝的疝气部位。如果不能用手复位，触摸时，宝宝疼痛加剧，那就是疝气发生"嵌顿"了，一定要及时到医院诊治。

宝宝总是睡得很晚

生活在现代社会中，一般爸爸妈妈都会睡得比较晚，如果宝宝睡晚些，对爸爸妈妈也是有利的，不然宝宝睡得早，起得就早，会影响大人的睡眠。有的爸爸妈妈了解到宝宝睡眠时是长个子的时间，怕宝宝睡得太晚，会影响宝宝长个。其实不用太担心，只要能够保证宝宝充足的睡眠时间，就不会影响宝宝长个子。当然，对于宝宝来说最好还是在晚上 10 点前睡觉。已经养成晚睡习惯的宝宝，妈妈可以尝试下面的方法来逐渐纠正。

1. 对于白天睡眠多的宝宝，要逐渐缩短白天的睡眠时间；对于精力较旺盛的宝宝，白天最好通过户外运动增加他的运动量。

2. 晚 7 点～8 点让宝宝减少剧烈运动，保持家庭安静，此时家里最好不要开启电视。

3. 让宝宝按计划提前洗漱完毕，提前进入睡觉程序。洗漱完毕直接上床，喝杯热奶，妈妈可以小声给宝宝讲故事或者聊天，让宝宝慢慢安静下来，为睡眠提供条件。

4. 卧室的灯光要调暗，创造一个良好的睡眠环境。

厌食

经常有妈妈说自己的宝宝厌食，不好好吃饭，事实上，真正有厌食症的宝宝是很少的。那么被带上厌食症帽子的宝宝，大部分是由于爸爸妈妈在护理宝宝过程中使用方法不当造成的。

很多宝宝与同龄的其他宝宝相比一直就是食量小，妈妈就觉得宝宝厌食、胃口不好。其实只要宝宝各方面发育正常，运动能力较好，精神、睡眠也都很好，就没有问题。食量小的宝宝，对食物往往是比较挑剔。到了这个月龄的宝宝，对于吃什么吃多少，已经有了自己的意愿，爸爸妈妈不要强迫宝宝吃大人认为他应该吃的量。爸爸妈妈可以做的就是让宝宝同家人一起吃饭，为宝宝准备丰盛的饭菜，让宝宝逐渐喜欢吃大人的饭。

还不开口说话

宝宝马上就要满 1 岁了，但是宝宝还是不开口说话。如果出现这种情况，先不必着急。宝宝开始说话的年龄差异较大，通常宝宝 1 岁时会发简单的音，如会叫"爸爸""妈妈""奶奶""吃饭"和"猫猫"等。但也有的宝宝在这个年龄阶段不会说话，甚至到了 1 岁半仍很少讲话。

爸爸妈妈应该想一下，宝宝在 5～6 个月时，喊他的名字时可以回头注视；7～9 个月时，让宝宝做各种动作（如欢迎、再见），他都能听懂，并能做出相应的动作，这些都是宝宝对语言的理解和反应。宝宝语言的发展是从听懂大人的语言开始的，听懂语言是开口说话的准备。若 1 岁左右的宝宝能听懂大人的语言，并能做出相应的反应，还会发出声音及简单的音，这就可以放心，宝宝会突然在某一天开口说话，并且一下子会说许多话。

如果妈妈是个不爱说话的人，在给宝宝做什么事情也不出声，这样宝宝就没有了学习语言的机会。因此，宝宝的话语很少，周围的大人要积极为宝宝创造听和说的条件，多与宝宝沟通，给宝宝讲故事、听儿歌，都会促使宝宝对语言的理解和开口说话。

踮着脚尖走

宝宝终于开始蹒跚着行走了。可是有些妈妈发现，宝宝经常用脚尖踮着走。有的宝宝妈妈说是用学步车的宝宝常会出现这种情况，慢慢可以纠正。宝宝刚开始学会走路，姿势不正确很正常，不用担心。有的宝宝开始走路时，一条腿看上去成"罗圈腿"，另一条腿好像拖拉着，像个"小拐子"，这也是正常的。宝宝学习走路是有个过程的，等宝宝慢慢地会走了、走稳了，这些不良的姿态自然就会改过来了。如果宝宝经常踮着脚尖走，没有其他方面的发育迟缓，可能是宝宝在闹着玩，挑战自己的平衡能力，过一阵就不再这样了。

成为"小书虫"&告别安抚奶嘴

小书虫

虽然宝宝还不会一页页像模像样地看书，但现在他很可能已经喜欢翻着书页、陶醉在精美的图画书里，比如专为婴幼儿编的经典童话绘本，介绍色彩与形状的益智画册。你可以到书店的亲子专区去挑选多种多样最适合自己宝宝阅读的图书。

认识物品的名字

你应该帮助宝宝认识每个东西和名称——你教得越多，宝宝的词汇量就增加得越快。你要不断和宝宝说话，告诉他各种东西的名字。你可以上楼梯的时候给宝宝数台阶，买东西的时候告诉宝宝水果和蔬菜的名字和颜色。你也可以给宝宝朗读图画书，并让他指出认识的东西，说出它们的名字。偶尔也鼓励宝宝发表一下意见：问问他愿意穿红袜子还是蓝袜子，想玩积木还是洋娃娃。一次只给宝宝两种选择，而且都放在他面前。宝宝也许不会回答，但也可能会让你大吃一惊。

告别安抚奶嘴

你也许会觉得剥夺宝宝喜欢的东西太狠心，但是专家认为现在应该开始让宝宝告别安抚奶嘴了。宝宝用安抚奶嘴的时间越长就越难放弃，所以现在就应该开始让他改掉这个习惯。还有另一个重要原因是：宝宝马上就要开始学说话了，在这个令人兴奋的过程中，如果宝宝嘴里总是叼着东西，那就很难好好说话了。

要拿走宝宝的安抚奶嘴可能很困难，所以要慢慢来：先在白天让他尽量少用奶嘴，然后，再设法帮他练习不叼着奶嘴睡觉。

给宝宝断奶的方法

断奶的方法因人而异，一般与妈妈、宝宝的身体情况和家庭生活方式有关系，同时也与妈妈的性格有关系，另外爸爸的配合也是至关重要的。

自然过渡法

根据妈妈和宝宝身体状况，选择合适的时机给宝宝开始断奶。在添加辅食的基础上，逐渐减少喂奶的次数，一般是先减去白天的1次喂奶，用其他辅食代替。减少1次喂奶成功以后，再用同样的方法一次一次地减少，后减去早晨的1次，因为经过一个晚上的休息之后，妈妈的乳汁很多，而且质量相对要好一些。这种方法适合对母乳依赖性强的宝宝，一下子完全断掉会影响宝宝的正常生活规律，对身体发育不利。

快速断奶法

如果宝宝添加辅食很顺利，妈妈准备开始工作，这时就应该考虑用快速断奶的方法。妈妈上班以后，不能保证乳房的频繁吸吮，因而乳汁的分泌就会逐渐减少，白天的奶就会很快断掉，如果赶上妈妈有工作必须要出差几天，那么很可能几天就会断掉母乳了。这种方法用于适应性比较强，而且喜欢吃辅食的宝宝。

如何用奶粉代替母乳

开始断奶时可以每天给宝宝喝一些配方奶，刚开始宝宝可能不习惯用人工奶嘴，可以用小勺试喂几次，让宝宝适应奶粉的味道。有的宝宝刚喝奶粉的时候会出现恶心或呕吐的现象，这是宝宝对奶的膻味不适应所造成的，慢慢习惯就好了。

断奶时爸爸的作用不容忽视

在断奶之前要有意识地减少妈妈与宝宝相处的时间，增加爸爸照料宝宝的时间，给宝宝一个心理上的适应过程。刚刚开始断奶的一段时间里，宝宝总是想着妈妈的乳汁，一天到晚老愿意缠着妈妈找奶吃，这个时候，爸爸可以多陪宝宝玩一玩。刚开始宝宝可能会不满，后来就习以为常了。让宝宝明白爸爸一样会照顾他，而妈妈也一定会回来的。对爸爸的信任，会使宝宝减少对妈妈的依赖。

孕妈妈最想要的
胎教育儿全书

感谢书中出现的漂亮宝宝，

希望你们健康长大，

平安快乐。

宝宝 翟晨曦

宝宝 时暖暖